Liguori Lecomte

ROCK 'n' COOK

80 rockige Rezepte
zu den Hits von
AC/DC bis Led Zeppelin

CHRISTIAN

Vorwort

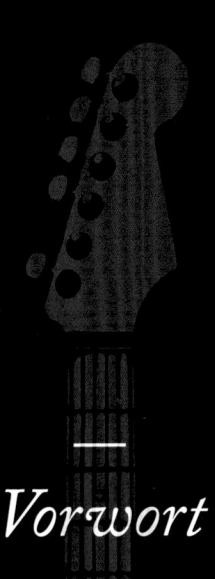

Ich werde meinen Eltern nie genug dafür danken können, dass sie mich von klein an auch mit Rockmusik gefüttert haben. Ich kann gar nicht sagen, wie oft ich im Auto auf dem Weg in die Ferien oder zur Schule die Kassetten mit der Musik von Bob Dylan, Queen oder Johnny Cash gehört habe.

Daher präsentiere ich hier viele dieser Zutaten meiner Erinnerung, die ich im Laufe der Zeit mit neu entdeckten musikalischen Aromen gewürzt habe.

Als Teenager hätte ich diese Musik beinah als überholt abgestempelt, doch irgendwann sprang der Funke über, und so habe ich schließlich zum Klang elektrischer Gitarren kochen gelernt.

Beim Kochen Musik zu hören, beschwingt mich als Koch, motiviert mich und fördert meine Kreativität. Rockmusik hat daher meinen kulinarischen Stil entscheidend geprägt. Möge dieser Einfluss in *Rock'n'Cook* zum Ausdruck kommen.

Ich hoffe, dass es euch mit diesen Rezepten gelingt, in der Küche immer den richtigen Ton zu treffen, ihr auf der Klaviatur der Aromen alle Register zieht und dass ihr es beim Kochen so richtig rocken lasst.

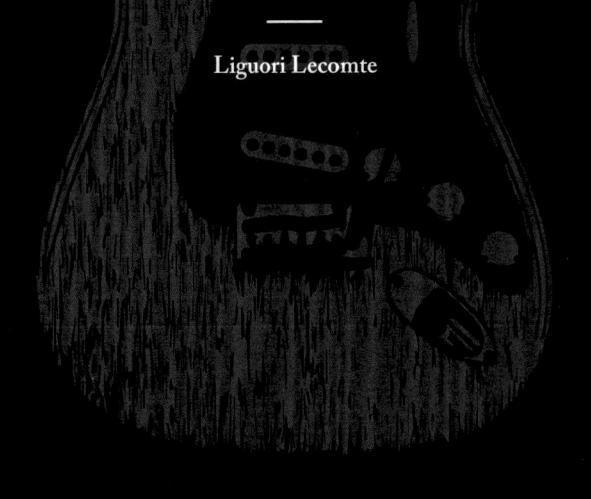

Liguori Lecomte

VORSPEISEN & SNACKS

51

HAUPTGERICHTE

95

DESSERTS

139

COCKTAILS

179

WHO'S WHO DES ROCK

188

ROCKREGISTER

Vorspeisen & Snacks

VORSPEISEN & SNACKS

I WANT TO BREAK FREEZE
GASPACHO TRAVESTI

FÜR DIE FANS VON QUEEN
ZUM SOUNDTRACK VON *I Want to Break Free*

Das Brot in einer mit 150 ml Wasser gefüllten Schüssel einweichen. Parallel die Gurke schälen und von den Tomaten und den Paprikaschoten die Haut abziehen und die Kerne entfernen.
Die Knoblauchzehe halbieren und den Keim entfernen. Die rote Zwiebel in Würfel schneiden.

Das Gemüse, das eingeweichte Brot, das Olivenöl und den Essig in einen Standmixer geben. Jeweils eine Prise Puderzucker, Piment d'Espelette und Salz hinzugeben und alles eine Minute glatt pürieren.

Die Gazpacho durch ein feinmaschiges Sieb in einen Kunststoffbehälter streichen, um Kerne und Schalenreste zu entfernen. Abschmecken, eventuell nachwürzen und anschließend 45 Minuten zugedeckt einfrieren.

Mit einer Gabel die Eiskristalle aufkratzen, die Gazpacho erneut einfrieren und alle 30 Minuten aufkratzen, bis die Eiskristalle die Form einer Granité haben. Die geeiste Gazpacho erst unmittelbar vor dem Servieren aus dem Gefrierfach nehmen, in Gläsern oder Glasschalen anrichten und mit einem Faden Olivenöl garnieren.

AUF DEM PLATTENTELLER SERVIERT

Nicht Freddy Mercury, sondern Dominique Taylor, die Frau von Roger Taylor, hatte die Idee, den Musikern für den Dreh des Videoclips einen Travestie-Look zu verpassen, angelehnt an die klischeehaften Charaktere der damals sehr bekannten britischen TV-Serie Coronation Street *(die hierzulande als Vorlage für die* Lindenstraße *diente). Angefangen vom braven Schulmädchen, über die mürrische Großmutter bis hin zur Hausfrau mit Staubsauger und zur Schlampe aus Liverpool (Freddy Mercury) trugen alle Bandmitglieder Frauenkleider.*

Zubereitungszeit
20 MIN.

Gefrierzeit
6 STD.

Zutaten für
4 PERSONEN

100 g Bauernbrot
1 Salatgurke
500 g reife Tomaten
2 rote Paprikaschoten
1 Knoblauchzehe, geschält
½ rote Zwiebel, geschält
100 ml Olivenöl plus etwas mehr Öl zum Servieren
2 EL Sherry-Essig
1 Prise Puderzucker
1 Prise Piment d'Espelette (französische Chilisorte)
Salz

VORSPEISEN & SNACKS

Old Soup
SUPPE VON ALTEN GEMÜSESORTEN

FÜR DIE FANS VON FRANK ZAPPA
ZUM SOUNDTRACK VON *Soup 'n Old Clothes*

Zubereitungszeit
15 MIN.

Garzeit
25 MIN.

Zutaten für
4 PERSONEN

200 g Pastinaken
200 g Steckrüben
100 g Topinambur
100 g Karotten
1 gelbe Zwiebel
20 g Butter
2 Prisen Kreuzkümmel
1 Prise Kurkuma
1 l Geflügelbouillon
Salz & frisch gemahlener schwarzer Pfeffer
3 Stängel glatte Petersilie

Das Gemüse waschen, putzen und schälen. Die Zwiebel fein hacken und das restliche Gemüse in große Würfel schneiden.

In einer Kasserolle bei mittlerer Temperatur die Butter zerlassen und Kurkuma und Kreuzkümmel unterrühren. Die fein gehackten Zwiebeln in der heißen Butter eine Minute goldbraun anschwitzen. Das restliche Gemüse hinzugeben und ebenfalls 2 Minuten anbraten. Die Geflügelbouillon dazu gießen und alles etwa 20 Minuten köcheln lassen.

Die Suppe mit einem Stabmixer glatt pürieren, abschmecken und eventuell nachwürzen.

Die Petersilienblätter abzupfen, klein hacken, in die Suppe einrühren und die Suppe heiß servieren.

AUF DEM PLATTENTELLER SERVIERT

Ob Frank Zappa gerne Suppen aß?
Schwer zu sagen, denn dieses einflussreiche Genie galt als exzentrisch und unergründlich. Zappas Leitmotiv war stets die Freiheit des Ausdrucks, was seine über 100 Alben eindrucksvoll belegen (von denen über 30 erst nach seinem Tod erschienen). Ein großartiges Werk. Obwohl Frank Zappa aufgrund von Prostatakrebs schon mit 52 Jahren starb, hat er immer wieder die ganz Großen inspiriert: Paul McCartney, John Lennon, Eric Clapton, Jimi Hendrix und viele andere.

VORSPEISEN & SNACKS

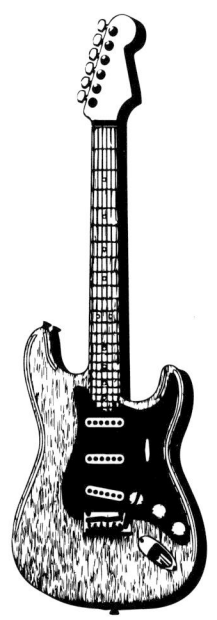

FROMAGE ROCK & FORT

KÄSEWINDBEUTEL MIT ROQUEFORT

FÜR DIE FANS VON NIRVANA
ZUM SOUNDTRACK VON *Big Cheese*

Zubereitungszeit
15 MIN.

Garzeit
25–30 MIN.

Ruhezeit
3 MIN.

Zutaten für
4 PERSONEN

80 g leicht gesalzene Butter
150 g Mehl
4 Eier
85 g Roquefort-Käse
frisch gemahlener schwarzer Pfeffer
1 Prise Muskatnuss

Den Backofen auf 200 °C (Umluft) vorheizen.

Für den Brandteig in einer Kasserolle 250 ml Wasser und die Butter aufkochen, bis die Butter geschmolzen ist. Den Topf vom Herd nehmen, das Mehl mit einem Schwung dazugeben und mit einem Holzlöffel kräftig unterrühren. Die Kasserolle zurück auf den Herd stellen und etwa eine Minute weiter rühren, bis sich ein zäher Teigkloß vom Topfrand löst. Die Kasserolle vom Herd nehmen und den Teigkloß 3 Minuten abkühlen lassen.

Die Eier nacheinander gründlich unterrühren, bis wieder ein geschmeidiger Teig entsteht.

Den Roquefort in kleine Würfel schneiden und zusammen mit je einer Prise Pfeffer und Muskatnuss (je nach Geschmack) unter die Teigmasse rühren.

Den Teig in einen Spritzbeutel füllen oder ihn mit zwei Löffeln in 4 cm große Häufchen mit großem Abstand auf mit Backpapier bedeckte Backbleche portionieren.

Die Windbeutel 20–25 Minuten im Ofen goldbraun backen und warm zum Aperitif servieren.

AUF DEM PLATTENTELLER SERVIERT

Nicht nur dem Roquefort sondern auch Kurt Cobain schrieb man einen kräftigen Charakter zu, denn er nahm mit Sicherheit kein Blatt vor den Mund.
Nach dem Erfolg des Albums **Nevermind** *lud Axel Rose, der Sänger von Guns N'Roses, die Band Nirvana als Vorgruppe auf seine Konzerte ein. Kurt Cobain lehnte das Angebot rigoros ab und tat zugleich seine Meinung über Guns N'Roses kund: »Die haben wirklich gar kein Talent. Und sie schreiben eine Scheißmusik.« Vielleicht hilft ein kleiner Käsewindbeutel, um alle wieder miteinander zu versöhnen?*

VORSPEISEN & SNACKS

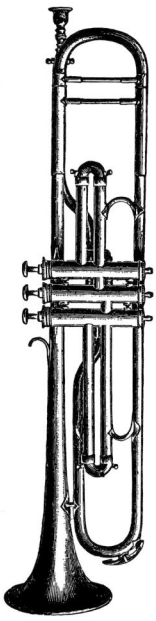

Tropical Hot Dog
EXOTISCH WÜRZIGE HOT DOGS

FÜR DIE FANS VON CAPTAIN BEEFHEART
ZUM SOUNDTRACK VON *Tropical Hot Dog Night*

Das Schweinefilet in der Küchenmaschine klein hacken. Die Petersilienblätter abzupfen und mit den Jalapeños fein hacken. Das Olivenöl in einer Pfanne erhitzen, Hackfleisch, Petersilie und Jalapeños hineingeben, mit Salz und Pfeffer würzen und alles 5 Minuten braten.

Den Backofen auf 180 °C (Ober-/Unterhitze) vorheizen.

Die Ananas schälen, Krone und Strunk entfernen und das Fruchtfleisch mit dem Messer in kleine Würfel schneiden. Das Rotkohlblatt in sehr dünne Streifen schneiden und den Koriander fein hacken.

In einer kleinen Schüssel die Crème fraîche mit dem Koriander und dem Zitronensaft aufschlagen und mit Salz und Pfeffer würzen.

Die Brötchen aufschneiden und das würzige Schweinefleisch jeweils auf den beiden unteren Hälften verteilen. Die Brötchen auf ein Backblech legen und 5 Minuten im Ofen rösten.

Anschließend das Fleisch mit den Ananaswürfeln, Rotkohlstreifen und je 2 Esslöffeln Créme fraîche garnieren, die Brötchen zuklappen und sofort servieren.

AUF DEM PLATTENTELLER SERVIERT

Captain Beefheart, der mit richtigem Namen Don Glen Van Vliet hieß, hat wohl einen der unkonventionellsten Wege in der Geschichte der Rockmusik beschritten. Nach ersten Erfolgen und einer Zusammenarbeit mit seinem Schulfreund Frank Zappa, die Rockgeschichte schrieb, beendete er in den 1980er Jahren seine Karriere als Musiker, um sich bis zu seinem Tod unter dem sonnigen Himmel Kaliforniens ganz der Malerei zu widmen.

Zubereitungszeit
20 MIN.

Garzeit
10 MIN.

Zutaten für
2 PERSONEN

200 g Filetspitzen vom Schwein
1 Stängel glatte Petersilie
1 Faden Olivenöl
2 Jalapeños
150 g frische Ananas
1 Rotkohlblatt
1 Stängel Koriander
4 EL Crème fraîche
1 EL Zitronensaft
Salz & frisch gemahlener schwarzer Pfeffer
2 Hot Dog Brötchen

VORSPEISEN & SNACKS

When the »Chips« Come In
VERSCHIEDENE GEMÜSECHIPS

FÜR DIE FANS VON BOB DYLAN
ZUM SOUNDTRACK VON *When the Ship Comes In*

Zubereitungszeit
15 MIN.

Garzeit
30 MIN.

Zutaten für
4 PERSONEN

1 Karotte
1 Pastinake
1 Rote Bete »Tonda di Chioggia« (Ringelbete)
2 Violette Kartoffeln
1 Süßkartoffel
100 ml Olivenöl
½ TL Kümmel
½ TL Kräuter der Provence
Pflanzenöl zum Frittieren
2 EL Mehl
Salz

When the »Chips« Come In

Den Backofen auf 180 °C (Ober-/Unterhitze) vorheizen.

Das Gemüse mit einem Sparschäler schälen. Mit einer Mandoline oder einem Messer die Karotte, die Pastinake und die Rote Bete in sehr dünne Scheiben schneiden und diese auf Küchenkrepp trocknen. Anschließend die Karottenscheiben in einer kleinen Schüssel in einem Faden Olivenöl und dem Kümmel wälzen. In einer zweiten Schüssel die Pastinakenscheiben in einem Faden Olivenöl und den Kräutern der Provence wälzen.

Die Rote-Bete-Scheiben auf einem mit Backpapier bedecktem Backblech so verteilen, dass sie sich nicht berühren. Einen Faden Olivenöl darüber träufeln und mit einer Prise Salz bestreuen. Die Scheiben mit einem Bogen Backpapier und einem zweiten Backblech abdecken, um die Rote-Bete-Scheiben flach zu drücken. Die Scheiben anschließend mindestens 20 Minuten im Ofen backen, beziehungsweise bis sie vollständig getrocknet sind. Die Karotten- und Pastinakenscheiben auf einem weiteren mit Backpapier bedeckten Backblech verteilen und 15–20 Minuten im Ofen backen, allerdings dabei aufpassen, dass sie nicht zu dunkel werden. Anschließend sofort mit etwas Salz bestreuen.

Für die Chips aus den violetten Kartoffeln und aus den Süßkartoffeln reichlich Pflanzenöl in einer Fritteuse oder einem hohen Kochtopf auf 180 °C vorheizen. (Das Öl im Kochtopf ist heiß genug, wenn ein Tropfen Wasser beim Hineingeben sofort zerplatzt).

Die violetten Kartoffeln und die Süßkartoffeln mit einer Mandoline oder einem Messer in sehr dünne Scheiben schneiden. Die Scheiben zwischen zwei Lagen Küchenkrepp trocknen und mit Mehl bestäuben. Überschüssiges Mehl abschütteln und die Kartoffelscheiben portionsweise ins heiße Öl geben, sodass sie frei darin schwimmen können und sich nicht berühren. Die Kartoffelchips jeweils 3–4 Minuten frittieren, danach zum Trocknen auf Küchenkrepp ausbreiten und sofort salzen.

AUF DEM PLATTENTELLER SERVIERT

Als Bob Dylan 2016 mit dem Literaturnobelpreis ausgezeichnet wurde, hatte er bereits als Lyriker, Folk- und Rockmusiker, Sänger und politischer Wortführer Berühmtheit erlangt. Er hat mit den Größten der Welt verkehrt und zählte bereits zu den US-amerikanischen Ikonen, bevor er das Aushängeschild der jungen, wilden 1960er Generation wurde.
Der Song »When the Ship Comes In« handelt von dem Tag, an dem das Böse zerstört wird, wobei das Schiff als Metapher für das Gute dient. Die Chips in diesem Rezept enthalten ebenfalls viel Gutes, vor allem wenn man dafür verschiedene Gemüse in Bio-Qualität verwendet.

When the »Chips« Come In

VORSPEISEN & SNACKS

HOT DOG
ORIGINAL AMERIKANISCHE HOT DOGS

FÜR DIE FANS VON ELVIS PRESLEY
ZUM SOUNDTRACK VON *Hound Dog*

Die Zwiebeln mit dem Messer fein hacken. Das Olivenöl in einer Pfanne auf mittlere Temperatur erhitzen, die Zwiebeln hineingeben, mit Salz und Pfeffer würzen und den Honig unterrühren. Die Zwiebeln 10 Minuten anschwitzen und dabei mit einem Holzlöffel umrühren, bis sie karamellisiert sind.

In einem kleinen Topf die Sahne, die Milch und den geriebenen Käse erhitzen, bis der Käse geschmolzen ist. Die Käsesauce mit einer Prise Cayennepfeffer würzen.

Den Strunk der Kohlblätter jeweils herausschneiden und die Kohlblätter 5 Minuten in kochendem Wassern blanchieren. Die Kohlblätter anschließend abtropfen lassen und in dünne Streifen schneiden.

Eine Pfanne mit Butter auspinseln und darin die Kohlstreifen 10 Minuten weich garen. Den Kohl dabei regelmäßig umrühren und am Ende mit Salz und Pfeffer würzen.

Die Würstchen 5 Minuten in kochend heißem Wasser sieden.

Die Brötchen aufschneiden und jeweils einen gehäuften Esslöffel Kohl und einen Löffel Zwiebeln auf der unteren Hälfte verteilen. Jeweils ein Würstchen darauf betten und nach Geschmack mit der Käsesauce und mit Senf und/oder Ketchup garnieren. Die Brötchen zuklappen und servieren.

AUF DEM PLATTENTELLER SERVIERT

Der Song Hound Dog *wurde ursprünglich von Big Mama Thornton gesungen, doch die Interpretation von Elvis Presley, mit der er 1956 in der »Milton Berle Show« im Fernsehen auftrat, ging in die Annalen der Rockgeschichte ein. Von den Jüngeren vergöttert und von den Älteren der Verderbtheit beschuldigt, ließ Elvis mit seinem anzüglichen Hüftschwung die jungen Damen im puritanischen Amerika erröten: die Geburtsstunde des King of Rock! Also, Hüfte schwingen lassen und die Hot Dogs genießen!*

Zubereitungszeit
15 MIN.

Garzeit
15 MIN.

Zutaten für
2 PERSONEN

2 Zwiebeln
1 EL Olivenöl
Salz & frisch gemahlener schwarzer Pfeffer
1 EL Honig
100 ml Sahne (30 % Fettanteil)
50 ml Milch
100 g frisch geriebener Cheddarkäse
1 Prise Cayennepfeffer
8 Grünkohlblätter
15 g Butter
2 Frankfurter Würstchen
2 Hot Dog Brötchen
1 EL gelber Senf
1 EL Ketchup

VORSPEISEN & SNACKS

CHAMPAGNE SUPEROYSTER
POCHIERTE AUSTERN MIT CHAMPAGNERSAUCE IM GLAS

FÜR DIE FANS VON OASIS
ZUM SOUNDTRACK VON *Champagne Supernova*

Zubereitungszeit
20 MIN.

Garzeit
16 MIN.

Zutaten für
4 PERSONEN

1 Schalotte
8 Austern
300 ml Champagner
1 Stange Lauch
20 g Butter
100 ml Sahne (30 % Fettanteil)
1 Prise Piment d'Espelette (französische Chilisorte)
Salz

Die Schalotte schälen, mit einem Messer fein hacken und beiseite stellen.

Die Austern mit Hilfe eines Austernmessers vorsichtig öffnen, das Muschelfleisch herauslösen und dabei die Flüssigkeit auffangen.

Das Austernwasser filtern, um Schalenreste zu entfernen und eine klare Flüssigkeit zu erhalten. Diese Flüssigkeit mit 150 Millilitern Champagner und der Hälfte der Zwiebeln in einen kleinen Stieltopf geben, alles bis zum Siedepunkt erhitzen und dann den Topf vom Herd nehmen. Die Austern in der heißen Flüssigkeit drei Minuten zugedeckt ziehen lassen. Die pochierten Austern beiseite stellen und eine Kelle Kochflüssigkeit im Topf belassen.

Den Lauch waschen, putzen und nur den weißen Teil klein hacken.

In einer weiteren Kasserolle die Butter zerlassen, bis sie schäumt und dann den Lauch und die restlichen Zwiebeln darin unter ständigem Rühren mit einem Holzlöffel drei Minuten anschwitzen. Die Kelle Kochflüssigkeit und 150 Milliliter Champagner dazugeben und unterrühren. Die Sauce bei mittlerer Temperatur 10 Minuten lang auf die Hälfte reduzieren und zum Schluss die Sahne und den Piment d'Espelette unterrühren.

In jedes Glas eine Auster geben und mit der Champagnersauce übergießen. Pro Person zwei Gläser servieren.

AUF DEM PLATTENTELLER SERVIERT

Der Songtitel Champagne Supernova *entstand, nachdem Noel Gallagher eines Abends eine Reportage über die Champagne gesehen hatte und dabei das Album* Bossanova *von den Pixies gehört hatte. Noels Talent, Songtexte zu schreiben und Gitarre zu spielen, gepaart mit der großartigen Stimme seines Burders Liam ließen diesen Song zu einem der größten Erfolge der Band Oasis werden. Die beiden Brüder dürften den Verkauf von 70 Millionen Platten wohl kaum mit Austern im Glas gefeiert haben, denn 2009 kam es während eines Pariser Rock-Festivals zwischen den beiden rivalisierenden Brüdern zu einer Schlägerei, was dazu führte, dass sich die Band auflöste.*

VORSPEISEN & SNACKS

Green Onion Soup
FRÜHLINGSZWIEBELSUPPE

**FÜR DIE FANS VON BOOKER T & THE MG'S
ZUM SOUNDTRACK VON** *Green Onions*

Zubereitungszeit
10 MIN.

Garzeit
20 MIN.

Zutaten für
4 PERSONEN

2 Bund Frühlingszwiebeln

1 Kartoffel

3 EL Olivenöl

1 l Gemüsebrühe

3 Stängel glatte Petersilie plus etwas mehr Blätter zum Garnieren

Salz & frisch gemahlener schwarzer Pfeffer

1 Knoblauchzehe

4 Scheiben Landbrot

Die Frühlingszwiebeln und die Kartoffel waschen. Die Zwiebeln mit ihrem Grün klein hacken. Die Kartoffel schälen und in kleine Würfel schneiden.

Einen Faden Olivenöl in einer Kasserolle bei mittlerer Temperatur erhitzen. Die klein gehackten Zwiebeln hineingeben, salzen und 2–3 Minuten unter Rühren mit einem Holzlöffel weich garen. Mit der Brühe ablöschen. Die Petersilienblätter abzupfen und mit den Kartoffelwürfeln dazugeben, alles aufkochen und 15 Minuten bei niedriger Temperatur blubbernd köcheln lassen. Die fertige Suppe mit einem Stabmixer pürieren, mit jeweils einer Prise Salz und Pfeffer abschmecken und eventuell nachwürzen.

Den Backofen auf 180 °C (Ober-/Unterhitze) erhitzen.

Die Knoblauchzehe abziehen, halbieren und den Keim entfernen. Die Brotscheiben auf ein Backblech legen, mit einem Faden Olivenöl beträufeln und 5 Minuten im Backofen rösten. Anschließend das heiße Brot mit dem Knoblauch einreiben und in kleine Croûtons zerbrechen.

Die Suppe auf 4 Suppenteller verteilen und mit den Croûtons und Petersilienblättern garniert servieren.

AUF DEM PLATTENTELLER SERVIERT

Der Song Green Onions *feierte einen großen Erfolg, dabei entstand er, bevor sich Booker T & the MG's als Band formiert hatten. 1962 waren vier Musiker als Studioband gebucht worden, um den Sänger Billy Lee Riley zu begleiten. Als dieser nicht zum gebuchten Studiotermin erschien, improvisierten die Musiker und spielten zwei Instrumentalaufnahmen ein. Obwohl damals strikte Rassentrennung herrschte, war das die Geburtsstunde einer multiethnischen Band. Das musikalische Erbe der Band Booker T & The MG's und vor allem der Hit* Green Onions *inspirierte zahlreiche Rockmusiker, darunter ZZ Top mit ihrem Song* La Grange.

VORSPEISEN & SNACKS

POLICE WRAPS
WRAPS GEFÜLLT MIT HÄHNCHENFLEISCH

FÜR DIE FANS VON THE POLICE
ZUM SOUNDTRACK VON *Wrapped Around Your Finger*

Die Tomate und den Mozzarella in dünne Scheiben schneiden und auf einem Teller beiseite stellen.

Die Hähnchenfilets in Streifen schneiden. In einem tiefen Teller das Mehl mit dem Cayennepfeffer und dem Salz vermischen und die Hähnchenstreifen darin wälzen.

Das Olivenöl in einer Pfanne auf mittlere Temperatur erhitzen, die Hähnchenstreifen darin 5 Minuten goldbraun braten und anschließend auf Küchenkrepp trocknen lassen.

Die Tortillas kurz erwärmen, dann auf der Arbeitsfläche ausbreiten und jeweils in die Mitte 2 Basilikumblätter, je eine Reihe Tomaten- und Mozzarellascheiben und die Hälfte der Hähnchenstreifen geben. Die Fladen zu Wraps zusammenrollen, in der Mitte halbieren und mit einem Zahnstocher fixiert und weiteren Basilikumblättern garniert servieren.

AUF DEM PLATTENTELLER SERVIERT

Sticheln ...
Nie würde einen die Polizei im Stich lassen. Übrigens rührt der Bühnenname »Sting« (dt. Stich) des ehemaligen Sängers der Band The Police *von einem einem schwarz-gelb gestreiften Pullover her, den der auf den bürgerlichen Namen Gordon Matthew Thomas Summer getaufte Sänger bei einem Auftritt mit seiner ersten Band Phoenix Jazzmen trug. Seine Bandkollegen fanden, dass er darin wie eine Wespe aussah, stichelten ihn damit und tauften ihn schließlich Sting!*

Zubereitungszeit
10 MIN.

Garzeit
5 MIN.

Zutaten für
2 PERSONEN

1 Tomate
1 Kugel Mozzarella
2 Hähnchenbrustfilets
2 EL Mehl
1 Prise Cayennepfeffer
3 Prisen Salz
100 ml Olivenöl
2 weiche Mais-Tortillas
4 Basilikumblätter plus etwas mehr Blätter zum Garnieren

VORSPEISEN & SNACKS

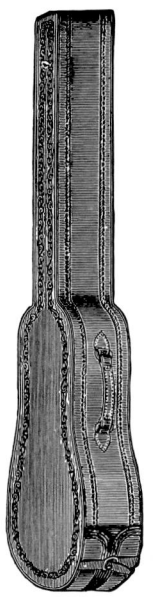

Pfirsiche En Regalia

PFIRSICHE MIT ZIEGENKÄSE UND ROSMARIN

FÜR DIE FANS VON FRANK ZAPPA
ZUM SOUNDTRACK VON *Peaches En Regalia*

Die Pfirsiche halbieren und die Kerne entfernen.

In einem kleinen Stieltopf 750 ml Wasser aufkochen und den Puderzucker und einen Rosmarinzweig hineingeben. Sobald der Zucker geschmolzen ist, die Pfirsichhälften für 2 Minuten in den köchelnden Sirup geben. Die Pfirsichhälften herausheben, 5 Minuten abkühlen lassen und anschließend in Scheiben schneiden.

Parallel den Schnittlauch und die Gojibeeren klein hacken. Den Ziegenfrischkäse in einer Schüssel mit dem Schnittlauch und den Gojibeeren vermischen und mit Salz und Pfeffer abschmecken.

Die Ziegenfrischkäsecreme in einen Spritzbeutel füllen. Die Pfirsichscheiben in Dessertgläsern anrichten, mit etwas Creme garnieren und mit ein paar klein gehackten Rosmarinnadeln garniert servieren.

AUF DEM PLATTENTELLER SERVIERT

Frank Zappa hat mit Sicherheit nicht nur Pfirsiche vernascht. Im Dezember 1971 wurde Zappa während eines Konzerts in London von einem Besucher angegriffen, dem vielleicht die Qualität der Darbietung nicht gefiel oder der sich an den anzüglichen Blicken störte, die Zappa seiner Freundin zuwarf. Frank Zappa stürzte dabei in den Orchestergraben und zog sich so schwere Verletzungen zu, dass er fast ein Jahr lang im Rollstuhl saß.

Zubereitungszeit
15 MIN.

Garzeit
2 MIN.

Zutaten für
4 PERSONEN

2 Pfirsiche
2 EL Puderzucker
2 Zweige Rosmarin
10 Schnittlauchhalme
20 g getrocknete Gojibeeren
200 g Ziegenfrischkäse
Salz & frisch gemahlener schwarzer Pfeffer

VORSPEISEN & SNACKS

WHERE IS MY MINT?

GURKEN-MINZE-SMOOTHIE IM GLAS

FÜR DIE FANS VON PIXIES
ZUM SOUNDTRACK VON *Where Is My Mind?*

Zubereitungszeit
5 MIN.

Ruhezeit im Kühlschrank
2 STD.

Zutaten für
4 PERSONEN

1 unbehandelte Salatgurke
2 Äpfel der Sorte Granny Smith
4 Blätter Minze
Saft von 1 Limette
1 EL Olivenöl
1 Prise Salz
ein paar Tropfen Tabasco®

Die Gurke und die Äpfel gründlich waschen, die Kerngehäuse der Äpfel entfernen und beides in Würfel schneiden. Die Apfel- und Gurkenwürfel in einen Standmixer geben.

Die Minzeblätter waschen und mit dem Limettensaft, dem Olivenöl, dem Salz und nach Geschmack einigen Tabasco®-Tropfen ebenfalls in den Standmixer geben. Sämtliche Zutaten etwa 1 Minute glatt pürieren.

Abschmecken, eventuell nachwürzen und den fertigen Smoothie gut gekühlt in hübschen Gläsern servieren.

AUF DEM PLATTENTELLER SERVIERT

In dem Song Where Is My Mind? *erzählt Frank Black eine reale Geschichte, die sich während eines Tauchurlaubs in der Karibik zugetragen hat. Seiner Meinung nach wurde er dabei von einem Fisch verfolgt, aber vielleicht hat Frank Black in diesem Urlaub nicht nur Gurken-Minze-Smoothies zu sich genommen …*

VORSPEISEN & SNACKS

OCTOPUS SALAD
OKTOPUSSALAT

FÜR DIE FANS VON THE BEATLES
ZUM SOUNDTRACK VON *Octopus's Garden*

Frischen Oktopus gründlich waschen und Kauwerkzeuge, Augen und Tintenbeutel entfernen. Den Kopf halbieren und die Eingeweide entfernen. Die Arme mit den Saugnäpfen sorgfältig waschen, alles kalt abspülen und den Oktopus 36–48 Stunden einfrieren, damit die Haut beim Kochen weich und das Fleisch zart wird.

Am Vorabend den Oktopus zum Auftauen in den Kühlschrank legen.

Am Tag der Zubereitung den Oktopus in einer Kasserolle mit Wasser bedecken und das grobe Salz, das Lorbeerblatt und den Thymianzweig hinzugeben. Den Oktopus zugedeckt 1 Stunde bei mittlerer Temperatur garen. Zum Überprüfen der Garzeit den Oktopus mit einer Messerspitze einstechen. Die Klinge sollte sehr leicht ins Fleisch eindringen. Anschließend den Oktopus abtropfen und abkühlen lassen.

Haut und Saugnäpfe unter fließend kaltem Wasser abreiben und das Fleisch des Oktopus in mundgerechte Stücke schneiden.

Die Knoblauchzehe abziehen, halbieren, den Keim entfernen und den Rest klein hacken. Die Paprika halbieren, entkernen und in kleine Würfel schneiden. Die Petersilienblätter abzupfen und fein hacken.

In einer Salatschüssel das Oktopusfleisch mit den Paprikawürfeln, dem Knoblauch, der Petersilie, dem Zitronensaft, dem Olivenöl und dem Piment d'Espelette vermengen. Zum Schluss abschmecken und eventuell nachwürzen.

AUF DEM PLATTENTELLER SERVIERT

Die Idee zu Octopus's Garden *stammt von Ringo Starr. Da die Stimmung bei den Beatles gerade gereizt war, unternahm Ringo Star mit seiner Familie eine Kreuzfahrt in Sardinien, um etwas Abstand zu den anderen Bandmitgliedern zu bekommen. Als er sich beim Abendessen weigerte, Oktopus zu essen, erzählte ihm der Kapitän des Schiffes alles, was er über das Verhalten von Kraken wusste und wie geschickt sie am Meeresboden glitzernde Dinge sammeln, um vor ihren Höhlen damit kleine Gärten anzulegen, was Ringo Starr zu diesem Song inspirierte.*

Zubereitungszeit
30 MIN.

Gefrierzeit
36–48 H
(FÜR FRISCHEN OKTOPUS)

Ruhezeit im Kühlschrank
12 STD.

Garzeit
1 STD.

Ruhezeit
30 MIN.

Zutaten für
4 PERSONEN

1 kg frischer oder tiefgefrorener Oktopus (Krake)
1 TL grobes Meersalz
1 Lorbeerblatt
1 Thymianzweig
1 Knoblauchzehe
1 rote Paprika
3 Stängel glatte Petersilie
4 EL Olivenöl
2 EL Zitronensaft
2 Prisen Piment d'Espelette (französische Chilisorte)

VORSPEISEN & SNACKS

TACOS FROM THE JUNGLE
FISCHTACOS AUS LOS ANGELES

FÜR DIE FANS VON GUNS N' ROSES
ZUM SOUNDTRACK VON *Welcome to the Jungle*

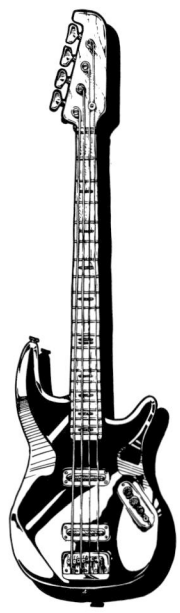

Zubereitungszeit
20 MIN.

Garzeit
15 MIN.

Zutaten für
4 PERSONEN

4 EL Quark
Saft von 1 Limette
3 Prisen Paprikapulver
Salz & frisch gemahlener schwarzer Pfeffer
1 Zwiebel
1 rote Chilischote
1 Mango
2 Korianderstängel
2 EL Olivenöl
500 g weißes Fischfilet (Dorsch oder Heilbutt)
4 Tacoschalen

In einer kleinen Schüssel den Quark mit der Hälfte des Limettensafts, dem Paprikapulver und etwas Salz und Pfeffer verrühren.

Die Zwiebel fein würfeln, die Chilischote halbieren, die Kerne entfernen und den Rest sehr fein hacken. Die Mango schälen und das Fruchtfleisch in kleine Würfel schneiden. Die Korianderblätter abzupfen und fein hacken.

Das Olivenöl in einer Pfanne auf mittlere Temperatur erhitzen und die Zwiebelwürfel, die klein gehackte Chilischote und den Fisch hineingeben. Den Fisch von beiden Seiten braten und dann mit einem Holzlöffel in kleine Stücke zerteilen. Den restlichen Limettensaft untermischen.

Die Tacoschalen jeweils mit ein paar würzigen Fischstücken und Mangowürfeln füllen. Je einen Esslöffel Quarksauce darauf verteilen und mit fein gehacktem Koriander bestreut servieren.

AUF DEM PLATTENTELLER SERVIERT

Erst ein Jahr nach der Veröffentlichung des Albums, das Welcome to the Jungle *enthielt, kletterte der Song in den Charts ganz nach oben, was daran lag, dass der Sender MTV der Veröffentlichung einen Sendetermin um vier Uhr morgens eingeräumt hatte. Heute gehört der Song, der von den Gefahren in Los Angeles erzählt, zu den größten Erfolgen der Band, und Guns N' Roses hat kein anderes Stück so oft live auf der Bühne gespielt (etwa 700 Mal seit der Veröffentlichung)!*

VORSPEISEN & SNACKS

CHEESE BALL & BISCUIT

FRISCHKÄSEBÄLLCHEN UND BISKUITS MIT ROSMARIN

FÜR DIE FANS VON THE WHITE STRIPES
ZUM SOUNDTRACK VON *Ball and Biscuit*

Zubereitungszeit
20 MIN.

Backzeit
15 MIN.

Ruhezeit
15 MIN.

Zutaten für
4 PERSONEN

<u>Für die Frischkäsebällchen:</u>
1 EL geröstete Sesamsaat
1 EL Leinsamen
1 EL Paprikapulver
1 EL Kräuter der Provence
200 g Frischkäse

<u>Für die Biskuits mit Rosmarin:</u>
1 Rosmarinzweig
200 g Weizenmehl Type 405 plus etwas mehr Mehl zum Bestauben der Arbeitsfläche
1 TL Backpulver
70 g frisch geriebener Parmesan
½ TL Salz
frisch gemahlener schwarzer Pfeffer
100 g kalte Butter, gewürfelt
50 ml Olivenöl

Für die Frischkäsebällchen 4 kleine Teller für den Sesam, den Leinsamen, das Paprikapulver und die Kräuter der Provence bereitstellen. Die Hände mit kaltem Wasser befeuchten und jeweils einen Teelöffel Frischkäse zwischen den Handflächen zu einer kleinen Kugel rollen. Mit dem restlichen Frischkäse ebenso verfahren und die Kugeln anschließend in den bereitgestellten Zutaten wälzen. Danach die fertigen Frischkäsebällchen bis zum Servieren im Kühlschrank ruhen lassen.

Den Backofen auf 180 °C (Ober-/Unterhitze) vorheizen.

Für die Biskuits die Rosmarinnadeln abzupfen und mit einem Messer sehr fein hacken. Das Mehl, das Backpulver, den Parmesan, den Rosmarin, das Salz und zwei Umdrehungen aus der Pfeffermühle in eine Backschüssel geben. Die Butterwürfel und das Olivenöl dazugeben und die Zutaten mit den Fingerspitzen kneten, bis ein Teig entsteht. Den Teig zu einer Kugel rollen.

Die Arbeitsfläche mit Mehl bestauben. Den Teig 4 mm dünn ausrollen, mit einem runden Ausstecher Plätzchen ausstechen und diese auf einem mit Backpapier belegten Backblech verteilen. Die salzigen Biskuits etwa 15 Minuten im Ofen backen und anschließend lauwarm oder vollständig abgekühlt mit den Frischkäsebällchen servieren.

AUF DEM PLATTENTELLER SERVIERT

2003 wurde der Song Ball and Biscuit *auf dem Album* Elephant *veröffentlicht. Aufgrund unterschiedlicher Formate und Länder wurden sechs verschiedene Plattenhüllen produziert. Für Jack White, den Sänger des legendären Duos The White Stripes, symbolisierten die Farben der Band – rot, schwarz, weiß – die Wut und die Unschuld. Hier kann man sich von den Farben der Frischkäsebällchen verführen lassen!*

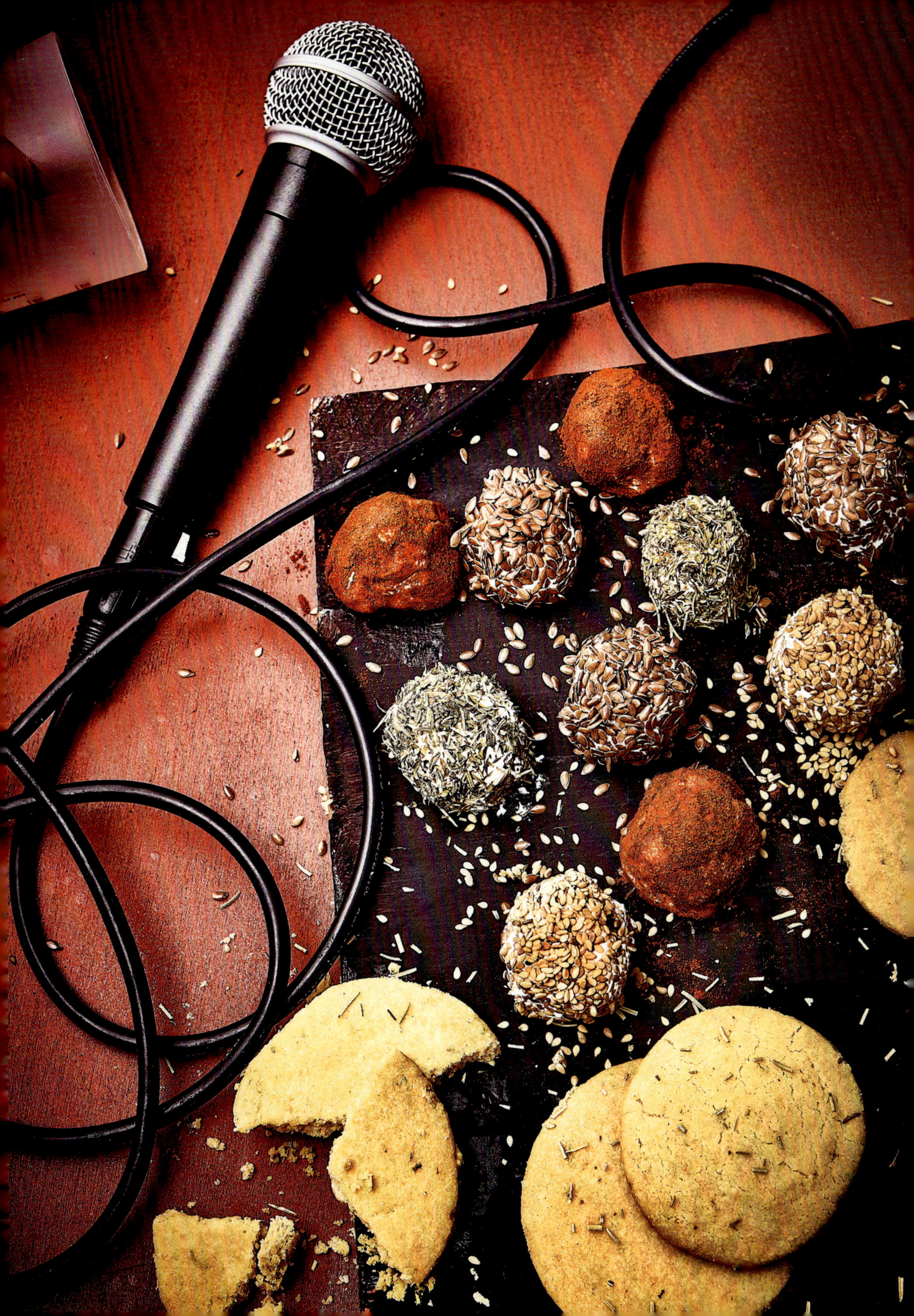

CHINA PLATE
SCHNELLE FRÜHLINGSRÖLLCHEN AUS DEM BACKOFEN

FÜR DIE FANS VON IGGY POP
ZUM SOUNDTRACK VON *China Girl*

Zubereitungszeit
20 MIN.

Backzeit
20 MIN.

Ruhezeit
15 MIN.

Zutaten für
4 PERSONEN

50 g dünne Glasnudeln

1 Karotte

½ Zwiebel

1 Prise Salz

100 g Schweinefleisch

50 g chinesische Morcheln (Judasohren, Ohrenlappenpilze, …)

1 EL Pflanzenöl

2 EL Sesamöl

50 g Sojasprossen

2 EL Fischsauce

2 EL Sojasauce

4 Filoteigblätter

4 Minzeblätter

4 Kopfsalatblätter

100 ml süßsaure Sauce zum Servieren

Die Glasnudeln 10 Minuten in einer mit lauwarmen Wasser gefüllten Schüssel einweichen, danach grob zerkleinern.

Die Karotte schälen, die Zwiebel abziehen, beides fein hacken und beiseite stellen. Das Schweinefleisch in der Küchenmaschine zerkleinern. Die Pilze mit einem Messer klein hacken.

Den Backofen auf 200 °C (Ober-/Unterhitze) vorheizen.

Je einen Esslöffel Pflanzen- und Sesamöl in einer Pfanne auf mittlere Temperatur erhitzen. Die klein gehackte Karotte und die Zwiebel hineingeben, salzen und unter Rühren drei Minuten anbraten. Das Schweinehack, die Pilze, die Sojasprossen und die grob zerkleinerten Reisnudeln untermischen. Die Fischsauce und die Sojasauce dazu gießen und alles zusammen ein paar Minuten köcheln lassen. Die fertige Farce etwas abkühlen lassen.

Jeweils ein Filoteigblatt auf der Arbeitsfläche ausbreiten, ein Viertel von der Farce darauf verteilen und mit dem Teigblatt zu einer Frühlingsrolle zusammenrollen. Mit den restlichen drei Teigblättern ebenso verfahren. Die fertigen Frühlingsrollen auf ein mit Backpapier belegtes Backblech legen und 5–10 Minuten im Ofen goldbraun backen.

Zum Servieren jeweils ein Minzeblatt auf eine Frühlingsrolle legen, beides mit einem Salatblatt umwickeln und in die süßsaure Sauce dippen.

AUF DEM PLATTENTELLER SERVIERT

Viele meinen, China Girl sei ein Song von David Bowie, doch in Wahrheit stammt er aus der Feder von Iggy Pop, auch wenn David Bowie ihn später so berühmt gemacht hat. Doch wer ist dieses »china girl«? Es handelt sich dabei um Kuelan Nguyen, die junge Ex-Frau von Jacques Higelin, deren Charme Iggy Pop derart erlegen war, dass er sie dies auf diese etwas plumpe Art wissen ließ. Iggy Pop wurde zwar deswegen zum Teufel gejagt, aber der Song erzählt dennoch seine romantische Geschichte.

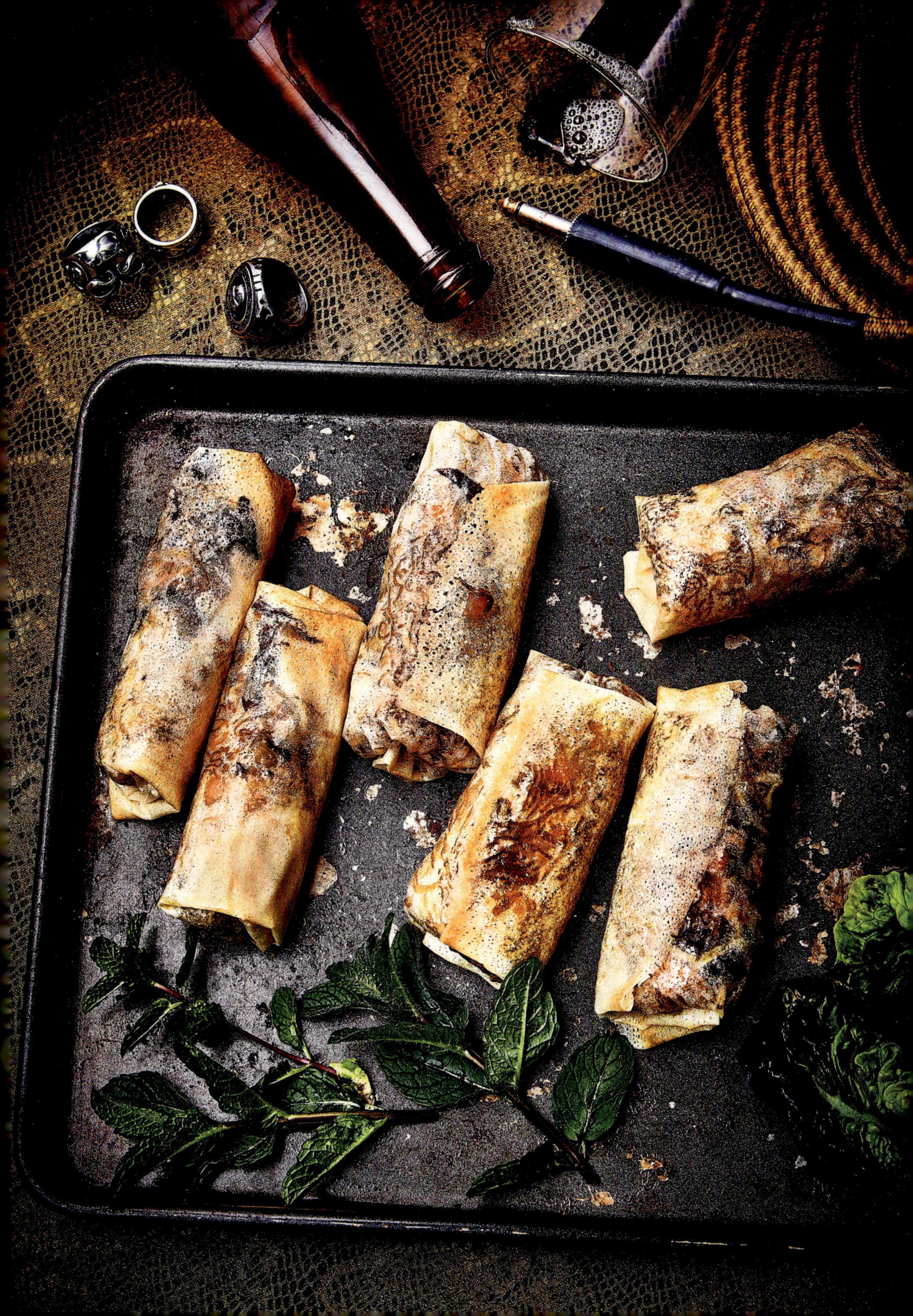

VORSPEISEN & SNACKS

EASY DINNERS
ODER DIE PERFEKTE TV-MAHLZEIT

FÜR DIE FANS VON ZZ TOP
ZUM SOUNDTRACK VON *TV Dinners*

Zubereitungszeit
25 MIN.

Garzeit
25 MIN.

Zutaten für
2 PERSONEN

Für das Club-Sandwich:
6 Scheiben Toastbrot
½ Kopf Eisbergsalat
2 EL Mayonnaise
Salz & frisch gemahlener schwarzer Pfeffer
1 Tomate
1 Avocado
2 Hähnchenbrustfilets
4 Scheiben Frühstücksspeck

1 Faden Olivenöl

Für den Karottensalat:
3 Karotten, geschält
2 EL Kürbiskerne
1 EL Zitronensaft
2 EL Olivenöl
1 Prise Currypulver
Salz & frisch gemahlener schwarzer Pfeffer

Für das Birnenmus:
2 Birnen
1 TL Vanillezucker

EASY DINNERS

Die Brotscheiben in einer Grillpfanne rösten. Den Salat in Streifen schneiden, in eine Salatschüssel geben und mit der Mayonnaise und Salz und Pfeffer nach Geschmack anmachen. Die Tomate und die Avocado in dünne Scheiben schneiden. Mit einem Fleischklopfer die Hähnchenbrustfilets weich klopfen, damit sie dünner werden. Das Olivenöl in einer Pfanne erhitzen und das Fleisch darin braten und mit Salz und Pfeffer würzen. Das fertig gebratene Fleisch beiseite stellen. Das Fett abgießen und anschließend den Speck knusprig braten.

Eine Brotscheibe mit etwas Salat, 2 Tomatenscheiben und einem Hähnchenbrustfilet belegen. Mit einer zweiten Brotscheibe abdecken und diese mit 2 Scheiben Frühstücksspeck, etwas Avocado und Salat belegen und zum Schluss mit einer weiteren Brotscheibe abdecken. Die Sandwichs mit 2 Zahnstochern zusammenhalten und diagonal in 2 Hälften schneiden. Mit den restlichen Zutaten ein zweites Sandwich zusammenstellen.

Für den Karottensalat die Karotten reiben und in eine kleine Salatschüssel geben. Die Kürbiskerne, den Zitronensaft, das Olivenöl, das Currypulver und etwas Salz und Pfeffer dazugeben und alles miteinander vermischen.

Für das Birnenmus die Birnen schälen, in Würfel schneiden und in eine kleine Kasserolle geben. Den Vanillezucker untermischen und die Birnen 15 Minuten sanft garen. Die Birnen mit einem Stabmixer pürieren und das fertige Birnenmus in kleine Dessertförmchen füllen.

Die Sandwiche, den Karottensalat und das Birnenmus auf ein Tablett stellen und den Fernseher einschalten.

AUF DEM PLATTENTELLER SERVIERT

Frank Beard trägt ironischerweise als einziges Bandmitglied von ZZ Top keinen Bart, obwohl sein Nachname »Beard« auf deutsch »Bart« bedeutet. Und noch etwas, bevor Sie es sich vor dem Fernseher gemütlich machen: Keine andere amerikanische Band ist so lange zusammen wie ZZ Top. Billy Gibbons, Dusty Hill und Frank Beard spielen nämlich schon seit 1970 zusammen.

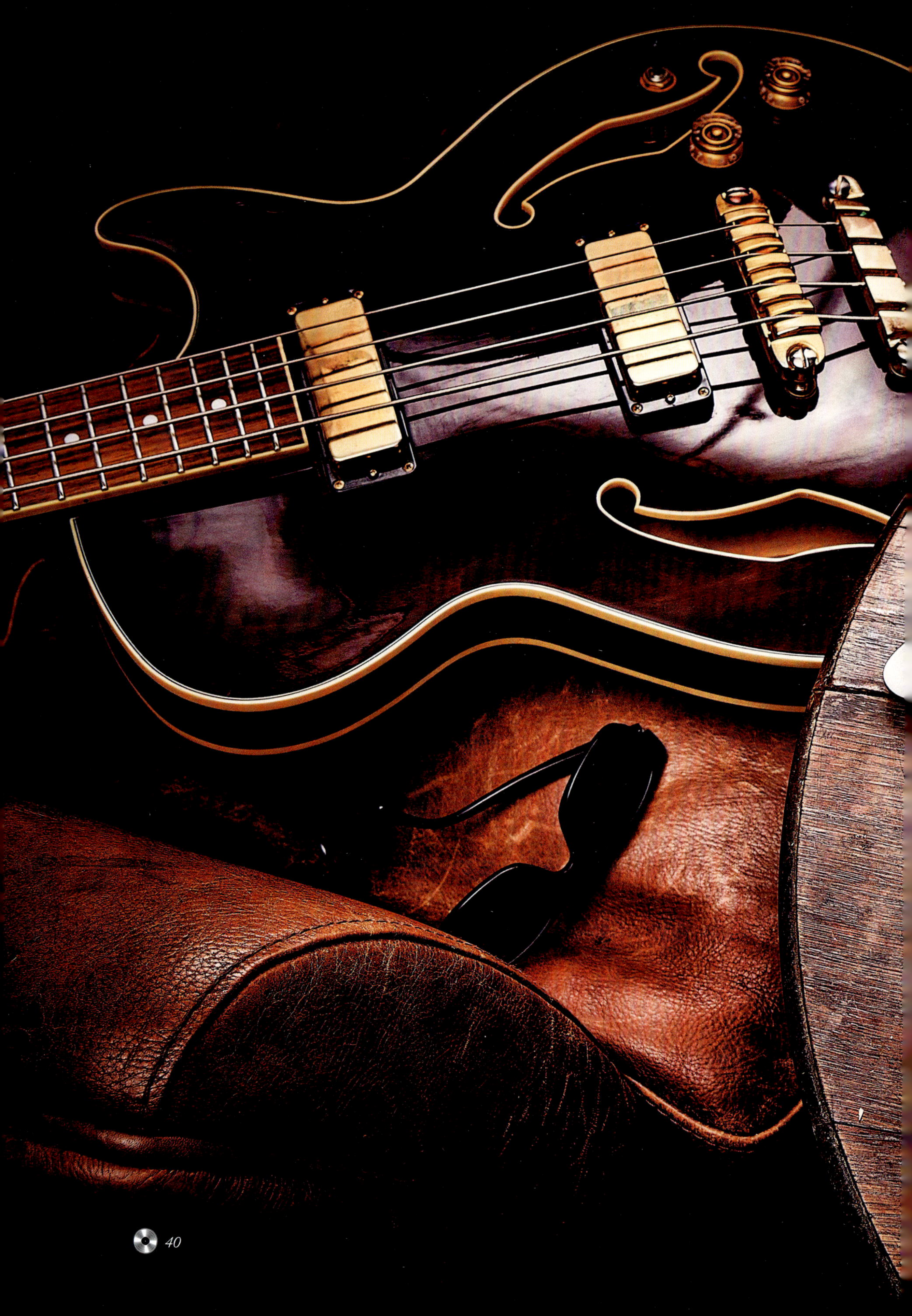

EASY DINNERS

EATERS DON'T CRY
NIGIRI SUSHI MIT WASABI

FÜR DIE FANS VON THE CURE
ZUM SOUNDTRACK VON *Boys Don't Cry*

Den Reis in eine mit kaltem Wasser gefüllte Schüssel geben und zwischen den Fingern reiben. Anschließend den Reis unter frischem Wasser abspülen, das Wasser in der Schüssel wechseln und den Reis 20 Minuten im Wasser quellen lassen. Den Reis danach in einem Sieb noch einmal 20 Minuten abtropfen lassen.

Den Reis mit 210 ml kaltem Wasser aufsetzen, den Topf abdecken und aufkochen. Die Temperatur etwas senken und den Reis 10 Minuten sanft garen. Anschließend den Herd ausschalten und den Reis zugedeckt 10 Minuten ruhen lassen.

In dieser Zeit den Puderzucker im Reisweinessig komplett auflösen, diese Mischung über den Reis gießen und so lange unterrühren, bis alle Reiskörner davon überzogen sind. Den Reis auf einem Teller ausstreichen, vollständig abkühlen lassen und anschließend mit einem feuchten Geschirrtuch abdecken.

Den Lachs in 2 cm breite, 5 cm lange und 3–4 mm dicke Streifen schneiden. Etwas Wasabipaste mit der Fingerspitze auf den Lachs- und auf den Entenbruststreifen verteilen.

Die Hände befeuchten, damit der Reis nicht daran kleben bleibt. Etwa einen Esslöffel Reis in die Handfläche geben und mit den Händen zu einem länglichen Block formen. Einen Lachs- oder Entenbruststreifen mit der Wasabi-Seite nach unten darauf legen, vorsichtig andrücken und das fertige Nigiri noch einmal sanft in der Hand zusammendrücken. Mit den restlichen Zutaten ebenso verfahren.

Beim Servieren etwas Sojasauce zum Dippen und für Mutige noch etwas Wasabipaste dazu reichen.

AUF DEM PLATTENTELLER SERVIERT

Robert Smith, der Bandleader von The Cure, schrieb den Song **Boys Don't Cry** *im Alter von 18 Jahren. Später gab er in einem Interview zu, dass der Text recht kindlich sei, weil er als junger Mann einfach noch nichts erlebt hatte. Dennoch wurde kein anderer Song der Gruppe so oft im Radio gespielt wie* **Boys Don't Cry**! *Ein Erfolg, der sich mit diesem Nigiri Sushi gut feiern lässt, falls einem der Wasabi nicht Tränen in die Augen treibt.*

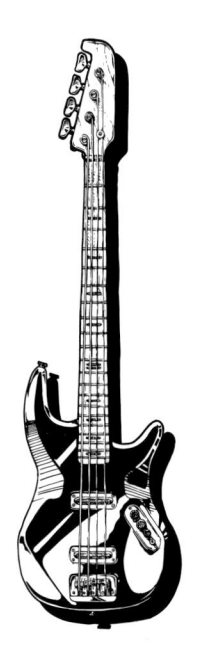

Zubereitungszeit
1 STD.

Ruhezeit
50 MIN.

Garzeit
15 MIN.

Zutaten für
4 PERSONEN

150 g Sushi-Reis
3 EL Reisweinessig
1 EL Puderzucker
100 g Lachs
10 Scheiben luftgetrocknete Entenbrust
1–2 EL Wasabipaste
80 ml Sojasauce

VORSPEISEN & SNACKS

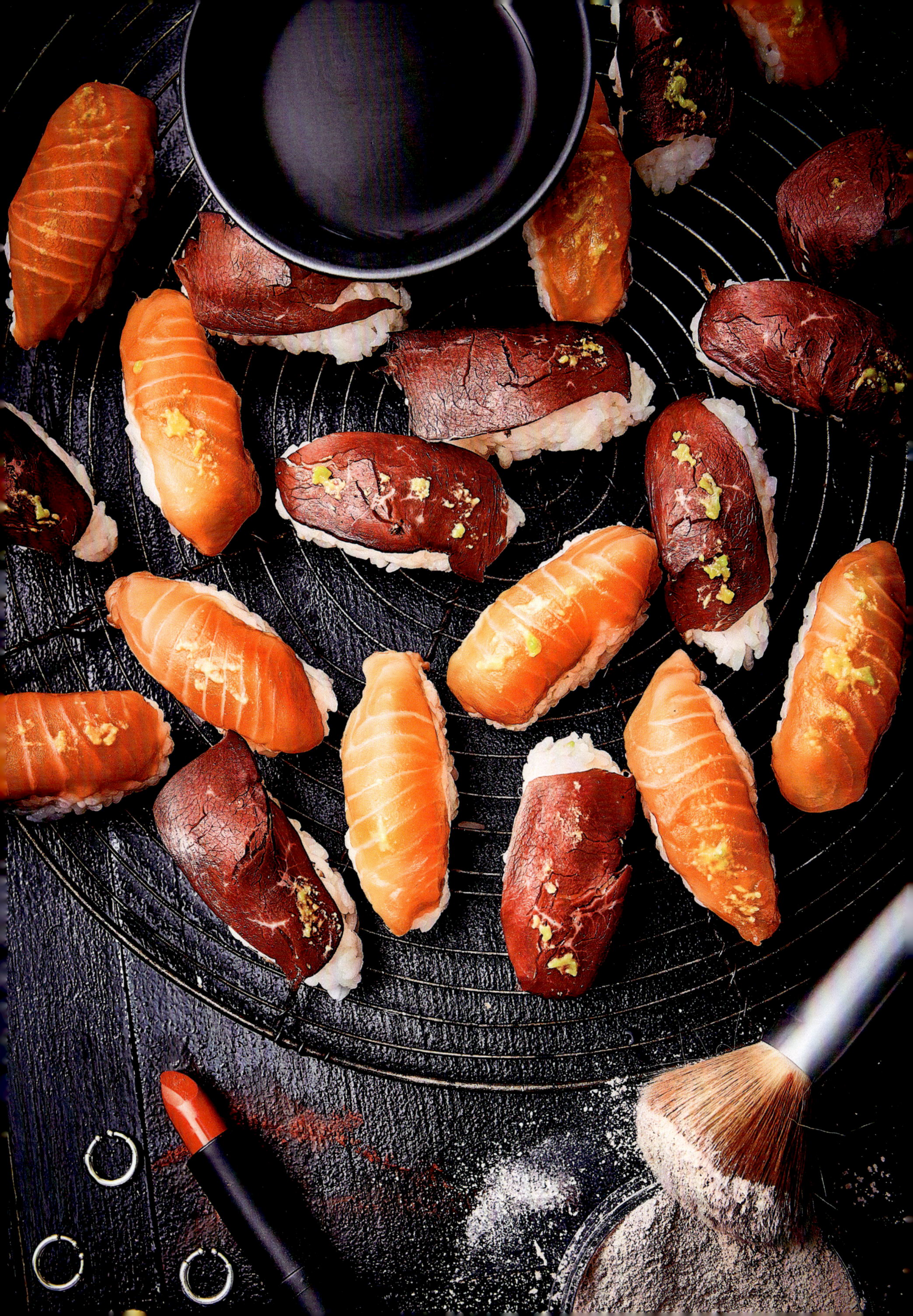

VORSPEISEN & SNACKS

WHISKEY IN THE PAN

GARNELENSPIESSE IN WHISKEY FLAMBIERT

FÜR DIE FANS VON THIN LIZZY
ZUM SOUNDTRACK VON *Whiskey in the Jar*

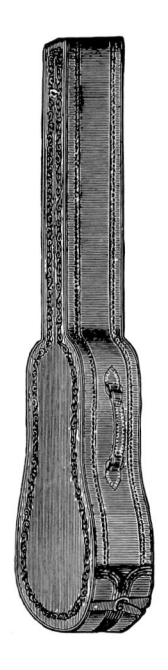

Zubereitungszeit
15 MIN.

Ruhezeit im Kühlschrank
30 MIN.

Garzeit
4–6 MIN.

Zutaten für
2 PERSONEN

1 rote Paprika
1 Limette
1 Stängel glatte Petersilie
6 Garnelen
3 EL Olivenöl
1 Prise Salz
1 Prise Piment d'Espelette (französische Chilisorte)
40 ml Whiskey

Die Paprika halbieren, entkernen und in kleine Würfel schneiden. Die Limette in 0,5 cm dicke Scheiben schneiden und diese vierteln. Die Petersilienblätter abzupfen und klein hacken. Die Garnelen schälen und die Darmstränge entfernen.

In einer Schüssel die Garnelen mit dem Olivenöl, der klein gehackten Petersilie, etwas Salz und Piment d'Espelette vermischen und anschließend 30 Minuten im Kühlschrank marinieren lassen.

Auf zwei Holzspieße abwechselnd Garnelen, Paprikawürfel und Limettenviertel stecken.

In einer großen Pfanne etwas von der Olivenölmarinade stark erhitzen und darin die Garnelenspieße je 2–3 Minuten von jeder Seite braten.

Die Pfanne vom Herd nehmen, sofort den Whiskey darüber gießen und 3 Sekunden mit dem Anzünden warten, um die Spieße kurz zu flambieren. Dabei mit den Flammen aufpassen. Erlöschen die Flammen, ist der Alkohol verdunstet. Die Garnelenspieße entweder zum Aperitif servieren oder mit etwas Basmatireis als köstliche Vorspeise anbieten.

AUF DEM PLATTENTELLER SERVIERT

Manchmal ist es gut, seinem Label in der Auswahl der Songs zu vertrauen. Und das tat Thin Lizzy mit ihrer Version des bekannten irischen Volksliedes Whiskey in the Jar. *Als Decca Records entschied, diesen Song als Single zu veröffentlichen, waren die Bandmitglieder zunächst skeptisch, weil sie fanden, dieser Song sei nicht repräsentativ für ihren Stil. Letztendlich war dieser Song so erfolgreich, dass er zum Klassiker in ihrem Repertoire wurde.*

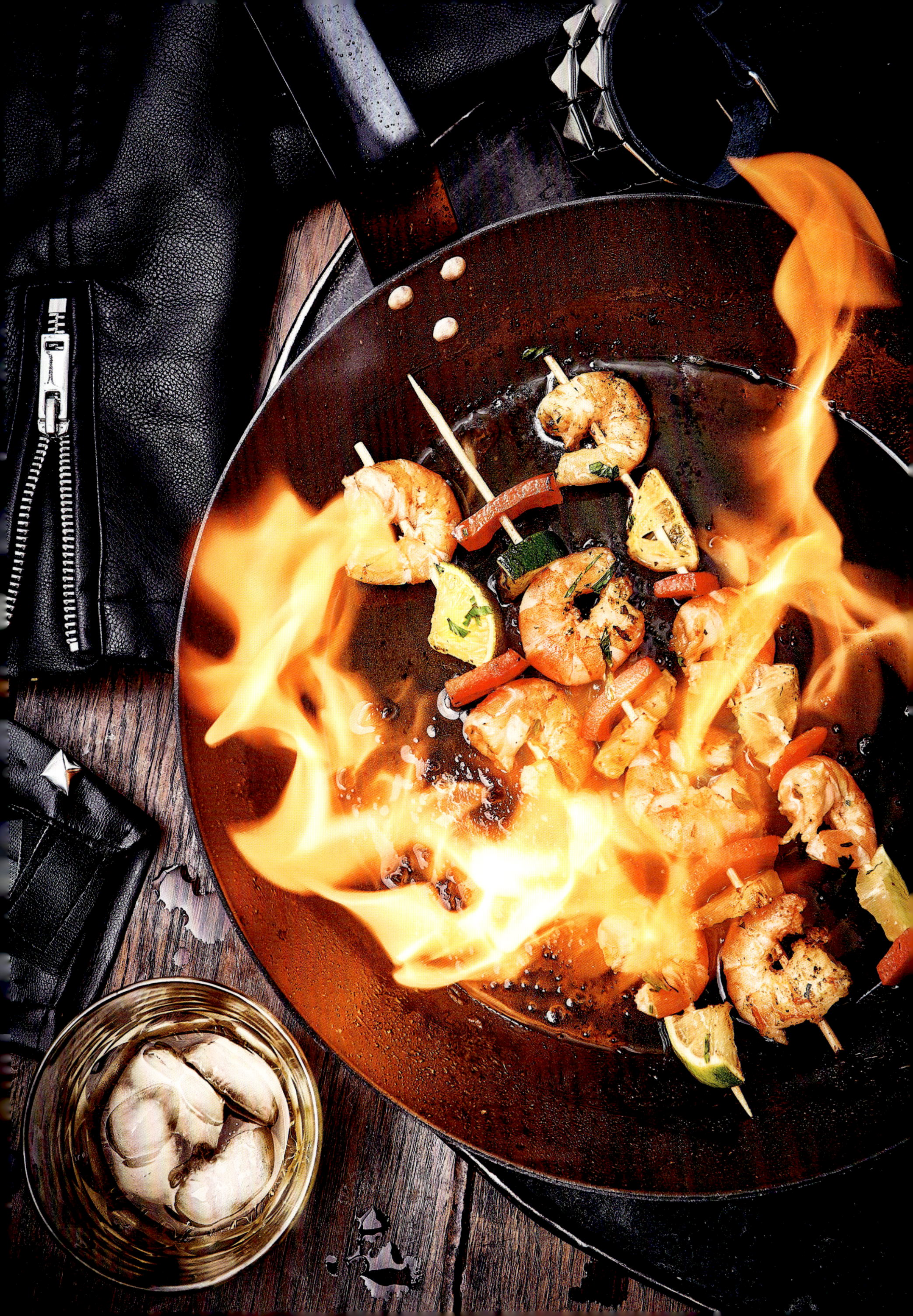

VORSPEISEN & SNACKS

STOCKHOLM GRAVLAX

GRAVLAX MIT ROTER BETE

FÜR DIE FANS VON MUSE
ZUM SOUNDTRACK VON *Stockholm Syndrome*

Am Vortag die Rote Bete in sehr kleine würfeln und in einer Schüssel mit dem groben Meersalz und dem Rohrzucker vermischen.

Die Hälfte dieses aromatisierten Salzes auf einer Platte ausstreichen und das Lachsfilet mit der Hautseite nach oben darauflegen. Den Lachs mit dem restlichen aromatisierten Salz bedecken und mit Klarsichtfolie abgedeckt für 24 Stunden im Kühlschrank ziehen lassen.

Vor dem Servieren, das Lachsfilet kurz unter kaltem Wasser abspülen und gut trocknen. Den Dill klein hacken und die Rosa Beeren im Mörser zerstoßen. Den Lachs mit dem Dill und den Rosa Beeren bestreuen, in dünne Scheiben schneiden und genießen.

AUF DEM PLATTENTELLER SERVIERT

Dieser Gravlax ist ein absoluter Hit, so viel ist sicher! Und damit kennen sich auch die Jungs von Muse aus, auch wenn Matthew Bellamy, der Sänger und Gitarrist der Band, als Rekordhalter für zerbrochene Gitarren bekannt ist. Allein während der Absolution Tour im Jahr 2004 gingen 140 Gitarren zu Bruch. It rocks!

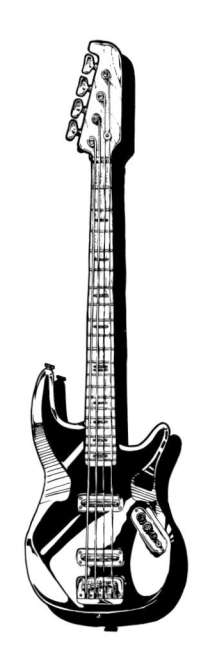

Zubereitungszeit
10 MIN.

Ruhezeit im Kühlschrank
24 STD.

Zutaten für
4 PERSONEN

120 g vorgegarte Rote Bete
200 g grobes Meersalz
200 g Rohrohrzucker
300 g Lachsfilet
1 Dillzweig
1 TL rosa Pfefferbeeren

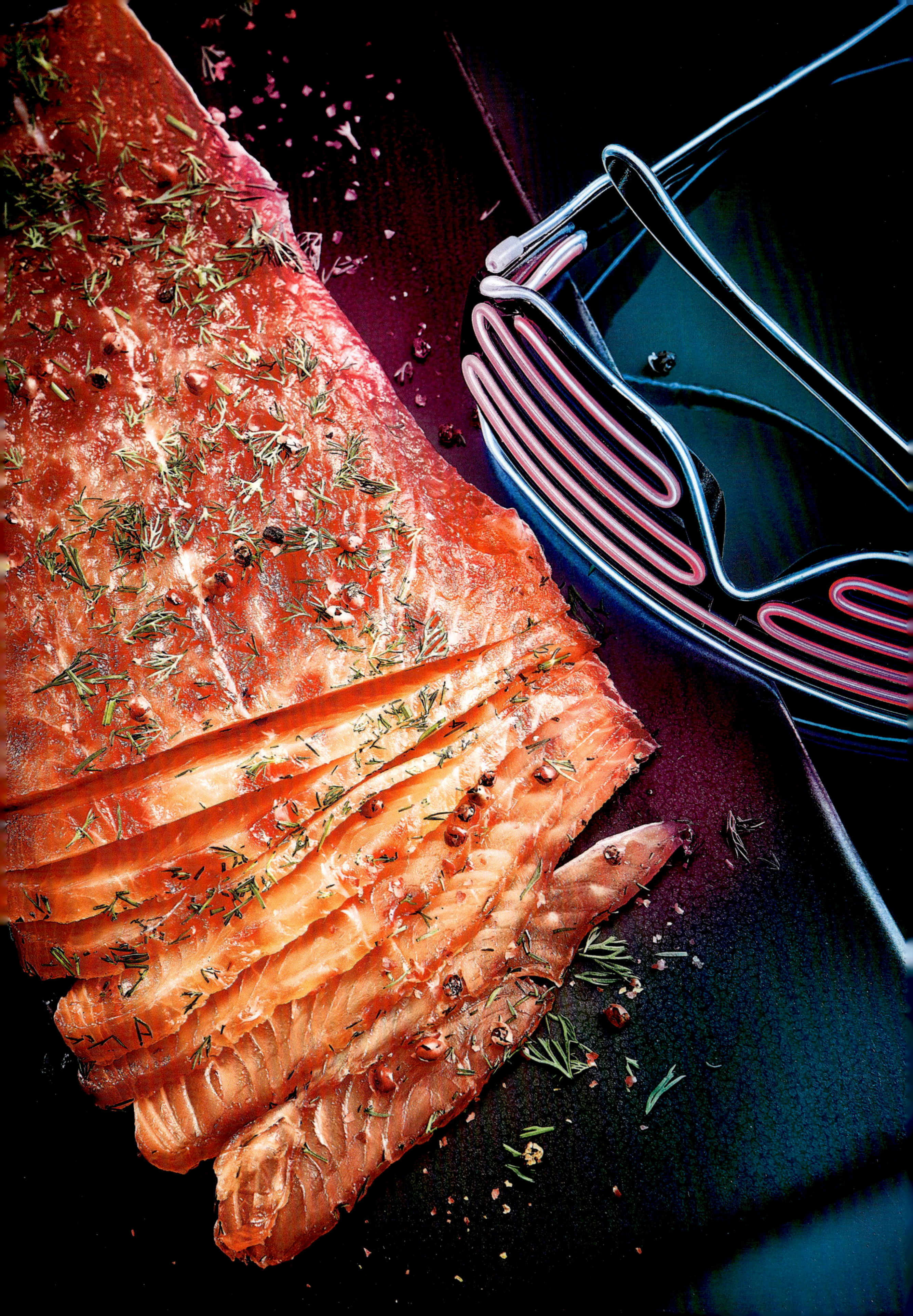

VORSPEISEN & SNACKS

CAFÉ NOIR
BLUTWURST CAPPUCINO

FÜR DIE FANS VON JOHNNY HALLYDAY
ZUM SOUNDTRACK VON *Noir c'est noir*

Eine Rührschüssel in das Gefrierfach stellen, um später darin die Sahne aufzumontieren. Die Zwiebel abziehen und in feine Würfel schneiden. Den Apfel schälen, entkernen und in kleine Würfel schneiden. Die Blutwurstpelle entfernen.

In einer Kasserolle die Butter bei mittlerer Temperatur zerlassen. Die klein gehackte Zwiebel, je eine Prise Salz und Pfeffer und den Honig hineingeben. Die Zwiebel mit einem Holzspachtel 4 Minuten rühren, bis sie karamellisiert ist. Danach die Apfelwürfel, die Rosinen und die Blutwurst dazugeben und alles bei hoher Temperatur 3 Minuten anbraten. Mit der Hühnerbrühe ablöschen und die Mischung 15 Minuten kräftig köcheln lassen. Die Blutwurstmischung pürieren, abschmecken und eventuell nachwürzen.

Die Schüssel aus dem Gefrierfach nehmen und die Sahne sowie je eine Prise Salz und Pfeffer hineingeben. Die Sahne mit einem elektrischen Handrührgerät steif schlagen.

Die Blutwurstmischung in Stielgläsern oder Tassen anrichten und mit etwas Schlagsahne garnieren. Zum Schluss mit Kakaopulver bestauben und servieren.

AUF DEM PLATTENTELLER SERVIERT

1966 war ein schwarzes Jahr für Johnny Hallyday: Der Plattenverkauf stagnierte, seine Ehe mit Sylvie Vartan bekam Risse und der Fiskus forderte eine ordentliche Nachzahlung … Eine schmerzhafte Zeit, in der er seinen Songs einen Touch »rhythm and blues« beimischte und eine ganze Nacht mit Otis Redding daran arbeitete, seine Stimme perfekt dem Tempo anzupassen, um seiner Musik mehr Swing zu verleihen. So veröffentlichte er Noir c'est noir *und kurbelte damit seine Karriere als Rocklegende wieder an.*

Zubereitungszeit
15 MIN.

Garzeit
25 MIN.

Zutaten für
4 PERSONEN

1 Zwiebel
1 Apfel der Sorte Golden Delicious
200 g Blutwurst
25 g Butter
Salz & frisch gemahlener schwarzer Pfeffer
1 EL Honig
40 g Rosinen
1 l Hühnerbrühe
300 ml süße Sahne (mit 30 % Fettanteil)
1 TL dunkles Kakaopulver

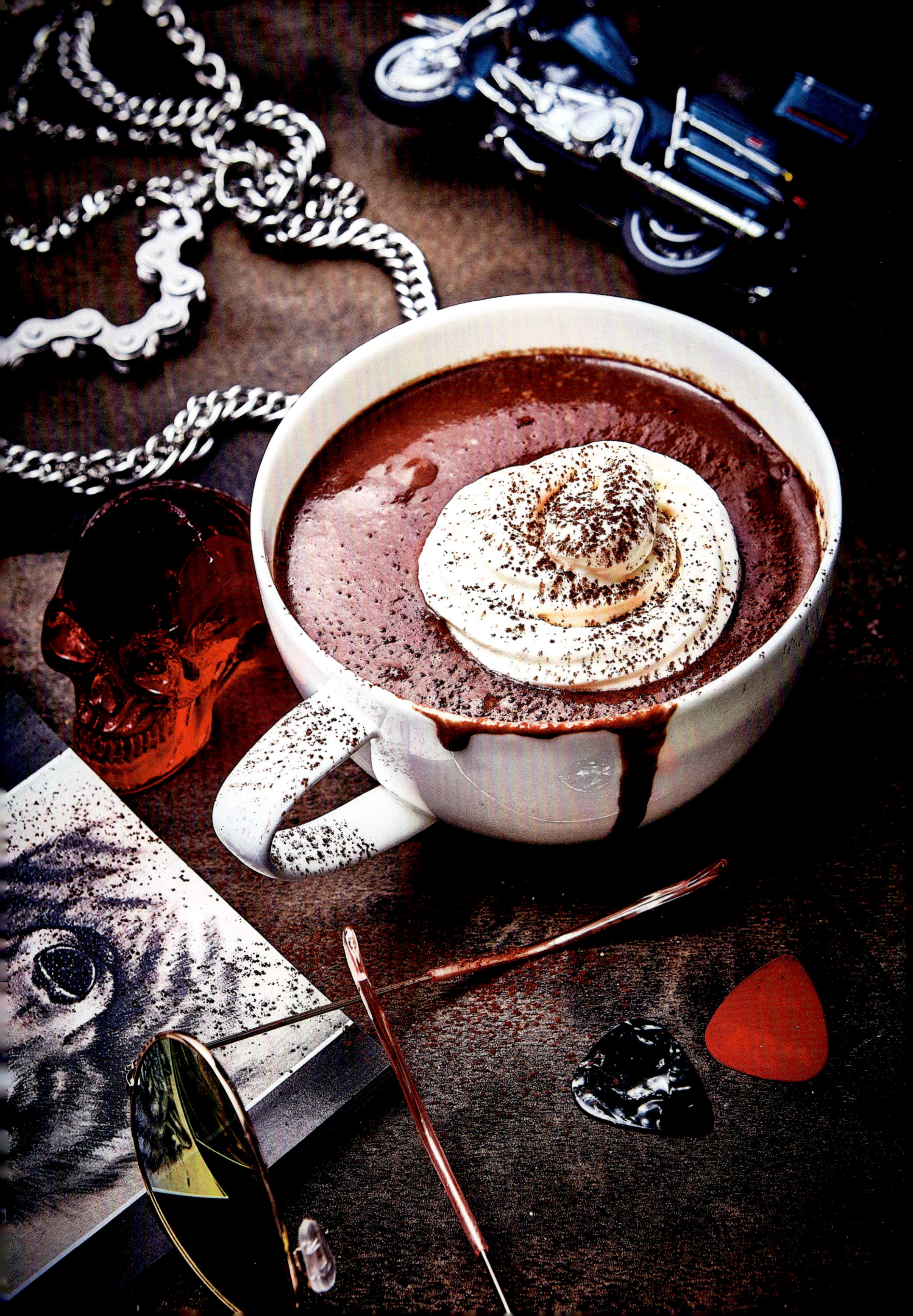

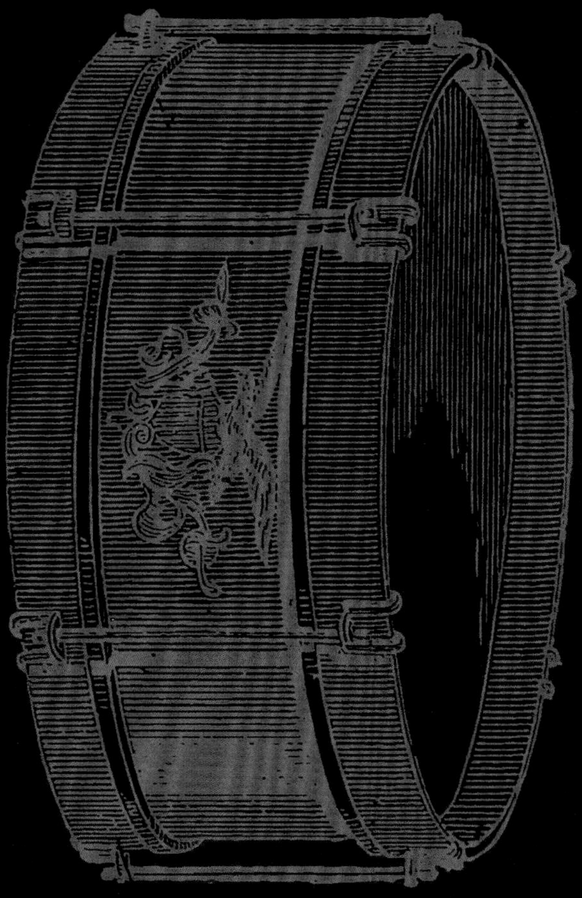

Hauptgerichte

HAUPTGERICHTE

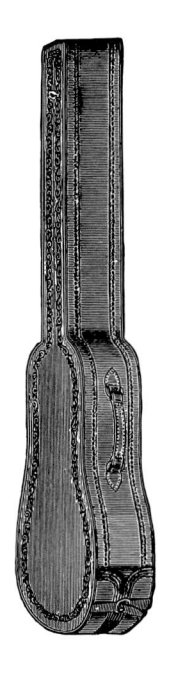

PHÔ AVENTURIER
VIETNAMESISCHE SUPPE

FÜR DIE FANS VON INDOCHINE
ZUM SOUNDTRACK VON *L'Aventurier*

Den Ingwer schälen und in Scheiben schneiden. Die Chilischote aufschneiden, um die Kerne zu entfernen und anschließend fein hacken.

Die Rinderbrühe, den Ingwer, den Chili, die Fischsauce und den Sternanis in einer Kasserolle aufkochen und 15 Minuten köcheln lassen.

In einem weiteren Topf Salzwasser aufkochen und darin die Reisnudeln 3 Minuten garen. Die Sojabohnensprossen hinzugeben, beides eine weitere Minute garen, danach das Wasser abgießen und die Zutaten beiseite stellen.

Die Frühlingszwiebeln in dünne Ringe schneiden und in einer kleinen Schale beiseite stellen. Die Koriander- und Basilikumblätter abzupfen, fein hacken und ebenfalls beiseite stellen. Das Rinderfilet in sehr dünne Scheiben schneiden und die Limette vierteln.

Die Nudeln und die Sojasprossen auf 4 Suppenschalen aufteilen. Die Kräuter, die Frühlingszwiebeln und das Rindfleisch ebenfalls auf die Schalen aufteilen und mit der sehr heißen Rinderbrühe übergießen. Durch die Hitze der Brühe wird das Fleisch gegart.

Beim Servieren der Suppe die Korianderblätter und Limettenviertel dazu reichen, die jeder Gast nach Geschmack über die Suppe geben und darüber auspressen kann.

AUF DEM PLATTENTELLER SERVIERT

Der Song L'Aventurier *handelt von den Abenteuern des Comic-Helden Bob Morane. Nicola Sirkis schrieb den Titel in knapp 2 Stunden, der sich in der Folge über 700 000 mal verkaufte. Er hatte in einer Bücherei mehrere Comics gefunden, die sich um den Helden Bob Morane drehten und die Titel zu einer Geschichte zusammengesetzt, die daher unter anderem von einem teuflischen Tal und einem gelben Schatten erzählt. Dank des erfolgreichen Hits leisteten sich die Bandmitglieder von Indochine einen dieser für Rockmusiker typischen verchromten Reisebusse.*

Zubereitungszeit
15 MIN.

Garzeit
20 MIN.

Zutaten für
4 PERSONEN

6 cm frischer Ingwer
1 kleine rote Chilischote
1,5 l Rinderbrühe
4 EL Fischsauce
1 Sternanis
200 g Reisnudeln
200 g Sojabohnensprossen
3 Frühlingszwiebeln
1 Stängel Koriander plus etwas mehr Blätter zum Garnieren
1 Stängel thailändisches Basilikum
300 g Rinderfilet (oder ein ähnlich zartes Stück Rind)
1 Limette

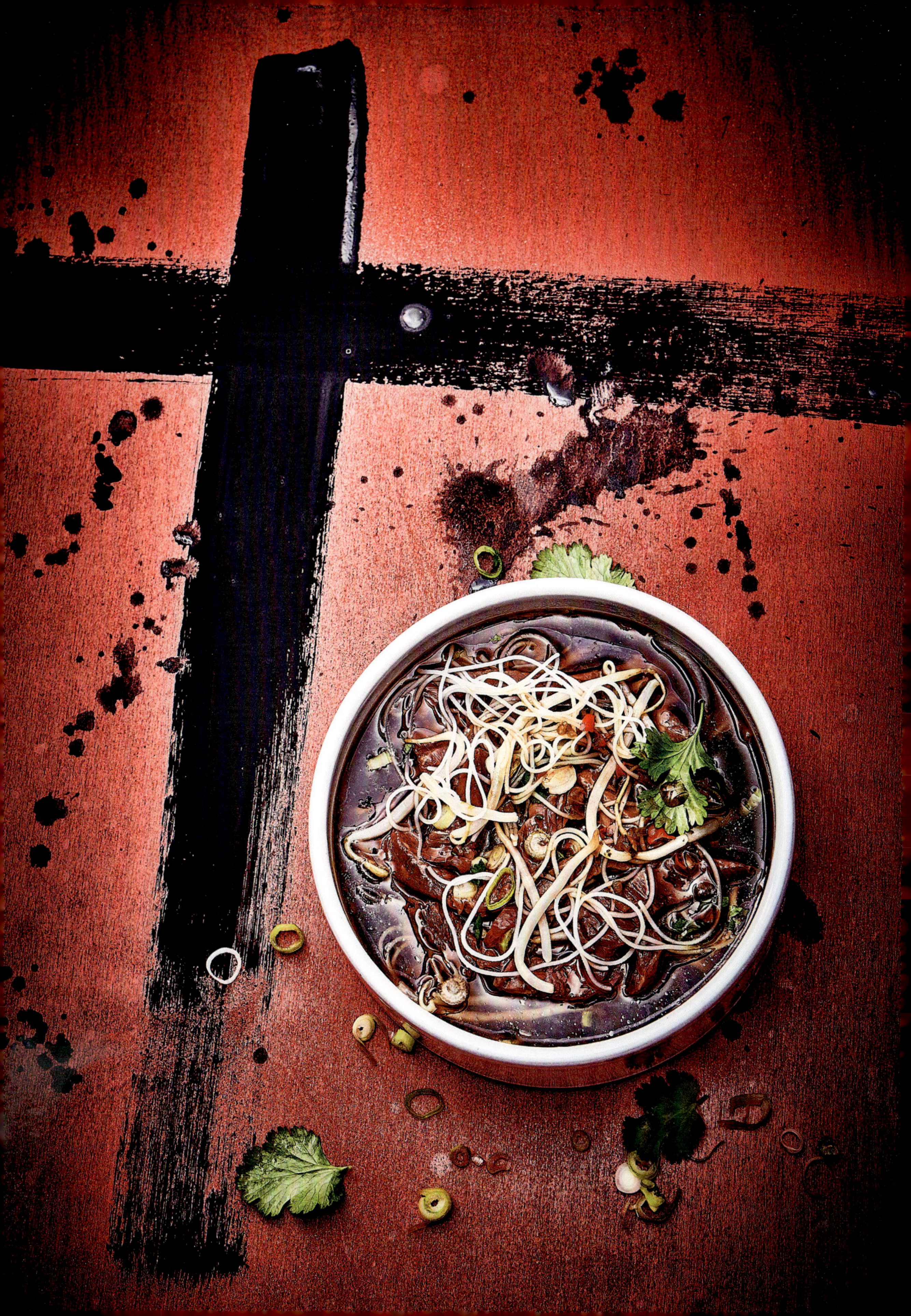

HAUPTGERICHTE

RICE IN BLACK
SCHWARZES RISOTTO MIT GEBRATENEN BABY-TINTENFISCHEN

FÜR DIE FANS VON AC/DC
ZUM SOUNDTRACK VON *Back in Black*

Zubereitungszeit
10 MIN.

Garzeit
26 MIN.

Zutaten für
4 PERSONEN

600 g Baby-Tintenfische
1 Zwiebel
2 Stängel glatte Petersilie
1 l Fischfond
3 EL Olivenöl
1 Prise Salz
3 Prisen Piment d'Espelette (französische Chilisorte)
30 g Butter
300 g Arborio Risottoreis
150 ml Weißwein
1 EL Sepiatinte
70 g Parmesan Käse

Die kleinen Tintenfische gründlich waschen und abtropfen lassen. Die Zwiebel abziehen, die Petersilienblätter abzupfen und beides klein hacken.

In einer kleinen Kasserolle den Fischfond erhitzen.

Einen Faden Olivenöl in einer Pfanne stark erhitzen und die Tintenfische hineingeben. Die Tintenfische mit jeweils einer Prise Salz und Piment d'Espelette würzen, 8 Minuten von allen Seiten braten und danach beiseite stellen.

In einer weiteren Kasserolle einen Faden Olivenöl und 15 Gramm Butter erhitzen und die klein gehackte Zwiebel darin 2 Minuten anschwitzen, bis sie etwas Farbe bekommt. Den Reis dazugeben und solange mit einem Holzlöffel rühren, bis er durchscheinend wird. Den Reis mit dem Weißwein ablöschen und den Wein bei mittlerer Temperatur verdunsten lassen. Anschließend eine Kelle heißen Fischfond dazugeben und unterrühren, bis der Reis die Flüssigkeit absorbiert hat. Diesen Vorgang ein paarmal wiederholen und den Reis insgesamt etwa 18 Minuten bei mittlerer Temperatur garen.

Zum Ende der Garzeit 15 Gramm Butter, die Sepiatinte, etwas Piment d'Espelette und den Parmesan unterrühren. Das Risotto abschmecken, eventuell nachwürzen und mit den Baby-Tintenfischen garniert und etwas glatter Petersilie bestreut servieren.

AUF DEM PLATTENTELLER SERVIERT

Das Album Back in Black *mit dem gleichnamigen Song verkaufte sich über 50 Millionen Mal und avancierte damit zum weltweit zweit häufigsten verkauften Album aller Zeiten! Es war das erste Album nach dem Tod des dämonischen Sängers Bon Scott, der damals von Brian Johnson ersetzt wurde. Die Inspiration für den Namen AC/DC (die Abkürzungen für Wechselstrom, Gleichstrom) stammte übrigens von einem Aufdruck auf einer Nähmaschine.*

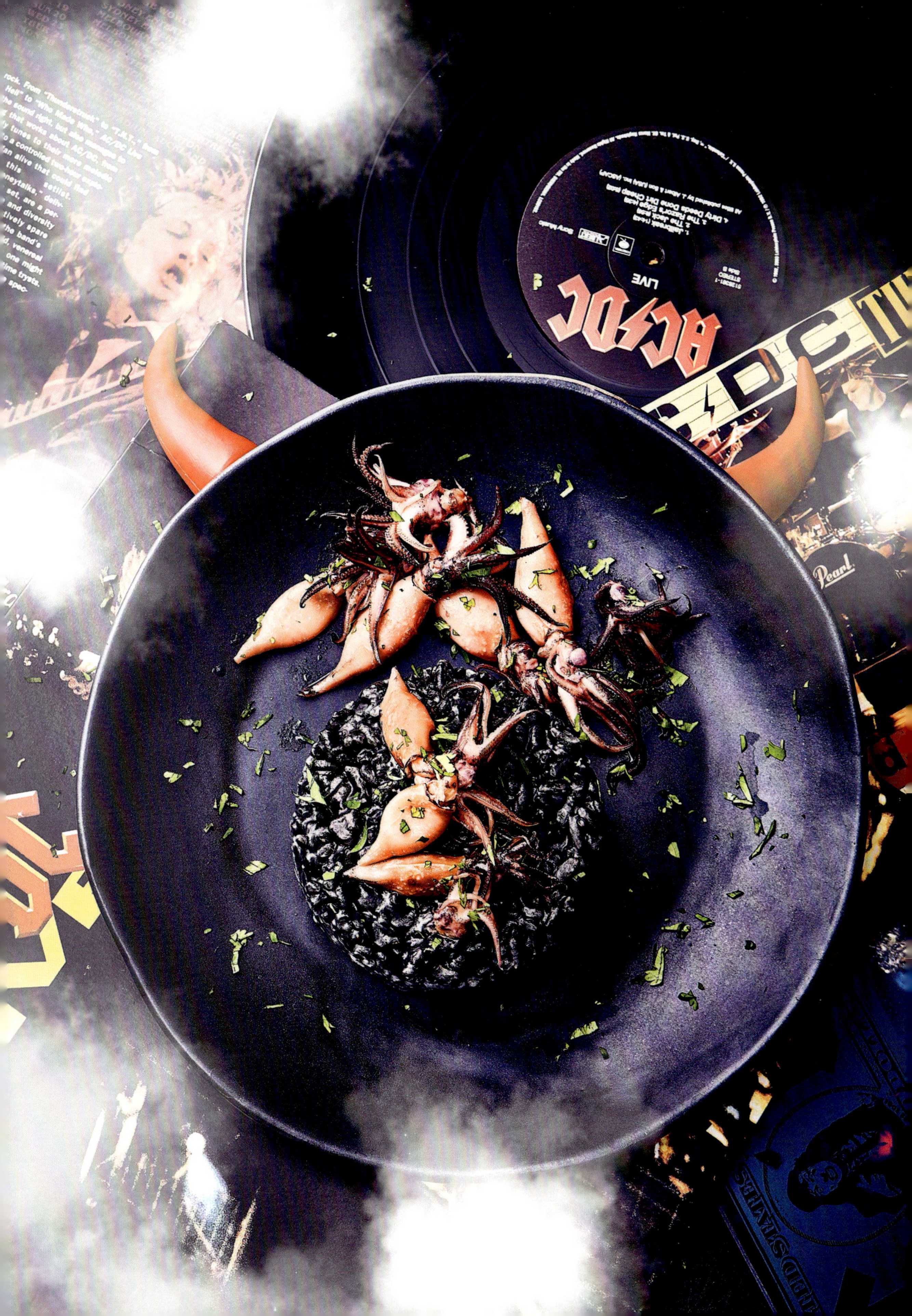
AC/DC
LIVE
Pearl

HAUPTGERICHTE

CHOP SUEY

CHOP SUEY MIT HÄHNCHENFLEISCH UND SAUTIERTEM GEMÜSE

**FÜR DIE FANS VON SYSTEM OF A DOWN
ZUM SOUNDTRACK VON** *Chop Suey!*

Den Ingwer schälen und klein hacken. Das Hähnchenfleisch in Streifen und die Frühlingszwiebel in dünne Ringe schneiden. In einer Schüssel die Hähnchenstreifen mit dem Ingwer, der Hälfte der Frühlingszwiebeln, der Sojasauce und dem Sesamöl vermischen und alles 30 Minuten im Kühlschrank marinieren lassen.

Den Reis 10–15 Minuten in Salzwasser gar kochen.

Die Zucchini, die Karotten und die Paprika waschen. Die Karotten schälen, die Paprika entkernen und alles in Julienne-Streifen schneiden. Die Sojasprossen waschen. Die Maismehlstärke in etwas Geflügelfond auflösen.

Das Pflanzenöl in einem Wok auf hoher Temperatur erhitzen, das Hähnchenfleisch mit seiner Marinade hineingeben und 3 Minuten scharf anbraten. Die Gemüsestreifen dazugeben und alles weitere 5 Minuten braten. Danach die Sojabohnensprossen, die Cashewnusskerne und die Geflügelbrühe dazugeben und das Chop Suey noch 2 Minuten köcheln lassen.

In tiefen Tellern, mit den restlichen Frühlingszwiebelringen bestreut servieren und Basmatireis dazu reichen.

AUF DEM PLATTENTELLER SERVIERT

Ursprünglich sollte der Song Suicide *heißen, aber der Band wurde schnell klar, dass er mit diesem Titel seltener im Radio gespielt werden würde. System of a Down nannte ihn also* Chop Suey!*, da in dem gleichnamigen chinesischen Gericht viele verschiedene Zutaten miteinander vermischt werden und es damit ein wenig ihrem musikalischen Stil ähnelt.* Chop Suey! *wird der größte kommerzielle Erfolg der Band und avanciert dank Serj Tankians Stimme und Daron Malakians Gitarrenspiel zum absoluten Kulthit.*

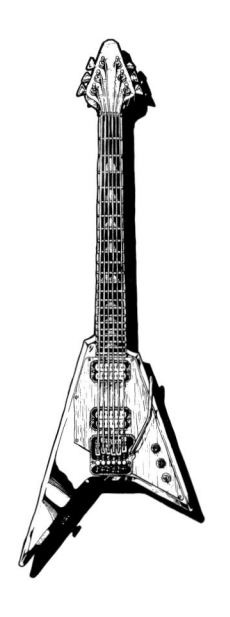

Zubereitungszeit
15 MIN.

Ruhezeit im Kühlschrank
30 MIN.

Garzeit
15 MIN.

Zutaten für
2 PERSONEN

2 cm frischer Ingwer
200 g Hähnchenbrust
1 Frühlingszwiebel
3 EL Sojasauce
3 EL Sesamöl
1 Prise Salz
140 g Basmatireis
1 Zucchini
2 Karotten
1 Paprika
100 g Sojabohnensprossen
½ TL Maismehlstärke
200 ml Geflügelfond
2 EL Pflanzenöl
2 EL ungesalzene Chashewnusskerne

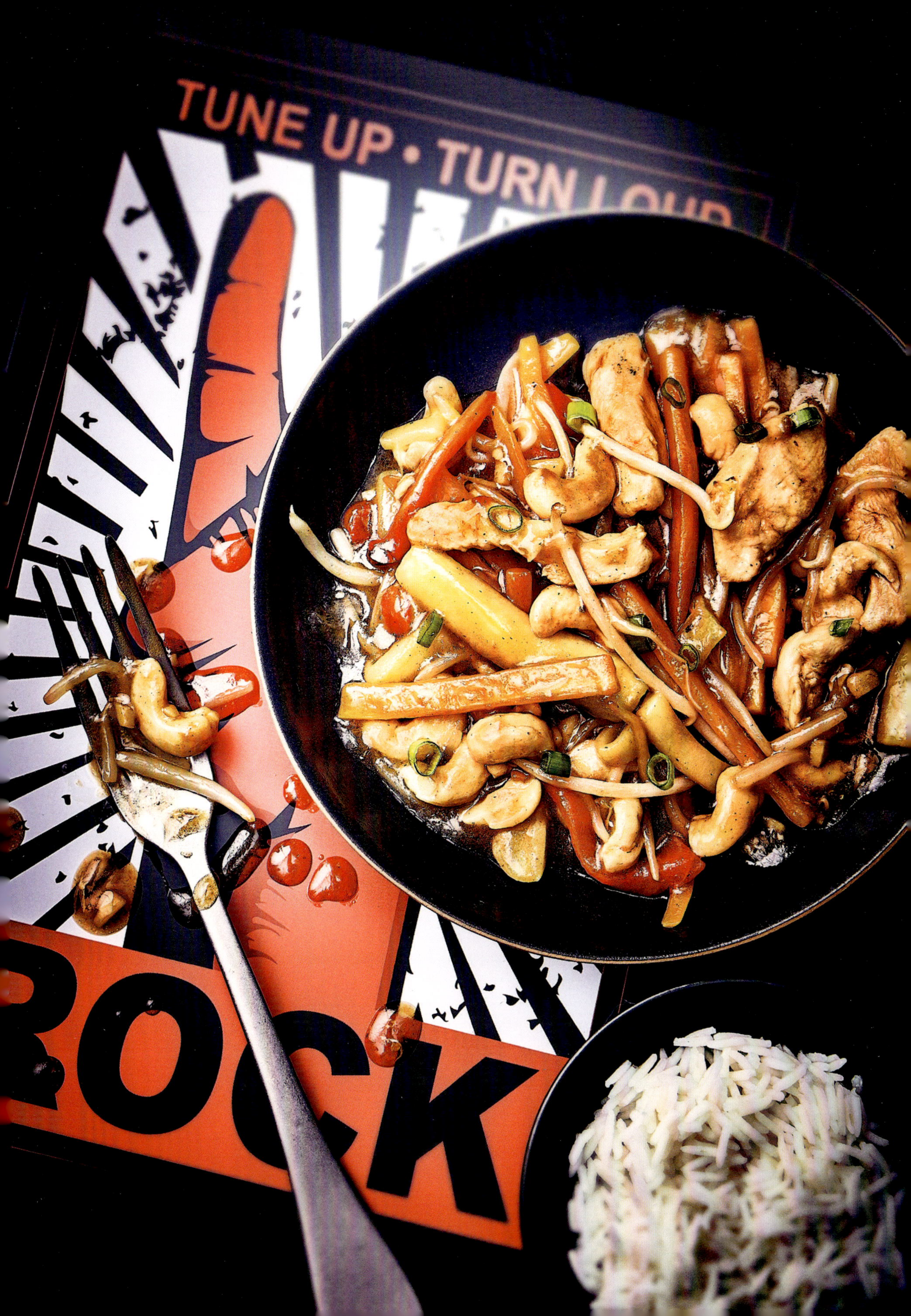
TUNE UP • TURN

HAUPTGERICHTE

American T-Bone
GEGRILLTES T-BONE STEAK MIT BARBECUESAUCE

FÜR DIE FANS VON NEIL YOUNG
ZUM SOUNDTRACK VON *T-Bone*

Zubereitungszeit
5 MIN.

Garzeit
30 MIN.

Zutaten für
4 PERSONEN

4 T-Bone Steaks vom Black-Angus-Rind

Für die Bratensauce:
1 Zwiebel
10 g Butter
1 EL flüssiger Honig
1 Prise Cayennepfeffer
1 Prise Salz
150 ml dunkles Bier
2 EL Apfelessig
1 EL Worcestershiresauce
100 g Ketchup

Für das Braten in der Pfanne:
4 EL Pflanzenöl
Salz & frisch gemahlener schwarzer Pfeffer
25 g Butter
1 Knoblauchzehe, halbiert
1 Thymianzweig
1 Prise Fleur du Sel

Für das Grillen:
Salz & frisch gemahlener schwarzer Pfeffer
1 Prise Fleur du Sel

Die Steaks aus dem Kühlschrank nehmen und bei Raumtemperatur 30 Minuten ruhen lassen. Parallel die Barbecuesauce zubereiten.

Die Zwiebel abziehen und fein hacken. Die Butter bei mittlerer Temperatur in einer Kasserolle zerlassen und die fein gehackte Zwiebel, den Honig, den Cayennepfeffer und das Salz hineingeben. Die Zwiebel 3 Minuten karamellisieren und anschließend mit dem Bier ablöschen. Den Essig und die Worcestershiresauce dazugeben und die Sauce 5 Minuten köcheln lassen. Zum Schluss den Ketchup unterrühren und die Sauce bei mittlerer Temperatur weitere 10 Minuten köcheln lassen. In dieser Zeit immer wieder mit einem Holzlöffel umrühren, abschmecken und eventuell nachwürzen.

Um die Steaks in der Pfanne zu braten, das Pflanzenöl auf mittlere Temperatur erhitzen und die Steaks von beiden Seiten mit Salz und Pfeffer bestreuen. Die Steaks für 3 Minuten in die Pfanne geben, danach wenden und die Butter, die halbierte Knoblauchzehe und den Thymian dazugeben. Mit einem Löffel die Steaks immer wieder mit ihrem Bratensaft übergießen und je nach Geschmack weitere 2–5 Minuten braten. Vor dem Servieren mit etwas Fleur du Sel bestreuen.

Um die Steaks zu grillen, einen Grill stark vorheizen. Die Steaks von beiden Seiten mit Salz und Pfeffer bestreuen und je 3 Minuten von jeder Seite grillen. Vor dem Servieren mit etwas Fleur du Sel bestreuen.

AUF DEM PLATTENTELLER SERVIERT

Als sie sich kennenlernten, arbeitete Pegi Morton, die dritte Frau von Neil Young, in einem Restaurant. Die Zeile »ain't got no T-bone« aus dem Song entspricht der Antwort der Kellnerinnen, wenn ein Gast das berühmte Stück Fleisch bestellen wollte, es aber bereits ausverkauft war. Da diese Antwort in gut besuchten Restaurants an Wochenenden häufig zu hören war, inspirierte sie Neil Young zu diesem Titel. Also, ran an den Grill, bevor die T-Bone Steaks weg sind!

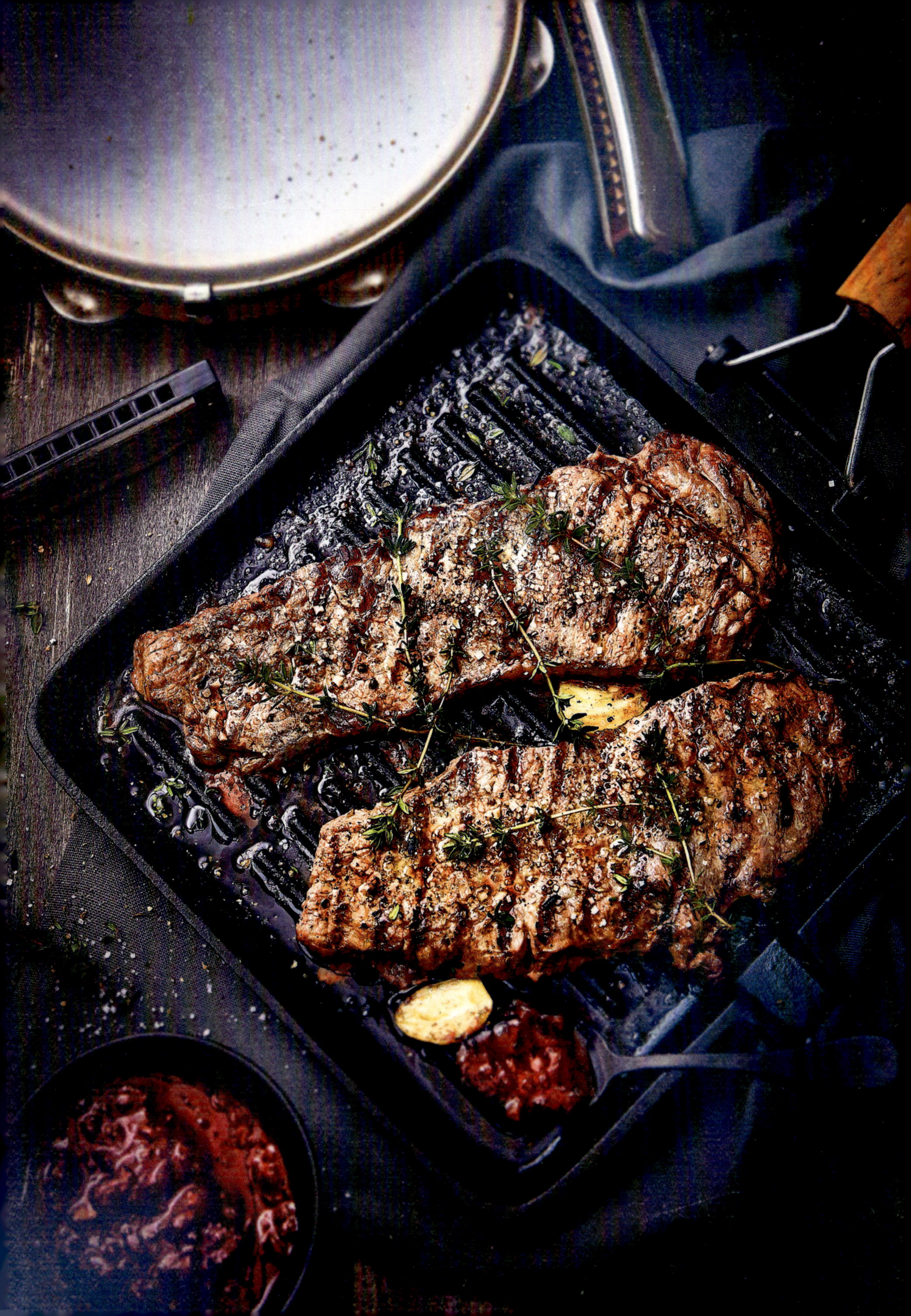

BREAKFAST MADE IN AMERICA
AMERIKANISCHES FRÜHSTÜCK

FÜR DIE FANS VON SUPERTRAMP
ZUM SOUNDTRACK VON *Breakfast in America*

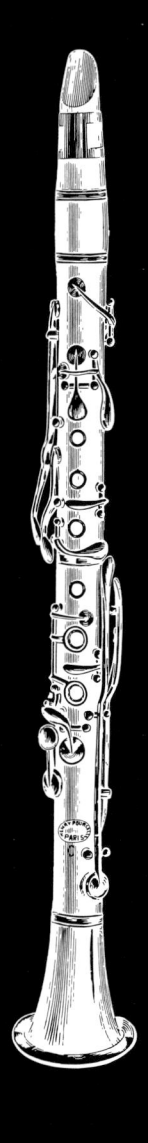

Zubereitungszeit
20 MIN.

Garzeit
20 MIN.

Zutaten für
4 PERSONEN
4 Scheiben Kochschinken
4 Äpfel
600 ml Kaffee
1 l frischer Obstsaft

Für die Pfannkuchen:
130 g Mehl
1 TL Backpulver
½ TL Vanillezucker
1 Prise Salz
2 Eier
30 g Puderzucker
150 ml Milch
Öl oder Butter für die Pfanne
Ahornsirup

Für das Rührei:
4 Eier
50 ml Milch
25 g Butter, gewürfelt
Salz & frisch gemahlener schwarzer Pfeffer

BREAKFAST MADE IN AMERICA

Für die Pfannkuchen das Mehl, das Backpulver, den Vanillezucker und das Salz in einer Schüssel vermischen. Über einer zweiten Schüssel die Eier aufschlagen, den Puderzucker hinzufügen und die Eier mit einem Schneebesen zu einer hellgelben, schaumigen Masse aufschlagen. Die Milch dazu gießen und erneut aufschlagen. In die Mitte der Mehlmischung eine Mulde drücken und unter ständigem Rühren mit dem Schneebesen nach und nach die Eiermilchmischung untermischen, ohne dass sich Klümpchen bilden.

Ein kleines Stück Butter oder einen Faden Pflanzenöl in einer beschichteten Pfanne erhitzen, jeweils eine kleine Kelle Teig darin verteilen und die Pfannkuchen eine Minute von jeder Seite goldbraun ausbacken. Die fertigen Pfannkuchen auf einem Teller zu vier Türmchen stapeln und mit Ahornsirup beträufeln.

Für das Rührei, die Eier über einer Schüssel aufschlagen, die Milch dazu gießen und beides mit einem Schneebesen verrühren. Die Eimasse und die gewürfelte Butter in eine Pfanne geben und mit Salz und Pfeffer würzen. Die Pfanne auf mittlere Temperatur erhitzen und die Eimasse unablässig mit einem Holzspachtel rühren. Die Garzeit hängt vom jeweiligen Geschmack ab. Die Pfanne immer wieder vom Herd ziehen, damit die Eimasse nicht zu sehr stockt.

Eine weitere Pfanne ohne Zugabe von Fett auf mittlere Temperatur erhitzen und den Schinken darin von beiden Seiten je 2 Minuten braten. Die Äpfel vierteln.

Auf jedem Teller etwas Rührei, eine Scheibe Schinken, die Apfelviertel und die mit Ahornsirup beträufelten Pfannkuchen anrichten und dazu einen Becher Kaffee und ein Glas frischen Obstsaft reichen.

AUF DEM PLATTENTELLER SERVIERT

Es bedurfte beinah 6 Jahre und 3 Alben, bis sich Supertramp als Rockband einen Namen gemacht hatte – quasi ein Beleg dafür, dass man niemals aufgeben sollte. Also raus aus den Federn, ein gehaltvolles amerikanisches Frühstück und dann ran an die Arbeit! Den Titel **Breakfast in America** *hatte Roger Hodgson schon als Jugendlicher geschrieben. Er erzählt von seinem persönlichen amerikanischen Traum und seiner Sehnsucht nach Ruhm, der ja durchaus in Erfüllung ging.*

62

Breakfast Made in America

HAUPTGERICHTE

CALIFORNIAN TACOS
FISCHTACOS MIT CHILI

FÜR DIE FANS VON RED HOT CHILI PEPPERS
ZUM SOUNDTRACK VON *Dani California*

Zubereitungszeit
20 MIN.

Ruhezeit
20 MIN.

Garzeit
15 MIN.

Zutaten für
4 PERSONEN

Für 4–6 Tortillas:
240 g Maismehl
160 g Weizenmehl, Type 405
2 EL Pflanzenöl
1 TL Salz
oder 4–6 fertige Tacoschalen aus dem Handel

Für den Fisch:
500 g weißes Fischfilet
250 g Weizenmehl, Type 405
330 ml Amber-Bier
1 l Pflanzenöl zum Frittieren
1 Prise Salz

Für das Chili:
1 Zwiebel
½ rote Paprika
1 Tomate
1 Avocado
2 Kopfsalatblätter
1 Faden Olivenöl
Salz & frisch gemahlener schwarzer Pfeffer
3 Prisen Chilipulver
2 Prisen Kreuzkümmel
125 ml Tomatensauce

Zum Servieren:
100 g frisch geriebener Cheddarkäse

Für die Tortillas die beiden Mehlsorten vermischen, 200 ml lauwarmes Wasser und das Öl hinzugeben und alles mit den Händen zu einem feuchten, aber ziemlich festen Teig verkneten. Den Teig 20 Minuten ruhen lassen und dann in 4–6 Stücke teilen. Die Teigstücke zu 15–20 cm großen und 2 mm dünnen runden Fladen ausrollen. Die Tortillas nacheinander und ohne Zugabe von Fett in einer vorgeheizten Pfanne je 30 Sekunden von jeder Seite rösten.

Für den Fisch in einem hohen Topf oder in einer Fritteuse das Pflanzenöl auf 170 °C erhitzen (probehalber einen Wassertropfen hineingeben, der sofort zischend platzen sollte). In einer Schüssel das Mehl, mit dem Bier und etwas Salz vermischen. Den Fisch in Streifen schneiden, diese in den Bierteig tunken und anschließend 2 Minuten frittieren. Die fertig frittierten Fischstreifen auf Küchenkrepp trocknen lassen und mit etwas Salz bestreuen.

Die Zwiebel abziehen und klein hacken. Die Paprika und die Tomate entkernen und in kleine Würfel schneiden. Die Salatblätter in dünne Streifen schneiden, die Avocado halbieren, den Kern und die Haut entfernen und das Avocadofleisch in Scheiben schneiden. Einen Faden Olivenöl in einer Pfanne erhitzen, die Zwiebel-, die Tomaten- und die Paprikawürfel darin anbraten und anschließend salzen und pfeffern. Das Chilipulver und den Kreuzkümmel untermischen und alles 3 Minuten garen, dann die Tomatensauce hinzufügen und alles bei mittlerer Temperatur weitere 7 Minuten garen. Zum Schluss abschmecken und nach Geschmack nachwürzen.

In der Mikrowelle die Tortillas oder die Tacoschalen kurz erhitzen und sie dann nach Geschmack mit dem frittierten Fisch, dem Chili und dem rohen Gemüse füllen. Zum Schluss mit etwas geriebenem Cheddar bestreuen und genießen.

AUF DEM PLATTENTELLER SERVIERT

Der Titel **Dani California** *ist der letzte Song einer Triologie, die mit* **Californication** *und* **By the Way** *beginnt. Dani ist der Vorname eines Mädchens, das stellvertretend für alle verflossenen Freundinnen des Sängers Anthony Kiedis steht. Also, Augen schließen, die Red Hot Chili Peppers auf volle Lautstärke stellen und sich mit dem Taco in der Hand unter die Sonne Kaliforniens träumen.*

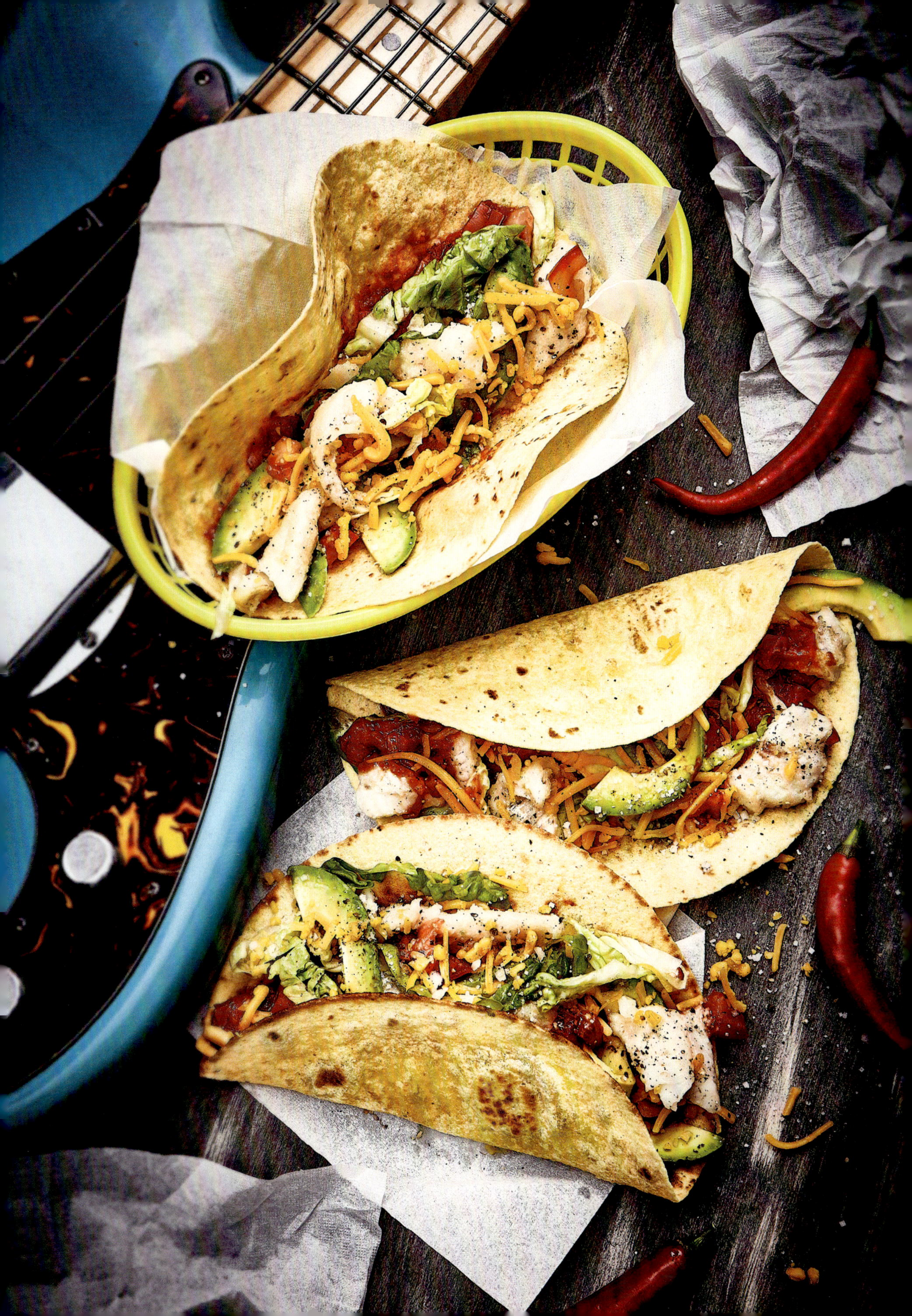

HAUPTGERICHTE

SMOKED CHICKEN ON THE WATER

GERÄUCHERTES HÄHNCHENFILET IN SEINER BOUILLON

FÜR DIE FANS VON DEEP PURPLE
ZUM SOUNDTRACK VON *Smoke on the Water*

Zubereitungszeit
10 MIN.

Garzeit
20 MIN.

Ruhezeit
5–10 MIN.

Zutaten für
4 PERSONEN

4 Hähnchenbrustfilets
1 Faden Olivenöl
Salz & frisch gemahlener schwarzer Pfeffer
Heu (aus der Garten- oder Tierfutterabteilung)

Für die Bouillon:
2 Karotten
1 Stange Staudensellerie
2 Frühlingszwiebeln
20 g Butter
1 Prise Salz
1 Prise Piment d'Espelette (französische Chilisorte)
800 ml Geflügelbrühe
1 Lorbeerblatt
1 Thymianzweig plus etwas mehr Zweige zum Garnieren

Für die Bouillon das Gemüse schälen und putzen, die Karotten in Juliennestreifen schneiden und die Zwiebeln und den Sellerie klein hacken. Die Butter in einer großen Kasserolle bei mittlerer Temperatur zerlassen und das Gemüse, je eine Prise Salz und Piment d'Espelette hineingeben und unter ständigem Rühren mit einem Holzlöffel 3 Minuten garen. Die Geflügelbrühe dazu gießen und das Lorbeerblatt und den Thymianzweig hineingeben. Die Brühe 15 Minuten sprudelnd kochen.

Parallel das Hähnchenfleisch für das Räuchern vorbereiten und dafür in einer Pfanne einen Faden Olivenöl auf mittlere Temperatur erhitzen und die Hähnchenfilets darin je 5 Minuten von jeder Seite braten. Das Fleisch anschließend mit Salz und Pfeffer würzen.

Für ein schnelles Räuchern etwas Heu (und nach Geschmack auch aromatische Kräuter) auf den Boden eines großen Kochtopfs geben und einen Kuchenrost so darüber platzieren, dass die Lebensmittel nicht in direkten Kontakt mit dem Heu kommen. Die Hähnchenfilets auf den Rost legen.

Das Heu mit Hilfe eines langen Streichholzes entzünden und den Topf abdecken, sobald es gut brennt. Den Topfdeckel mit Alufolie gut abdichten, damit die Flammen erlöschen und der Rauch nicht aus dem Topf entweichen kann. Nach 5–10 Minuten den Topf öffnen und das geräucherte Hähnchenfleisch entnehmen.

Tiefe Suppenteller jeweils mit einer Kelle Bouillon füllen und je ein Hähnchenfilet hineingeben und mit frischen Thymianzweigen garnieren.

AUF DEM PLATTENTELLER SERVIERT

Am 4. Dezember 1971 besuchten die Bandmitglieder von Deep Purple ein Konzert von Frank Zappa im Casino von Montreux, als ein Zuschauer mit einer Leuchtrakete in die Decke des Konzertsaals schoss und dadurch ein Feuer ausbrach. Vor den Augen Frank Zappas wurde der Saal evakuiert, das Gebäude brannte nieder und dichte Rauchwolken zogen über den Genfersee. Der nach diesem Drama entstandene Song **Smoke on the Water** *wurde zum größten Hit von Deep Purple.*

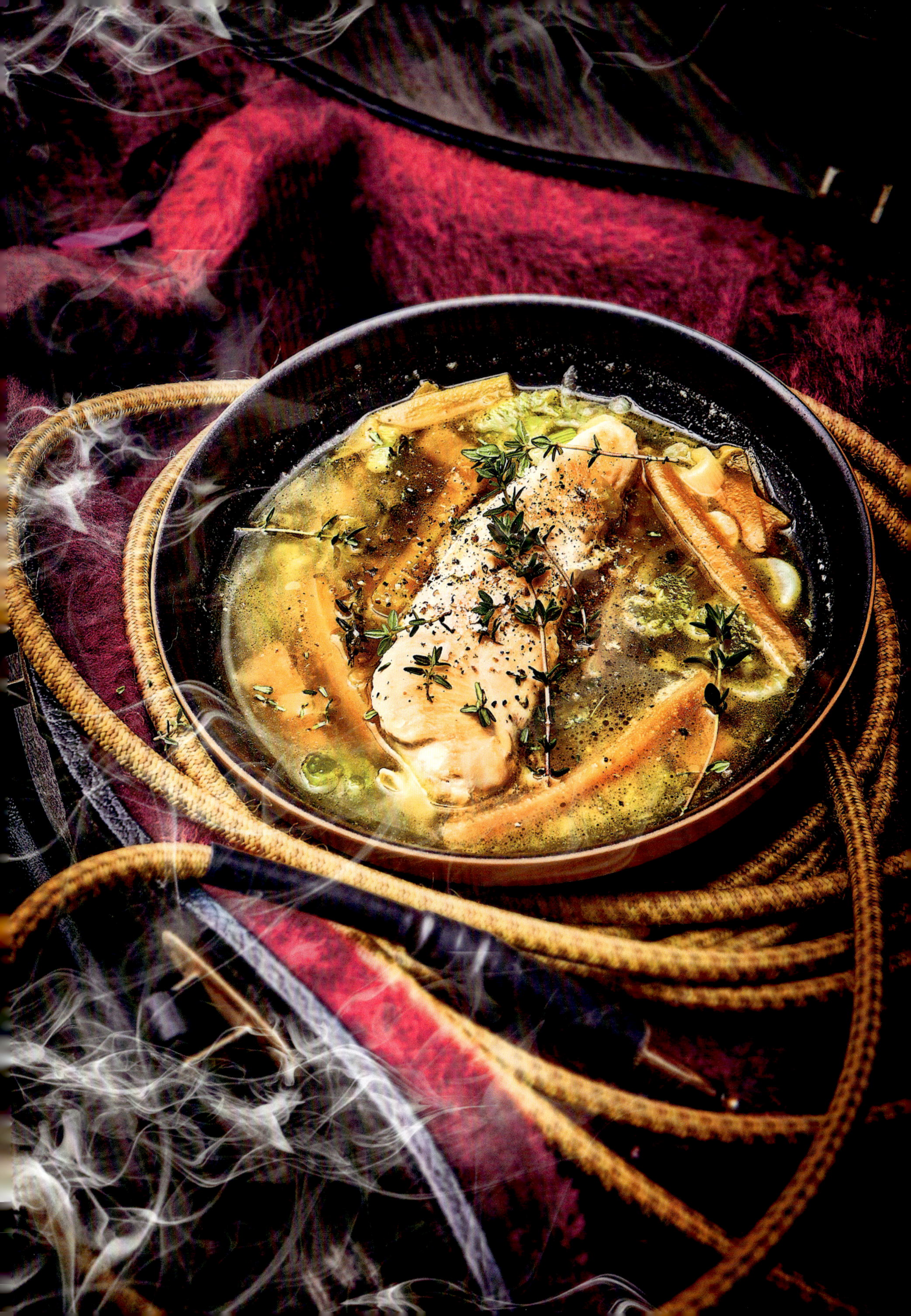

HAUPTGERICHTE

LONDON FRYING
LONDONER FISH & CHIPS

FÜR DIE FANS VON THE CLASH
ZUM SOUNDTRACK VON *London Calling*

Die Eier aufschlagen und Eigelb und Eiweiß trennen. Das Eiweiß bei Raumtemperatur beiseite stellen. In einer Rührschüssel 250 Gramm Mehl mit etwas Salz und Pfeffer mischen, in die Mitte eine Mulde drücken, die Eigelbe und das Bier hineingeben und alles vermischen. Das Eiweiß steif schlagen und behutsam unter den Teig heben.

In einer Fritteuse oder in einem hohen Topf das Öl auf 160–170 °C erhitzen (probehalber einen Wassertropfen hineingeben, der sofort zischend platzen sollte). Die restlichen 30 Gramm Mehl auf einen Teller geben. Das Kabeljaufilet in 4 Teile schneiden und diese mit Küchenkrepp trocknen. Die Fischstücke im Mehl wälzen und überschüssiges Mehl abklopfen. Den Fisch anschließend in den Bierteig tauchen und sofort 3–4 Minuten frittieren. Den fertig frittierten Fisch auf Küchenkrepp trocknen lassen und mit Salz bestreuen.

Die Kartoffeln schälen, in Stifte schneiden und trocken tupfen. Den Rindertalg oder das Öl in einem hohen Topf oder in einer Fritteuse auf 150 °C erhitzen, die Kartoffelstäbchen darin 5 Minuten frittieren, anschließend herausheben und auf einem Teller ein paar Minuten ruhen lassen. Die Temperatur des Fetts auf 180 °C erhöhen. Die Pommes Frites darin erneut 3 Minuten frittieren, danach auf Küchenkrepp trocknen lassen und sofort mit Salz bestreuen.

AUF DEM PLATTENTELLER SERVIERT

London Calling *ist ein Song des gleichnamigen Albums der Band The Clash, das 1979 erschien. Das in nur zwei Wochen aufgenommene Studioalbum wurde von der Kritik als Meilenstein der Rockmusik gefeiert und sein Ruhm hält bis heute an. Der Song beschreibt verschiedene Weltuntergangsszenarien. Bevor euch die Decke oder Schlimmeres auf den Kopf fällt, solltet ihr lieber ein paar dieser köstlichen Fish & Chips probieren.*

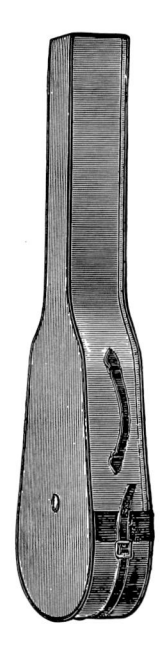

Zubereitungszeit
15 MIN.

Garzeit
12 MIN.

Zutaten für
4 PERSONEN

Für den Fisch:
2 Eier
280 g Weizenmehl
½ TL Salz
1 Prise frisch gemahlener schwarzer Pfeffer
250 ml helles Bier
1 l Pflanzenöl zum Frittieren
1 kg Kabeljaufilet

Für die Pommes Frites:
5 festkochende Kartoffeln (Bintje)
750 g Rindertalg (oder 1 l Pflanzenöl zum Frittieren)
1 Prise Salz

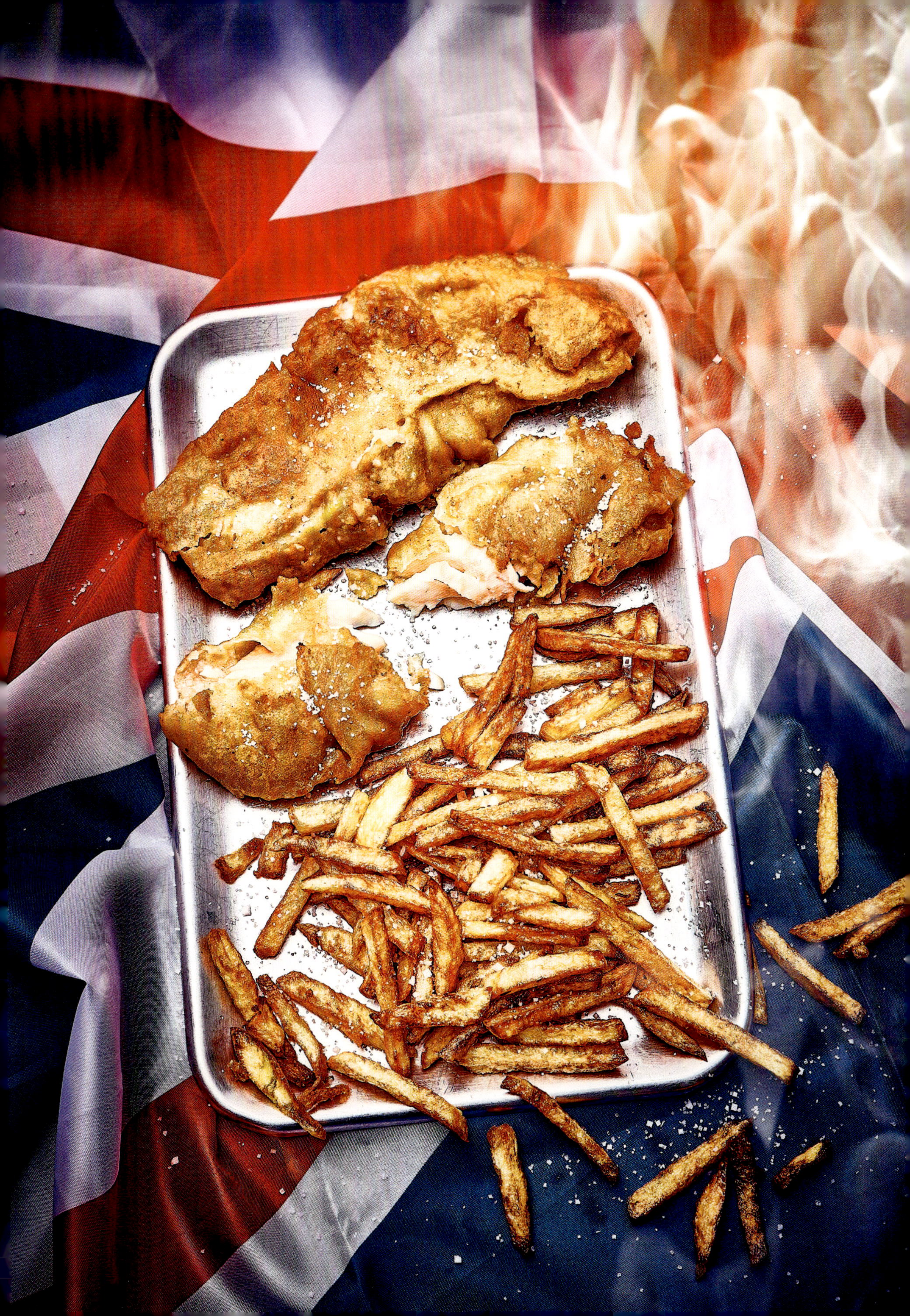

HAUPTGERICHTE

MUNSTER OF PUMPKINS

KÜRBISGRATIN MIT MÜNSTERKÄSE

FÜR DIE FANS VON METALLICA
ZUM SOUNDTRACK VON *Master of Puppets*

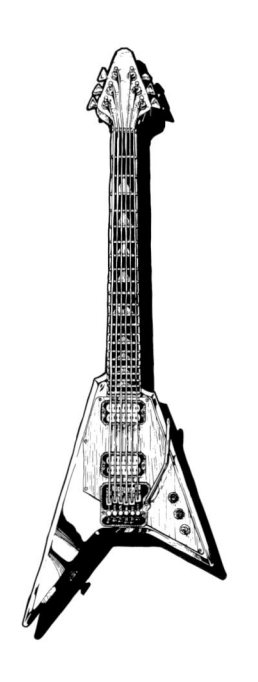

Zubereitungszeit
10 MIN.

Garzeit
35 MIN.

Zutaten für
4 PERSONEN

600 g Kürbis (z. B. Hokkaido)
1 TL grobes Meersalz
1 TL Kümmel
1 Zwiebel
200 g Speckwürfel
200 g Münsterkäse
weiche Butter für die Form

Das Kürbis schälen, die Kerne entfernen und das Kürbisfleisch in große Würfel schneiden.

Die Kürbiswürfel in eine Kasserolle geben, mit Wasser bedecken, grobes Meersalz hinzufügen und 15–20 Minuten (je nach Größe der Würfel) köchelnd garen, bis der Kürbis weich ist (eine Messerklinge sollte leicht durch das Kürbisfleisch gleiten). Das Kürbisfleisch abtropfen lassen und mit Hilfe eines Kartoffelstampfers zu Kürbispüree verarbeiten. Den Kümmel untermischen.

Die Zwiebel abziehen und in kleine Würfel schneiden. In einer Pfanne ohne Zugabe von Fett die Speckwürfel drei Minuten braten, bis sie etwas Farbe bekommen. Die Zwiebelwürfel hinzufügen und beides weitere 3 Minuten braten. Am Ende die Speckmischung unter das Kürbispüree rühren.

Den Backofen auf 200 °C (Ober-/Unterhitze) vorheizen.

Den Münsterkäse in Scheiben schneiden. Das Kürbispüree in eine mit Butter gefettete Gratinform oder in 4 einzelne mit Butter gefettete Förmchen füllen und mit den Käsescheiben abdecken. Das Gratin 10 Minuten im Ofen überbacken, bis der Käse geschmolzen ist.

AUF DEM PLATTENTELLER SERVIERT

Keinen anderen Titel spielt die Band Metallica so häufig bei ihren Konzerten wie **Masters of Puppets**. *Es handelt sich dabei um einen der schönsten Songtexte, die James Hetfield je geschrieben hat. Der Song beschreibt die verhängnisvollen und abhängig machenden Wirkungen von Drogen. Dann doch lieber von guter Küche abhängig werden – auch dieses Kürbisgratin kann süchtig machen!*

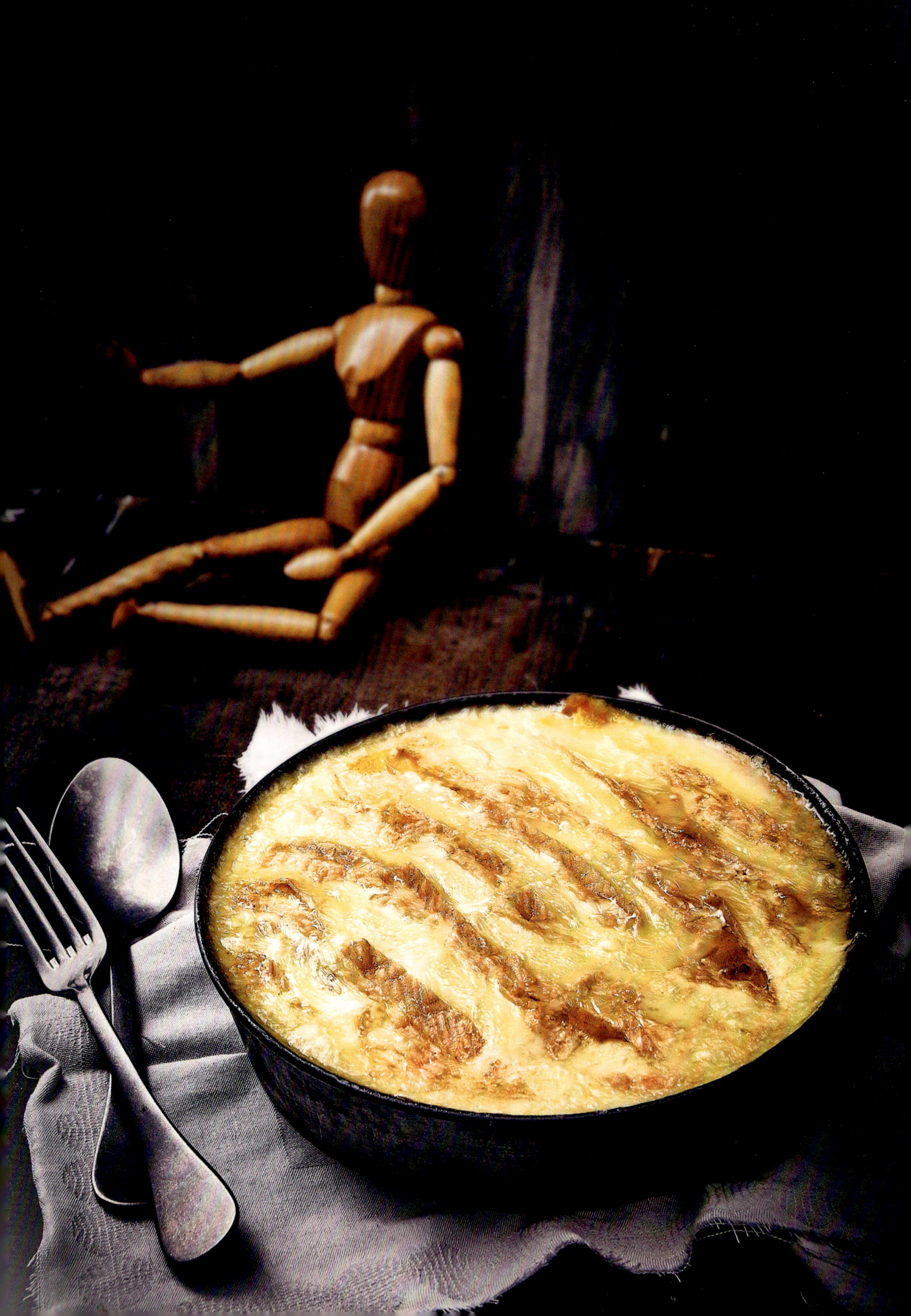

HAUPTGERICHTE

LOVE ME, CRISPY TENDERS

KROSSE HÄHNCHENSTREIFEN

FÜR DIE FANS VON ELVIS PRESLEY
ZUM SOUNDTRACK VON *Love Me Tender*

Die Kartoffeln längs halbieren, in eine Kasserolle geben, mit kaltem Wasser bedecken und das grobe Meersalz dazugeben. Das Wasser aufkochen und die Kartoffeln 7 Minuten garen. Anschließend die Kartoffeln abtropfen lassen und beiseite stellen.

Drei Schalen oder kleine Schüsseln bereitstellen: In der ersten Schale das Mehl mit der Geflügelwürzmischung und mit je einer Prise Salz und Pfeffer vermischen. Über der zweiten Schale die Eier aufschlagen und leicht verquirlen. In der dritten Schale die Cornflakes etwas zerstoßen. Die Hähnchenstreifen jeweils erst in der Mehlmischung, anschließend in den verquirlten Eiern und zum Schluss in den Cornflakes wälzen.

In einer Fritteuse oder in einem hohen Topf das Öl auf 170 °C erhitzen (probehalber einen Wassertropfen hineingeben, der sofort zischend platzen sollte). Die panierten Hähnchenstreifen portionsweise etwa 1 Minute im heißen Öl frittieren und anschließend auf Küchenkrepp trocken lassen und mit Salz bestreuen.

Parallel einen Faden Olivenöl in einer Pfanne auf mittlere Temperatur erhitzen, die Kartoffeln hineingeben, mit Salz, schwarzem Pfeffer und dem Cayennepfeffer würzen und ein paar Minuten von allen Seiten braten. Die krossen Hähnchenstreifen mit den Kartoffeln servieren.

AUF DEM PLATTENTELLER SERVIERT

Nachdem Elvis Presley mit seinen ersten Songs die ältere Generation eher schockiert hatte, gelang es ihm mit Titeln wie Love me Tender *nicht nur die Generationen zu versöhnen, sondern bewies zudem, dass Rocker durchaus auch eine weiche, verführerische Seite haben können. In dem Song geht es nicht darum, einer jungen Mieze hinterher zu laufen, sondern darum, wie gut dem bereits Verliebten die Erwiderung der Liebe tut. Für alle, die ihre Liebe zu knusprigem Hähnchenfleisch besingen wollen, ist dies hier das richtige Rezept!*

Zubereitungszeit
10 MIN.

Garzeit
10 MIN.

Zutaten für
4 PERSONEN

12 festkochende Frühkartoffeln der Sorte La Ratte
1 EL grobes Meersalz
20 Hähnchenbruststreifen
5 EL Weizenmehl, Type 405
1 EL Geflügelwürzmischung
Salz & frisch gemahlener schwarzer Pfeffer
2 Eier
200 g ungesüßte Cornflakes
1 l Pflanzenöl zum Frittieren
1 Faden Olivenöl
2 Prisen Cayennepfeffer

HAUPTGERICHTE

THE LEMON FISH

SCHELLFISCH MIT ZITRONE EN PAPILOTTE

FÜR DIE FANS VON LED ZEPPELIN
ZUM SOUNDTRACK VON *The Lemon Song*

Die Schalotte abziehen und klein hacken, die Karotten schälen und in Juliennestreifen schneiden. Die Zitrone waschen und in dünne Scheiben schneiden. Das Fischfilet in 4 gleich große Stücke teilen.

Den Backofen auf 180 °C (Ober-/Unterhitze) vorheizen.

Aus dem Backpapier vier Rechtecke à 30 × 20 cm ausschneiden und dünn mit Olivenöl bepinseln. Jeweils ein Fischfilet darauf legen und einige Schalottenwürfel, 1–2 Zitronenscheiben, etwas Ingwer und ein paar Karottenstreifen darüber streuen. Jeweils einen Esslöffel Olivenöl und 10 ml Limettensaft darüber gießen, mit Salz und Pfeffer würzen und die Fischpäckchen mit dem Backpapier sorgfältig verschließen. Die Päckchen 10 Minuten im heißen Ofen backen.

Parallel den Reis in einer großen mit Wasser und dem groben Meersalz gefüllten Kasserolle 15–20 Minuten kochen. Anschließend den Reis abtropfen lassen und mit den Fischpäckchen servieren.

AUF DEM PLATTENTELLER SERVIERT

Die Band Led Zeppelin heimste sich mit einigen ihrer Titel Ärger und vor allem Plagiatsvorwürfe ein, darunter auch für **The Lemon Song** *auf ihrem Album* **Led Zeppelin II.** *Das Gericht entschied, dass die Originalversion in der Tat von Killing Floor stammte und daher Chester Burnett (alias Howlin' Wolf) nachträglich als Co-Autor genannt werden musste. Bei diesem Rezept könnt ihr sicher sein, das Original zu kochen!*

Zubereitungszeit
10 MIN.

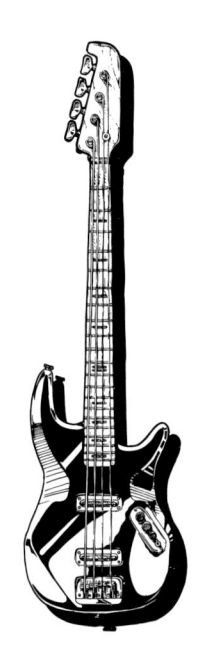

Garzeit
15–20 MIN.

Zutaten für
4 PERSONEN

1 Schalotte
4 Karotten
1 unbehandelte Zitrone
800 g Schellfischfilet
5 EL Olivenöl
3 cm frischer Ingwer, geschält und klein gehackt
40 ml frischer Limettensaft
Salz & frisch gemahlener schwarzer Pfeffer

Backpapier

Zum Servieren:
240 g Langkornreis
1 TL grobes Meersalz

HAUPTGERICHTE

iRiSH STEW
IN BIER GESCHMORTES LAMMFLEISCH ALS EINTOPF

FÜR DIE FANS VON THE POGUES
ZUM SOUNDTRACK VON *Sally MacLennane*

Zubereitungszeit
10 MIN.

Garzeit
1 STD. 40 MIN.

Zutaten für
4 PERSONEN

1,2 kg Lammnacken
4 Zwiebeln
5 Karotten
20 g Butter
2 EL Olivenöl
Salz & frisch gemahlener Pfeffer
2 EL Weizenmehl, Type 405
330 ml Stoutbier
(z. B. Guinness®)
500 ml Geflügelbrühe
8 Kartoffeln
3 Stängel glatte Petersilie

Das Lammfleisch parieren und in 3 cm große Würfel schneiden. Die Zwiebeln abziehen und die Karotten schälen. Die Karotten in Stücke schneiden, die Zwiebeln klein hacken.

Die Butter und das Olivenöl in einem Schmortopf erhitzen und die Fleischwürfel darin 3 Minuten scharf anbraten, bis sie rundherum braun sind. Das Fleisch mit Salz und Pfeffer würzen, die Karotten, die Zwiebeln und das Mehl hinzugeben und alles eine Minute unter Rühren weiter braten. Mit dem Bier ablöschen, die Geflügelbrühe hinzugeben und den Eintopf 1 Stunde sanft köcheln lassen.

Die Kartoffeln schälen, in Würfel schneiden, dazu geben und den Eintopf weitere 30 Minuten köcheln lassen.

Die Petersilienblätter abzupfen, klein hacken und zum Ende der Garzeit über den Eintopf streuen. Erneut abschmecken und eventuell nachwürzen. Den Eintopf mit einem Glas irischem Guinness®-Bier genießen.

AUF DEM PLATTENTELLER SERVIERT

In den 1980er und 1990er Jahren feierten The Pogues ihre größten Erfolge mit ihrer von The Clash inspirierten, aber mit irischem Folk Punk versetzten Musik. Der Titel Sally MacLennane *spielt auf die zahlreichen Zechgelage an, an denen der Leadsänger Shane MacGowan mit seinen Kumpanen teilnahm. Als es MacGowan mit dem Saufen so übertrieb, dass er Tourneeauftritte verpasste, trennte sich die Band 1991 von ihm. Doch damit verloren die The Pogues ein Stück weit ihre Seele und lösten sich 1996 auf. 2001 kam es jedoch zur Wiedervereinigung und seitdem geht die Band zur Freude ihrer Fans mit ihrem Leadsänger Shane MacGowan wieder auf Tournee.*

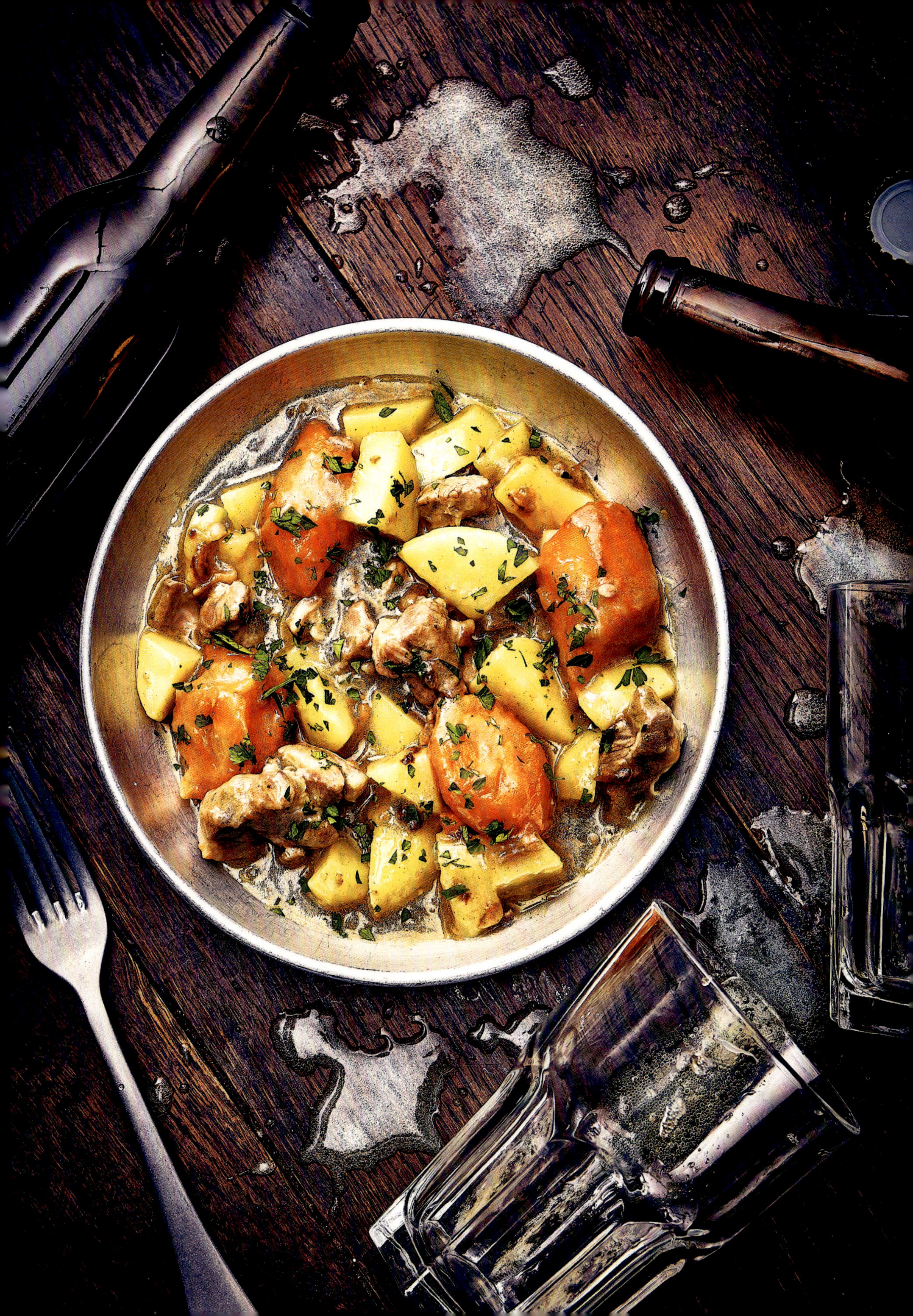

HAUPTGERICHTE

MEAT AND BEANS

BOHNENEINTOPF, WIE ICH IHN LIEBE

FÜR DIE FANS VON WEEZER
ZUM SOUNDTRACK VON *Pork and Beans*

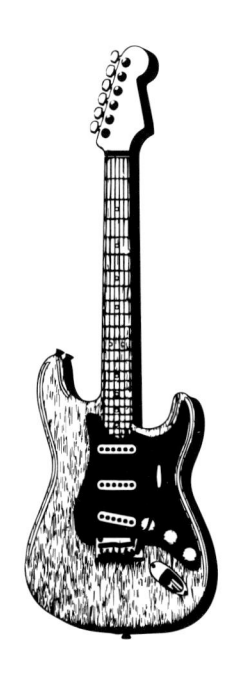

Zubereitungszeit
15 MIN.

Einweichzeit
12 STD.

Garzeit
4 STD.

Zutaten für
4 PERSONEN

380 g getrocknete weiße Bohnen
1 Karotte
2 Zwiebeln
80 g Speckschwarte vom Schwein
2 Knoblauchzehen, geschält
200 g gepökelter Schweinebauch
1 Bouquet garni (Lorbeerblatt, glatte oder krause Petersilie und Thymian zusammengebunden)
300 g Lammschulter
2 im eigenen Fett konfierte Entenkeulen
1 grobe Bratwurst
Salz & frisch gemahlener schwarzer Pfeffer
4 Bonbons

Über Nacht die weißen Bohnen in Wasser einweichen.

Am nächsten Tag die Karotte schälen und in Scheiben schneiden, die Zwiebel abziehen und in große Würfel schneiden. Die Schwarte in einen großen Schmortopf geben und darauf die abgetropften weißen Bohnen, die Knoblauchzehen, die Karottenscheiben, die Zwiebelwürfel, den Schweinebauch und das Bouquet garni geben. Alles mit Wasser aufgießen und 1 Stunde köcheln lassen. Danach abgießen und vier Kellen von der Bouillon beiseite stellen.

Parallel die Lammschulter entbeinen und das Fleisch würfeln. Die Entenkeulen halbieren und in der Pfanne etwa 5 Minuten sanft erhitzen, damit das Fett flüssig wird. Das Lammfleisch und die Bratwurst dazugeben und 5 Minuten in dem Entenfett braten. Die Fleischstücke abtropfen lassen und beiseite stellen.

Den Backofen auf 150 °C (Ober-/Unterhitze) vorheizen.

Die Hälfte der Bohnenmischung aus dem Schmortopf in eine große Auflaufform geben, das Fleisch darauf legen und mit den restlichen Bohnen bedecken. Mit Salz und Pfeffer würzen und die vier beiseite gestellten Kellen Bouillon darüber gießen. Den Bohneneintopf 3 Stunden im Ofen backen.

Beim Servieren ein Bonbon neben jeden Teller legen.

AUF DEM PLATTENTELLER SERVIERT

Der 2008 erschienene Song Pork and Beans *handelt von einem jungen Mann, der es einfach nicht schafft, cool und angesagt zu sein und weiter sein »candy (dt. Bonbon) with the pork & beans« isst. Und nicht nur der Song ist hörenswert, Weezer erschafft mit seinen Videoclips wahre Meisterwerke, und das Musikvideo von* Pork and Beans *ist der beste Beweis. 2008 haben sie für den Videodreh jede Menge angesagter Youtube-Stars zusammengebracht. Das Ergebnis ist ein unkonventioneller, großartiger Clip mit vielen Anspielungen, der bis heute über 21 Millionen Mal im Internet angeklickt wurde.*

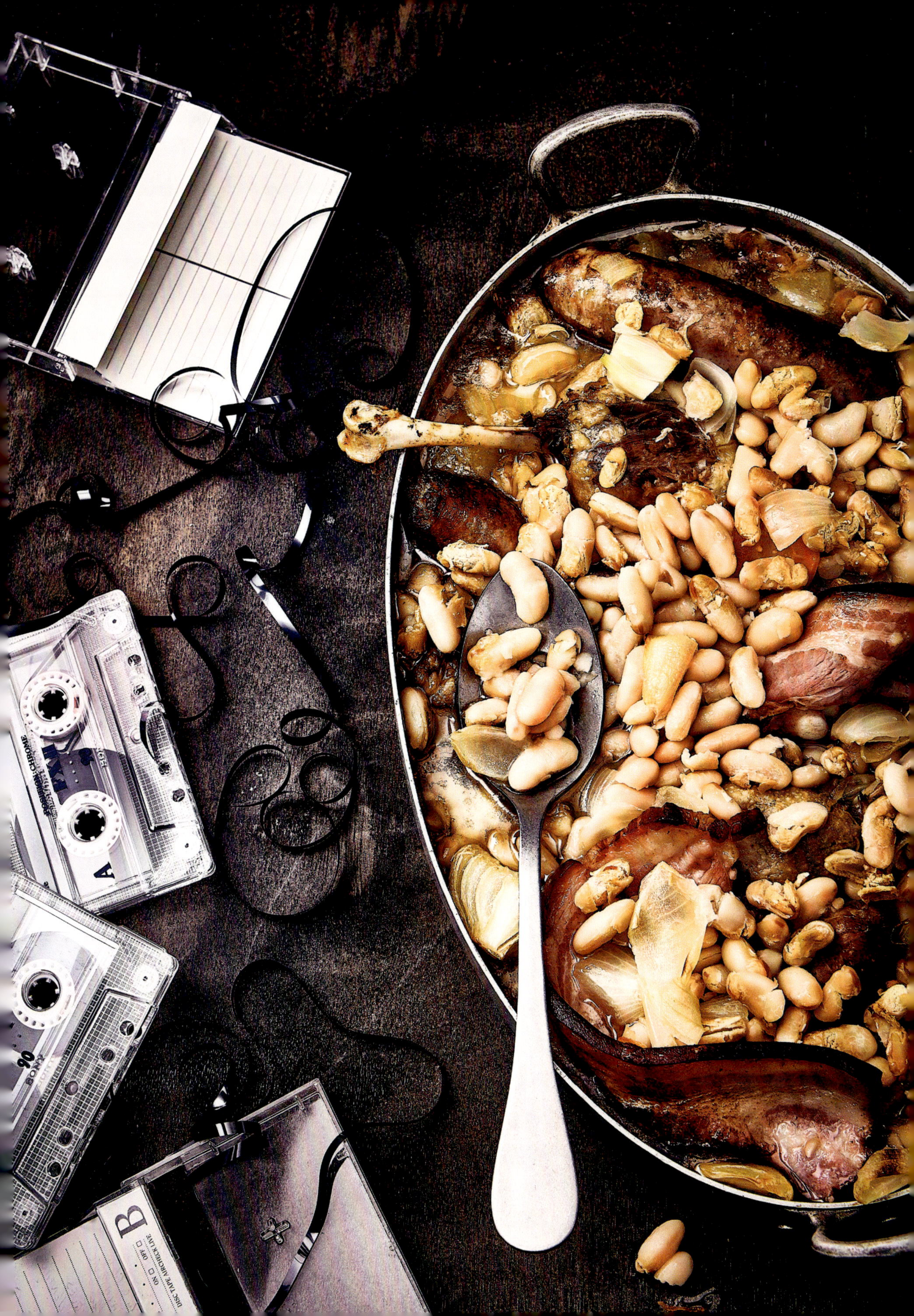
A
B

Blackened Fish

GESCHWÄRZTER FISCH AUS NEW ORLEANS

FÜR DIE FANS VON THE ANIMALS
ZUM SOUNDTRACK VON *House of the Rising Sun*

Zubereitungszeit
10 MIN.

Garzeit
10 MIN.

Zutaten für
4 PERSONEN

150 g Butter
1 TL Kräutermischung der Provence
1 TL Oregano
1 TL Paprikapulver
1 TL Knoblauchpulver
1 TL Kreuzkümmel
½ TL Salz
½ TL Cayennepfeffer
4 Heilbuttfilets (oder andere weiße Fischfilets)

Als Beilagen:

1 TL grobes Meersalz
240 g Langkornreis
1 Zwiebel
3 bunte Paprikaschoten
Salz & frisch gemahlener schwarzer Pfeffer
2 Zitronen, halbiert

In einer Kasserolle Wasser mit dem groben Meersalz aufkochen und den Reis darin 10 Minuten garen.

Für den Fisch in einem weiteren Topf die Butter bei niedriger Temperatur zerlassen und gleichzeitig eine Pfanne ohne Zugabe von Fett auf mittlere Temperatur vorheizen.

Sämtliche Gewürze auf einem Teller miteinander vermischen und die Fischfilets darin von beiden Seiten wälzen. Anschließend die Filets in der zerlassenen Butter wälzen und in der Pfanne von beiden Seiten je 2 Minuten braten, bis sie leicht schwarz werden. Die fertigen Fischfilets aus der Pfanne heben und beiseite stellen.

Die Zwiebel abziehen und klein hacken. Die Paprikaschoten halbieren, die Kerne entfernen und die Hälften in dünne Streifen schneiden. Das Gemüse in der Fischpfanne 5 Minuten braten und garen und zum Schluss mit Salz und Pfeffer würzen.

Jeweils ein geschwärztes Fischfilet und eine halbe Zitrone pro Teller anrichten und dazu den nach Belieben mit etwas Currypulver gelb gefärbten Reis und das Pfannengemüse reichen.

AUF DEM PLATTENTELLER SERVIERT

Der Song House of the Rising Sun *ist weit herumgekommen, denn viele Künstler nutzten den Titel für ihre Gesellschaftskritik zu einer Zeit, da geistiges Eigentum noch nicht viel zählte. Doch die 1964 in England eingespielte Version hat sich als die Beste in die Geschichte der Rockmusik eingebrannt. Tatsächlich befand sich das Land damals in einem sozialen Umbruch, was dem Inhalt des Songs ein ganz besonderes Gewicht verlieh. Mit Alan Price an der Orgel und der eindrucksvollen Stimme von Eric Burdon haben The Animals den Folksong zu einem legendären Hit erhoben, der immer noch Gänsehautfeeling verursacht.*

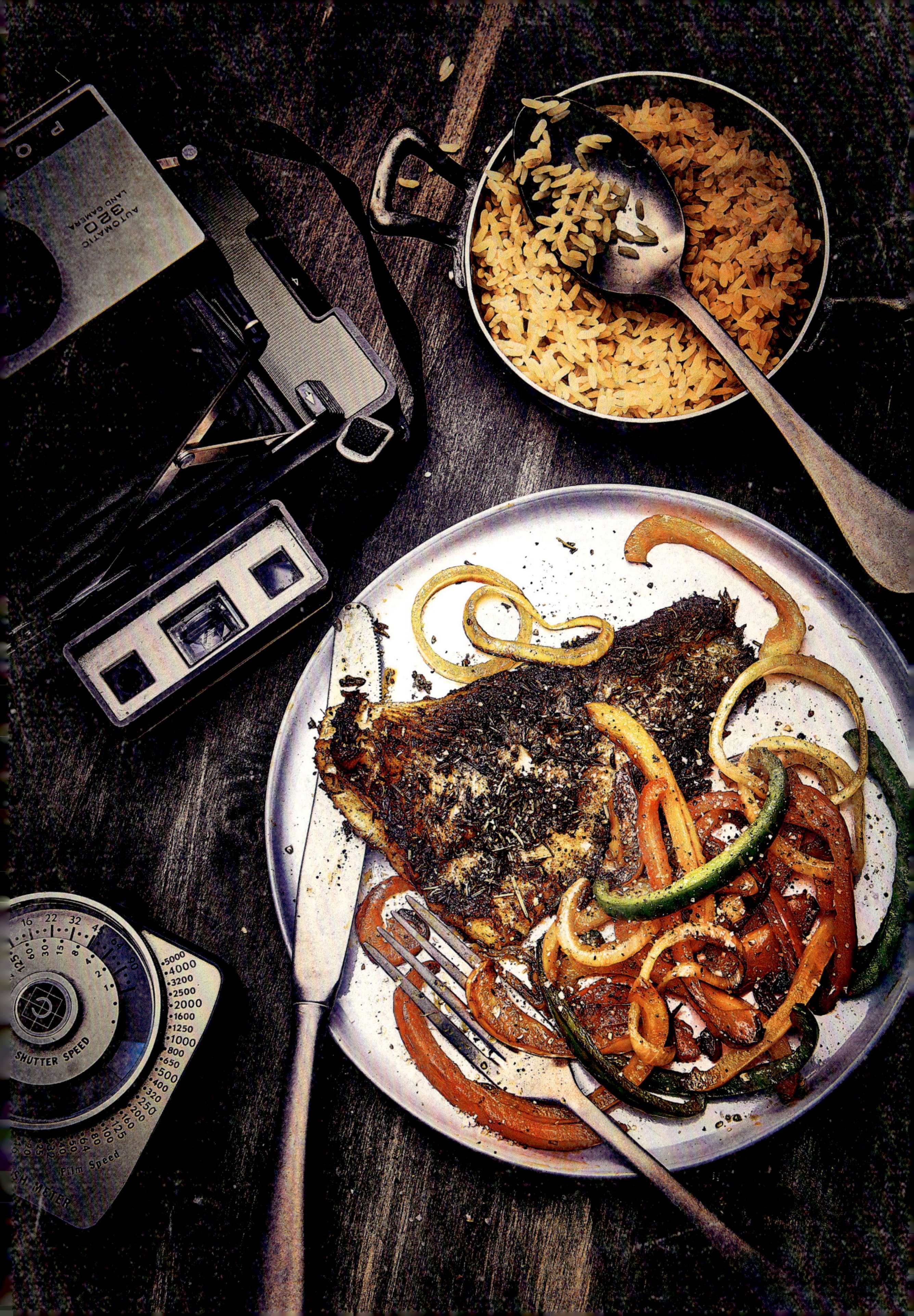
AUTOMATIC
320
LAND CAMERA
SHUTTER SPEED
Film Speed

SUNDAY, BANGERS AND MASH

TRADITIONELLE IRISCHE BRATWÜRSTE MIT KARTOFFELPÜREE

FÜR DIE FANS VON U2
ZUM SOUNDTRACK VON *Sunday Bloody Sunday*

Die Würste in einer Pfanne ohne Zugabe von Fett 10 Minuten bei mittlerer Temperatur braten und dabei regelmäßig wenden. Die Würste anschließend warm halten und die Pfanne beiseite stellen.

Das Kalbsfondkonzentrat in 100 ml heißem Wasser auflösen. Die Zwiebeln abziehen und klein hacken. Die Karotten schälen und in Scheiben schneiden. In der Pfanne, in der die Würste gebraten wurden, das Pflanzenöl erhitzen und die Zwiebeln und die Karotten hineingeben. Das Gemüse mit Salz würzen, 5 Minuten anbraten und dabei immer wieder mit einem Holzlöffel umrühren.

Die Hälfte der Zwiebeln und Karotten für das Kartoffelpüree beiseite stellen, das restliche Gemüse mit dem Kalbsfond und dem Bier ablöschen und weitere 8 Minuten garen.

Die Kartoffeln schälen, in große Würfel schneiden, mit dem groben Salz in einen großen Topf geben und mit Wasser bedeckt aufkochen. Die Kartoffeln bei mittlerer Temperatur 15 Minuten kochen, danach abtropfen lassen und zurück in den Topf geben. Die Butterwürfel, den Essig, die beiseite gestellten Zwiebeln und die Milch dazugeben, die Kartoffeln zerstampfen und dabei die anderen Zutaten untermischen. Zum Schluss das Kartoffelpüree abschmecken und eventuell nachwürzen.

Die Würste zusammen mit dem Gemüse und dem Kartoffelpüree servieren.

AUF DEM PLATTENTELLER SERVIERT

Nichts eignet sich besser als dieses traditionelle irische Gericht, um kulinarisch der Opfer der irischen Unruhen zu gedenken. Der Song Sunday Bloody Sunday, einer der größten Erfolge der irischen Rockband U2 wurde von den blutigen Unruhen in Irland in den Jahren 1920 und 1972 inspiriert. Der Song entstand nach einem Text von The Edge, der von Bono überarbeitet und etwas abgemildert wurde, um die Band zu schützen. Bei ihren Auftritten hisste die Band stets eine weiße Friedensfahne, sobald dieser Titel erklang. Der Song wurde den vielen irischen Opfern der Massaker und Attentate gewidmet.

Zubereitungszeit
10 MIN.

Garzeit
20 MIN.

Zutaten für
2 PERSONEN

4 grobe Bratwürste vom Schwein

1 EL Kalbsfondkonzentrat

3 Zwiebeln

2 Karotten

2 EL Pflanzenöl

150 ml Stoutbier (z.B. Guinness®)

400 g mehlig kochende Kartoffeln (z.B. Bintje)

1 TL grobes Meersalz

100 g kalte Butter, gewürfelt

1 EL Apfelessig

100 ml Milch

1 Prise Salz

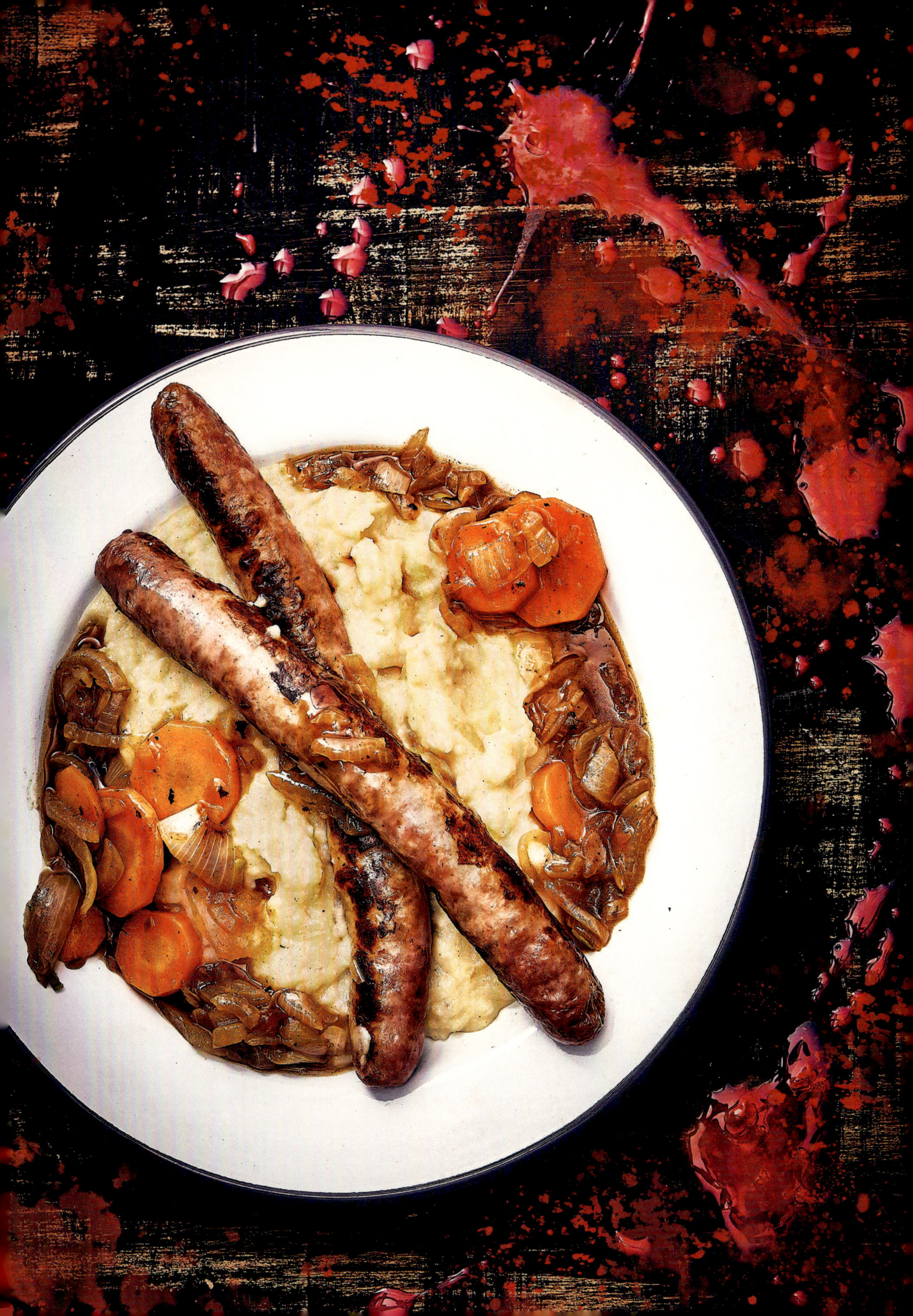

HAUPTGERICHTE

Burger in the USA
AMERIKANISCHE CHEESEBURGER

FÜR DIE FANS VON BRUCE SPRINGSTEEN
ZUM SOUNDTRACK VON *Born in the U.S.A.*

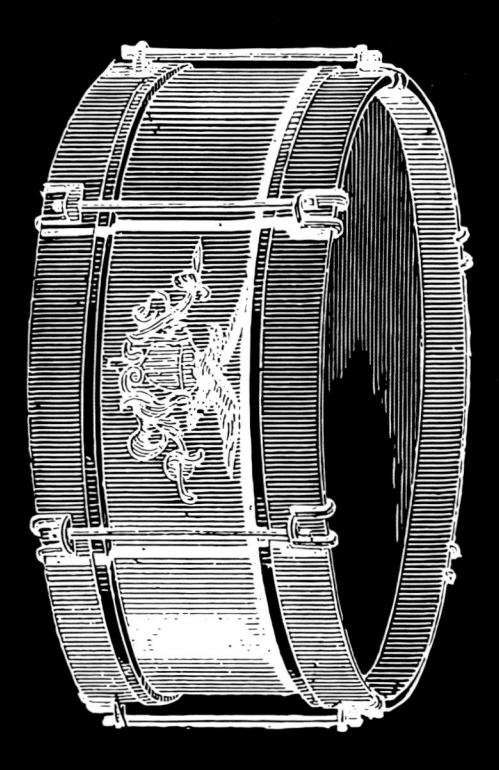

Zubereitungszeit
45 MIN.

Ruhezeit
45 MIN.

Garzeit
30 MIN.

Zutaten für
8 PERSONEN

<u>Für die Burgerbrötchen:</u>
1 Päckchen Trockenhefe
25 g Puderzucker
220 ml Milch
55 g Butter
2 Eier
560 g Weizenmehl, Type 405
7 g Salz
8 EL Sesamsaat

<u>Für die Burger:</u>
2 Tomaten
8 Kopfsalatblätter
8 Gewürzgurken
1 rote Zwiebel
8 Scheiben Frühstücksspeck
800 g Rinderhack
Salz & frisch gemahlener schwarzer Pfeffer
1 Faden Olivenöl
8 Scheiben Cheddarkäse
3 EL Barbecuesauce
3 EL Mayonnaise
1 Prise Cayennepfeffer

Burger in the USA

Für die Burgerbrötchen den Backofen auf 50 °C (Ober-/Unterhitze) vorheizen. In einem Glas 100 ml Wasser für 30 Sekunden in der Mikrowelle erwärmen und dann die Trockenhefe und den Puderzucker einrühren und 10 Minuten gehen lassen. In einer Kasserolle die Milch mit der Butter kurz erwärmen und wieder abkühlen lassen, bis die Mischung lauwarm ist. Ein Ei unterrühren. Die Hälfte des Mehls in eine Backschüssel geben und die Hefe und die lauwarme Milchmischung mit einem elektrischen Handrührgerät (mittlere Stufe) oder per Hand unterrühren. Nach und nach das restliche Mehl und das Salz untermischen. Den Teig zu einer Kugel rollen und die Luft herausschlagen.

Den Teig in acht gleich große Stücke teilen, diese zu Kugeln rollen und anschließend 35 Minuten im Backofen gehen lassen. Die aufgegangen Brötchen aus dem Backofen nehmen und die Ofentemperatur auf 180 °C (Oder-/Unterhitze) erhöhen. In einer kleinen Schale das zweite Ei verquirlen und es mit Hilfe eines Pinsels auf den Brötchenoberseiten verstreichen. Die Brötchen mit Sesam bestreut 20 Minuten im Ofen goldbraun backen.

Für den Belag die Tomaten in Scheiben schneiden, die Salatblätter waschen, die Zwiebel abziehen und in Ringe schneiden und die Gewürzgurken längs halbieren.

Eine Pfanne auf hohe Temperatur vorheizen und den Frühstücksspeck darin ohne Zugabe von Fett jeweils 1 Minute pro Seite braten. Das Hackfleisch nach Geschmack würzen und daraus acht Burger formen. Einen Faden Olivenöl in die Pfanne geben und die Burger darin je 2 Minuten von jeder Seite braten. Nach dem Wenden die Burger jeweils mit einer Scheibe Käse belegen, damit dieser sanft schmelzen kann.

Für die Sauce in einer kleinen Schüssel die Barbecuesauce mit der Mayonnaise vermischen und mit Cayennepfeffer würzen.

Die Brötchen aufschneiden und die Schnittseiten unter dem Backofengrill rösten. Die Brötchen nach eigenem Gusto mit den Burgern, der Garnitur und der Sauce belegen, zusammenklappen und selbstgemachte Pommes Frites dazu reichen.

AUF DEM PLATTENTELLER SERVIERT

Bruce Springsteen hat nie einen Hehl daraus gemacht, dass ihn ein Drehbuchskript von Paul Schrader zu dem Song **Born in the USA** *inspirierte. In dem Drehbuch ging es um eine kleine Gruppe von Musikern, die in den Bars von Cleveland spielten. Springsteen nutzte dieses Szenario, ergänzte es durch einen Song über die Vietnam-Veteranen, an dem er gerade schrieb und daraus wurde* **Born in the USA**. *Der Boss, wie Springsteen von seinen Fans genannt wird, hat bei seinen Konzerten sämtliche großen amerikanischen Stadien gefüllt, daher lasst uns ihn mit diesen Cheeseburgern »made in the USA« feiern.*

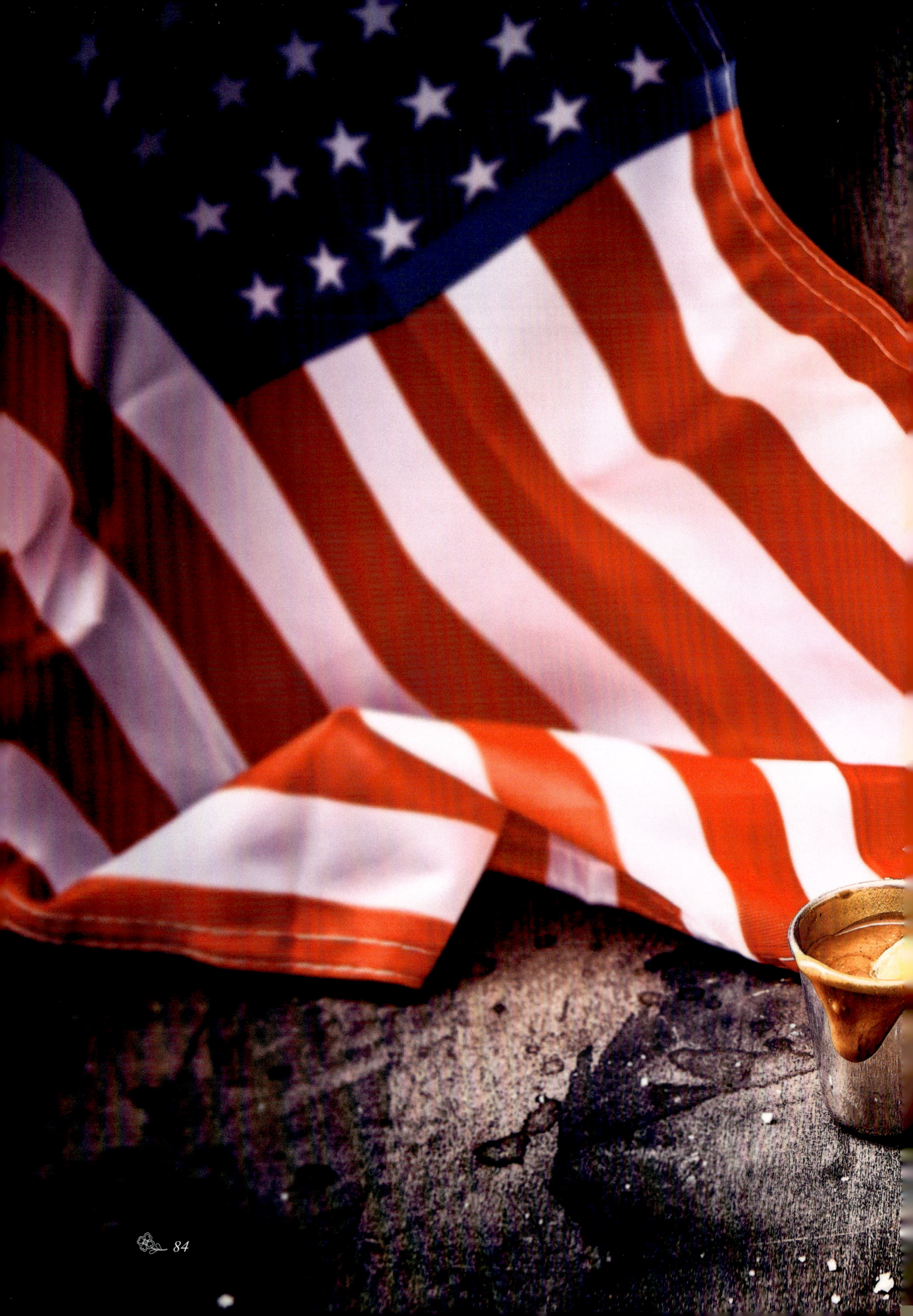

Burger in the USA

HAUPTGERICHTE

PULLED PORK BAGEL NEW YORK STYLE
NEW YORKER BAGEL MIT PULLED PORK

FÜR DIE FANS VON TÉLÉPHONE
ZUM SOUNDTRACK VON *New York avec toi*

In einer kleinen Schüssel den Zucker, mit dem Paprikapulver, dem Knoblauchpulver, dem Chiligewürz, dem Kreuzkümmel und dem Salz mischen. Die Zwiebel schälen und in große Würfel schneiden.

Einen Liter Wasser in eine große Schüssel geben und darin die Hälfte der Gewürzmischung auflösen. Die Zwiebelwürfel, das Lorbeerblatt und die Schweineschulter hinzufügen und dabei darauf achten, dass das Fleisch vollständig vom Wasser bedeckt ist. Die Schüssel mit dem Fleisch für 6 Stunden in den Kühlschrank stellen.

Den Backofen auf 100 °C (Ober-/Unterhitze) vorheizen.

Das Fleisch anschließend abtropfen lassen, trocken tupfen und mit der restlichen Gewürzmischung großzügig einreiben. Das Fleisch in einen Bräter legen und etwa 5 Stunden (mindestens 2 Stunden pro 500 g Fleisch) im Ofen garen. Am Ende der Zeit sollte sich das Fleisch mühelos mit einer Gabel zerfasern lassen.

Das Fleisch mit der Gabel vollständig auseinander ziehen und eventuell noch etwas nachwürzen. Die Bagels aufschneiden und unter dem Backofengrill rösten. Die Tomaten in Scheiben schneiden.

Die Unterseite der Bagels mit einer Schicht Pulled Pork belegen und darauf etwas Barbecuesauce geben. Das Fleisch mit einem Salatblatt und ein paar Tomatenscheiben garnieren und mit der oberen Brötchenhälfte abdecken.

AUF DEM PLATTENTELLER SERVIERT

Der Titel New York avec toi *versinnbildlicht den amerikanischen Traum Jean-Louis Auberts. Als er 1984 diesen Song schrieb, begann die Stimmung in der Band gerade zu kippen, worauf sie sich zwei Jahre später auflöste. Aubert beschreibt das bunte Treiben in der Stadt mit seinen Bars, Kinos und den heruntergekommenen Hotels. Von der Gastronomie ist zwar keine Rede, aber dafür liefere ich euch ja dieses Bagelrezept mit Pulled Pork.*

Zubereitungszeit
15 MIN.

Ruhezeit
6 STD.

Garzeit
5 STD.

Zutaten für
4 PERSONEN

Für das Pulled Pork:
2 EL Muscovadozucker
2 EL Paprikapulver
2 EL Knoblauchpulver
1 EL Chiligewürzpulver
1 EL Kreuzkümmel
1 EL Salz
1 Zwiebel, gewürfelt
1 Lorbeerblatt
1 kg Schweineschulter ohne Knochen

Für die Bagels:
4 Bagelbrötchen
2 Tomaten
4 Kopfsalatblätter
4 EL Barbecuesauce

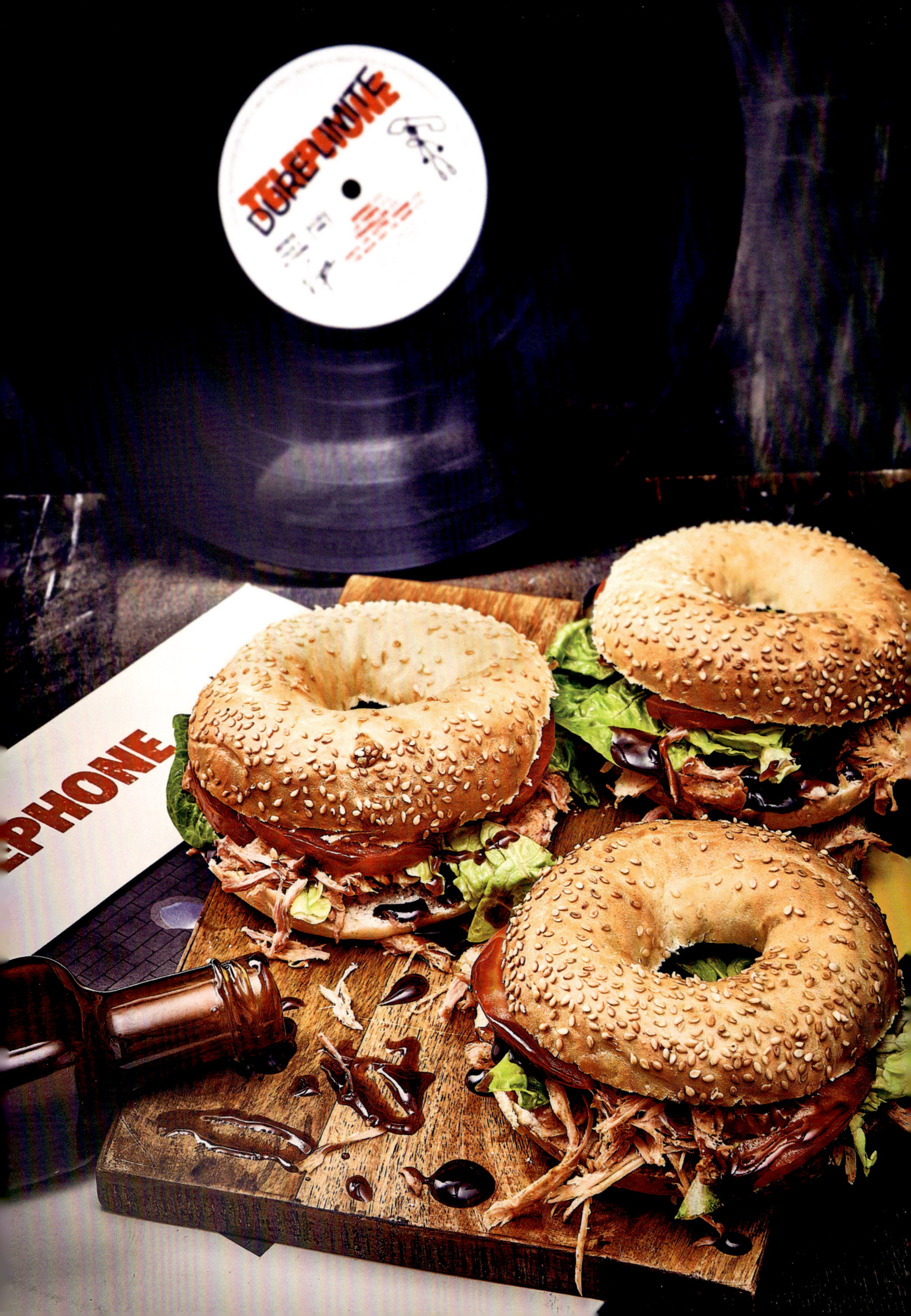
TELEPHONE
DURE LIMITE

HAUPTGERICHTE

SULTANS OF WINGS
WÜRZIGE CHICKENWINGS MIT KREOLISCHEM REIS

FÜR DIE FANS VON DIRE STRAITS
ZUM SOUNDTRACK VON *Sultans of Swing*

Zubereitungszeit
10 MIN.

Garzeit
35 MIN.

Zutaten für
4 PERSONEN

Für das Fleisch:
16 Hähnchenflügel
2 EL Olivenöl
1 EL Knoblauchpulver
1 TL Piment
1 TL Koriandersamen, zerstoßen
3 cm frischer Ingwer, geschält und klein gehackt
Salz & frisch gemahlener schwarzer Pfeffer
1 Thymianzweig, Blätter abgezupft
3 Limetten

Für die Beilagen:
200 g Reis
100 g frische Ananas, geschält
2 Tomaten
1 Zwiebel
1 Knoblauchzehe
3 EL Olivenöl
1 EL Kurkuma
Salz & frisch gemahlener schwarzer Pfeffer
600 ml Geflügelbrühe

Den Backofen auf 200 °C (Umluft) vorheizen.

Die Hähnchenflügel auf einem mit Backpapier ausgelegtem Backblech verteilen, mit Olivenöl beträufeln und mit den Gewürzen, dem Thymian und dem Ingwer bestreuen. Die Limetten auspressen und mit dem Saft die Hähnchenflügel übergießen. Die so vorbereiteten Hähnchenflügel 35 Minuten im Ofen knusprig backen.

Den Reis unter kaltem Wasser abspülen. Die Ananas und die Tomaten in kleine Würfel schneiden. Die Zwiebel abziehen und fein hacken. Die Knoblauchzehe abziehen, halbieren, den Keim aus der Mitte entfernen und den Knoblauch fein hacken.

Das Olivenöl in einer Kasserolle auf mittlere Temperatur erhitzen und dann die Zwiebeln, den Reis, den Knoblauch und das Kurkumapulver hineingeben. Den Reis mit Salz und Pfeffer würzen und 3 Minuten mit einem Holzlöffel rühren. Die Geflügelbrühe dazu gießen und den Reis darin 20 Minuten sanft köcheln lassen. In dieser Zeit immer wieder umrühren. Zum Schluss die Tomaten- und Ananaswürfel unterheben, den Reis abschmecken und eventuell nachwürzen. Die Chickenwings mit dem kreolischen Reis anrichten.

AUF DEM PLATTENTELLER SERVIERT

Musikalisch virtuos und unglaublich kreativ beweist Marc Knopfler mit Sultans of Swing *nicht nur sein Talent als Sänger, sondern mit ganz außergewöhnlichen solistischen Einlagen auch sein herausragendes Talent als Gitarrist, sodass man beim Zuhören fast automatisch selbst in die Saiten der »Luftgitarre« greift. Als Student hatte Marc Knopfler eines Abends in einer Bar eine Band namens* Sultans of Swing *gehört, der außer ihm keiner Gehör schenkte, schon gar nicht die Handvoll betrunkener Jungs, die dort bis zur letzten Runde herumhingen. Dieser Kontrast hatte Knopfler derart amüsiert, dass er einen Song darüber schrieb, der dem gleichnamigen Debütalbum von Dire Straits einen riesigen Erfolg bescherte.*

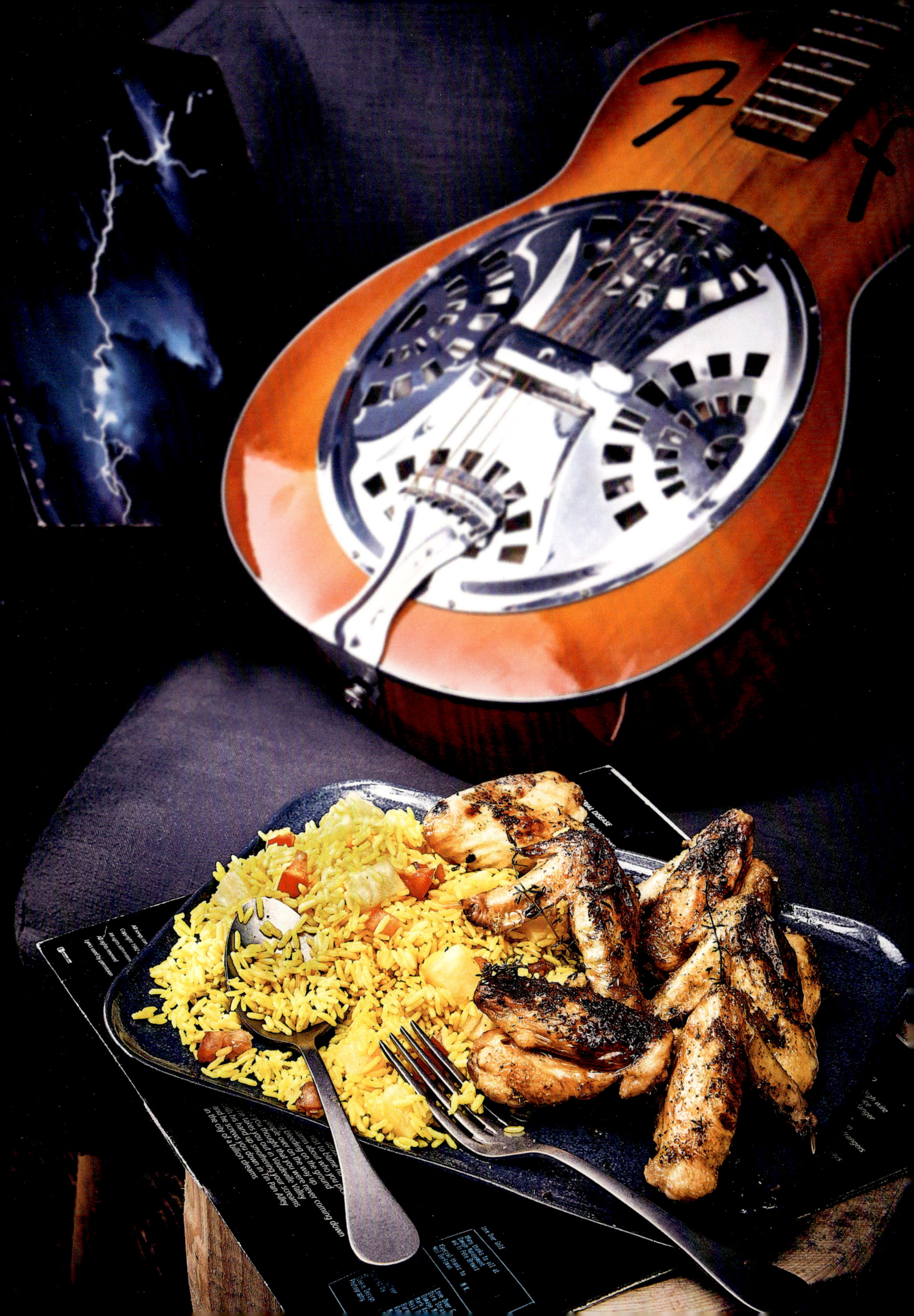

HAUPTGERICHTE

SPANISH DESERT

ANDALUSISCHES HÄHNCHENFILET MIT COUSCOUS

FÜR DIE FANS VON FOALS
ZUM SOUNDTRACK VON *Spanish Sahara*

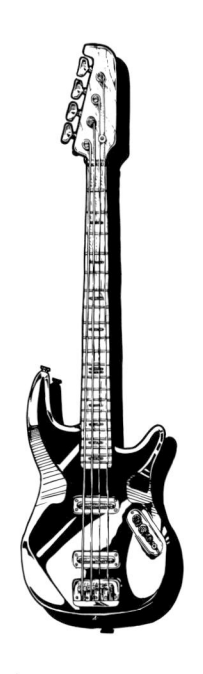

Zubereitungszeit
15 MIN.

Garzeit
20 MIN.

Zutaten für
2 PERSONEN

2 rote Paprika
1 Zwiebel
50 g Chorizo, Wurstpelle entfernt
1 Faden Olivenöl
2 Hähnchenbrustfilets
1 EL Ras el-Hanout (nordafrikanische Gewürzmischung)
400 ml Geflügelbrühe
100 g vorgegarte Kichererbsen
Salz & frisch gemahlener schwarzer Pfeffer

Für die Beilage:
100 g Couscous
1 EL Olivenöl
Salz & frisch gemahlener schwarzer Pfeffer
1 Tomate
1 Zweig Minze, die Blätter abgezupft

Die Paprikaschoten halbieren, die Kerne entfernen und die Hälften in dünne Streifen schneiden. Die Zwiebel abziehen und in kleine Würfel schneiden. Die Chorizo in Scheiben schneiden.

Das Olivenöl in einem Schmortopf auf mittlere Temperatur erhitzen und die Hähnchenfilets darin je 5 Minuten von beiden Seiten braten. Die Filets anschließend beiseite stellen.

Die Chorizoscheiben, die Zwiebelwürfel, die Paprikastreifen und das Ras el-Hanout in den Topf geben und 4 Minuten anbraten. Dabei immer wieder mit einem Holzlöffel umrühren. Danach die Geflügelbrühe und die Kichererbsen dazugeben und alles bei mittlerer Temperatur 10 Minuten köcheln und mit Salz und Pfeffer abschmecken.

200 ml Wasser bis zum Siedepunkt erhitzen. Den Couscous mit dem Olivenöl und etwas Salz und Pfeffer in eine Schüssel geben, mit dem heißen Wasser übergießen, bis er gerade bedeckt ist und danach zugedeckt 5 Minuten ruhen lassen.

In dieser Zeit die Tomate halbieren, die Kerne entfernen und das Fruchtfleisch in kleine Würfel schneiden. Die Minzeblätter waschen und mit der Schere in hauchdünne Streifen schneiden.

Den Couscous mit der Gabel auflockern und die Tomatenwürfel unterheben. Den Couscous in zwei tiefen Tellern anrichten, jeweils ein Hähnchenfilet darauf geben, die Gemüsebouillon mit der Chorizo und den Kichererbsen darüber gießen und mit Minze bestreut servieren.

AUF DEM PLATTENTELLER SERVIERT

Der in Spanish Sahara *beschriebene Ort ist surreal, ein wahr gewordener Alptraum und eine desolate Welt. Yannis Philppakis singt, als müsse er ein Trauma bewältigen, doch im Laufe des Songs weitet sich das Trauma zur wütenden Raserei aus, die vom schwebenden und anschwellenden Rhythmus der Musik untermalt wird. Einen derartigen Alptraum verjagt man am besten mit einem köstlichen Gericht.*

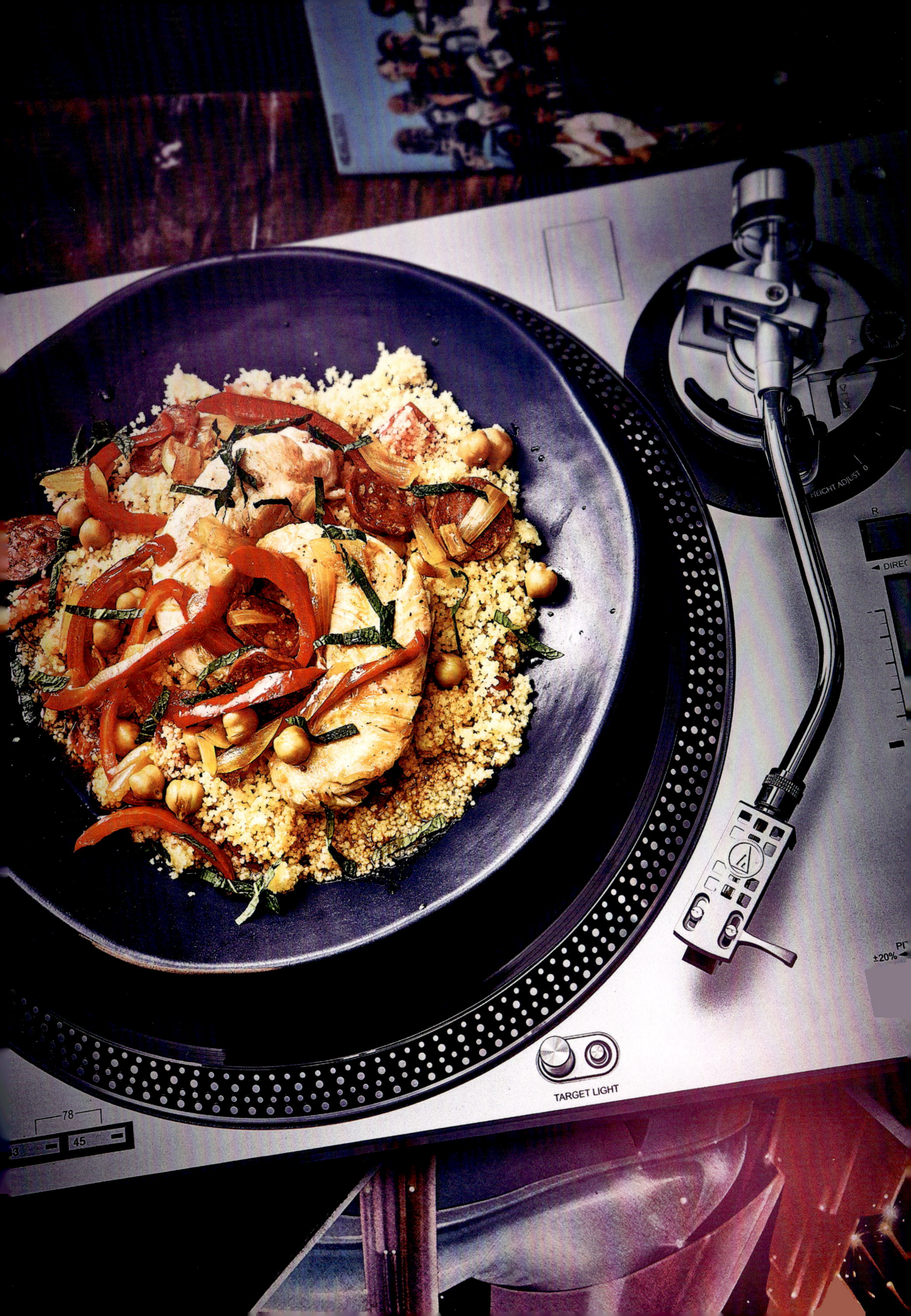
HEIGHT ADJUST
±20%
TARGET LIGHT
78
45

HAUPTGERICHTE

God Save the Cornish Pasty

GEFÜLLTE TEIGTASCHE AUS CORNWELL

FÜR DIE FANS VON SEX PISTOLS
ZUM SOUNDTRACK VON *God Save the Queen*

Zubereitungszeit
15 MIN.

Garzeit
45 MIN.

Zutaten für
2 PERSONEN

1 Kartoffel
1 Kohlrübe
1 Zwiebel
15 g Butter
Salz & frisch gemahlener schwarzer Pfeffer
1 EL Worcestershiresauce
1 fertig ausgerollter Quicheteig (frz. Mürbeteig)
150 g Tatar vom Rind
1 Ei, verquirlt

Das Gemüse schälen und in klein würfeln.

In einer Pfanne die Butter zerlassen, das Gemüse hineingeben, mit Salz, Pfeffer und Worcestershiresauce würzen und 4 Minuten braten.

Den Backofen auf 180 °C (Ober-/Unterhitze) vorheizen.

Den Teig ausbreiten. Das Gemüse und das Hackfleisch auf eine Hälfte des Teiges geben, um es mit der anderen Teighälfte zudecken zu können. Den Teigrand mit ein wenig Wasser befeuchten und fest zusammendrücken. Die Oberfläche der Teigtasche mit dem verquirlten Ei bepinseln und die Teigtasche mit einer Messerspitze ein paarmal einstechen, damit beim Backen der Dampf entweichen kann.

Die Teigtasche auf ein mit Backpapier bedecktes Backblech legen und 20 Minuten im Ofen backen. Danach die Temperatur auf 160 °C senken und die Teigtasche weitere 20 Minuten backen. Beim Servieren dieses typischen Gerichts aus Cornwell einen grünen Salat dazu reichen.

AUF DEM PLATTENTELLER SERVIERT

1977 hatte England große wirtschaftliche und soziale Probleme, die Inflation destabilisierte das Land und die Arbeitslosenzahlen schnellten in die Höhe. Als die Punkband Sex Pistols diesen antimonarchistischen Song zum silbernen Thronjubiläum von Königin Elizabeth II. herausbrachte, wurde er zwar von den Medien zensiert, aber gleichzeitig auch zur Hymne einer Generation, die sich von ihren Eltern im Stich gelassen fühlte.

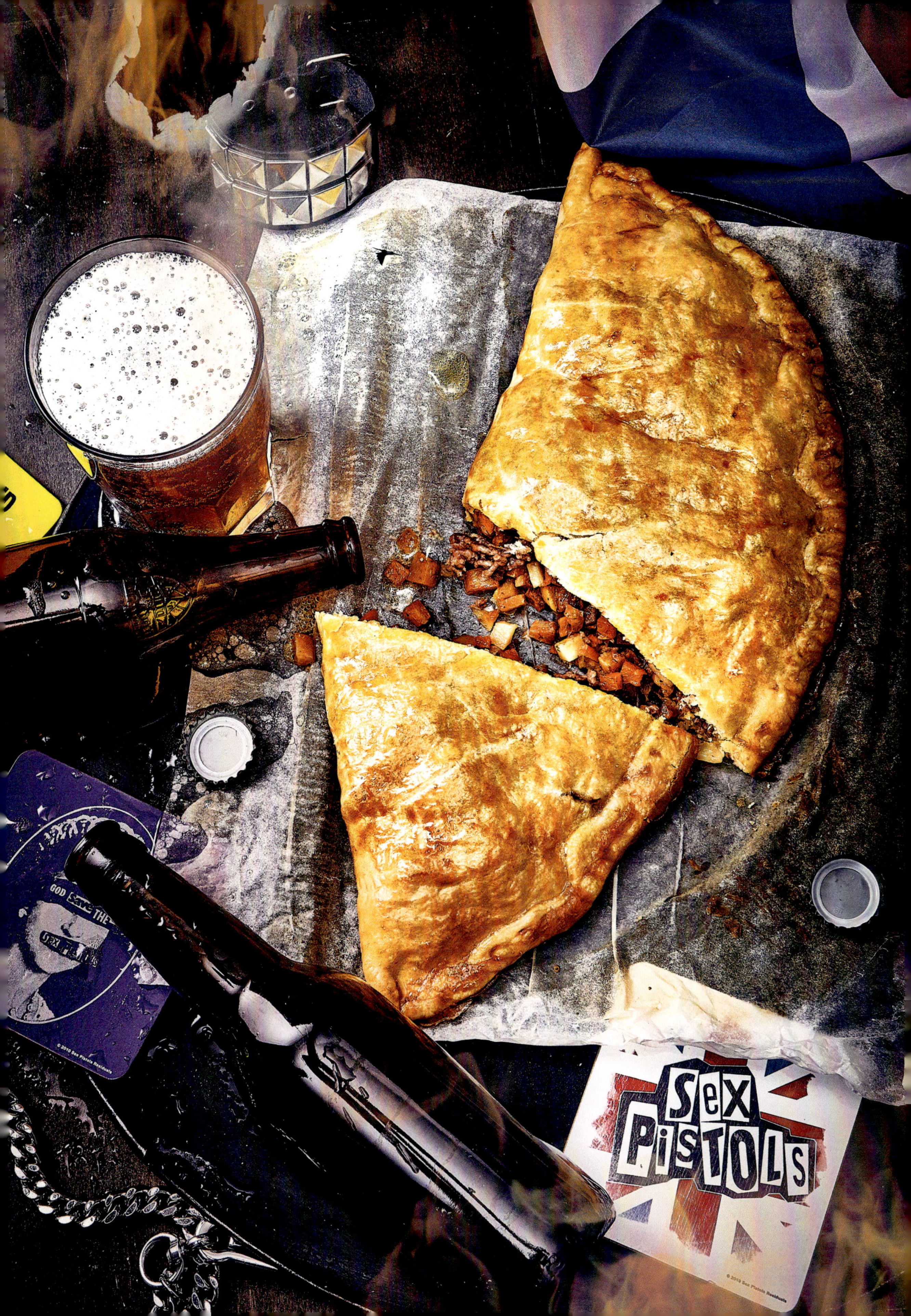
SEX PISTOLS
GOD SAVE THE

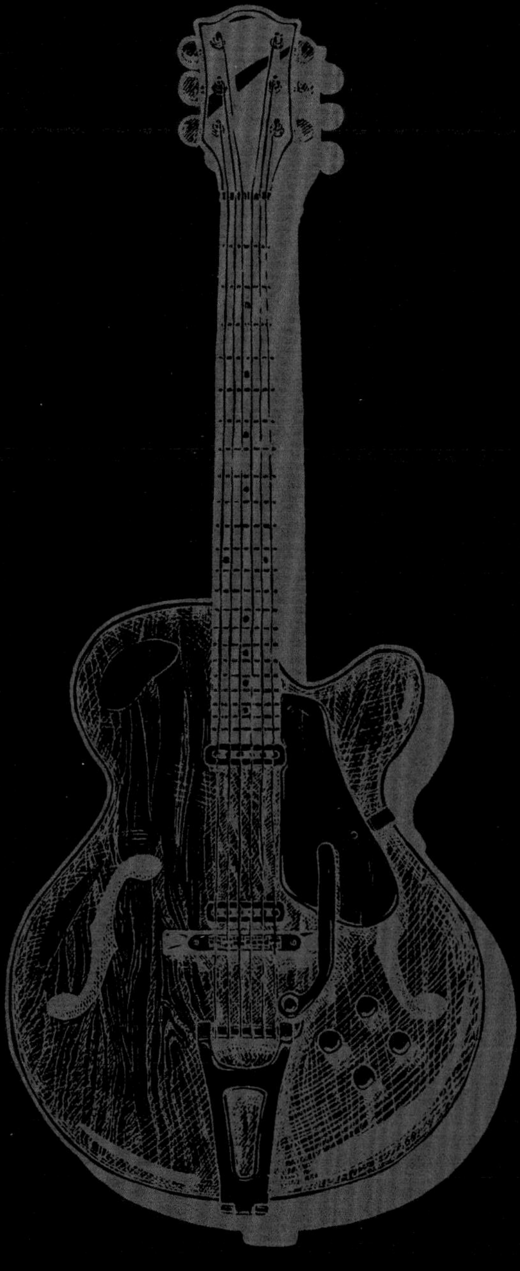

Desserts

DESSERTS

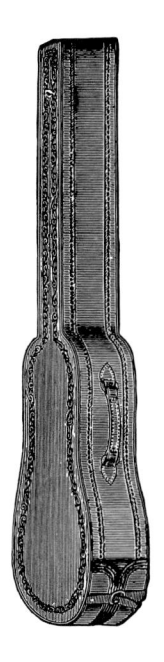

LEMON CAKE
ZITRONENKUCHEN

FÜR DIE FANS VON FOOLS GARDEN
ZUM SOUNDTRACK VON *Lemon Tree*

Zubereitungszeit
10 MIN.

Backzeit
35–40 MIN.

Zutaten für
8 PERSONEN

4 Eier
190 g Puderzucker
120 g Butter
200 g Weizenmehl, Type 405
1 TL Backpulver
2 unbehandelte Zitronen

Den Backofen auf 180 °C (Ober-/Unterhitze) vorheizen.

Die Eier über einer Backschüssel aufschlagen, den Puderzucker hinzufügen und beides mit einem elektrischen Handrührgerät zu einer hellen, schaumigen Masse verrühren.

100 g Butter würfeln und 20 Sekunden in der Mikrowelle erhitzen. Die zerlassene Butter, das Mehl und das Backpulver in die Backschüssel geben und mit einem Schneebesen unterrühren.

Von einer Zitrone die Schale abreiben und die Zitrone anschließend auspressen. Schalenabrieb und Saft unter den Teig mischen.

Eine Springform (26 cm Durchmesser) mit Backpapier auskleiden und dieses mit der restlichen Butter bepinseln. Den Teig in die Form geben und 35–40 Minuten im Ofen backen, bis sich der Kuchen mit einer Messerklinge einstechen lässt, ohne dass Teig daran haften bleibt.

Die zweite Zitrone auspressen und den Saft mit Hilfe eines Backpinsels auf dem Kuchen verteilen. Den Kuchen aus der Form holen und entweder lauwarm oder kalt genießen.

AUF DEM PLATTENTELLER SERVIERT

Der 1995 erschienene Popsong **Lemon Tree** *scheint kein bisschen gealtert zu sein und lässt sich beim Backen wunderbar mitsummen. Peter Freudenthaler schrieb den Song an einem Nachmittag, als er gerade auf seine Freundin wartete, und hatte den Begriff* **Lemon Tree** *lediglich gewählt, weil es seiner Meinung nach gut klang. Der Erfolg gab ihm recht, auch wenn Fools Garden mit diesem Hit ein typisches One-Hit-Wonder blieb.*

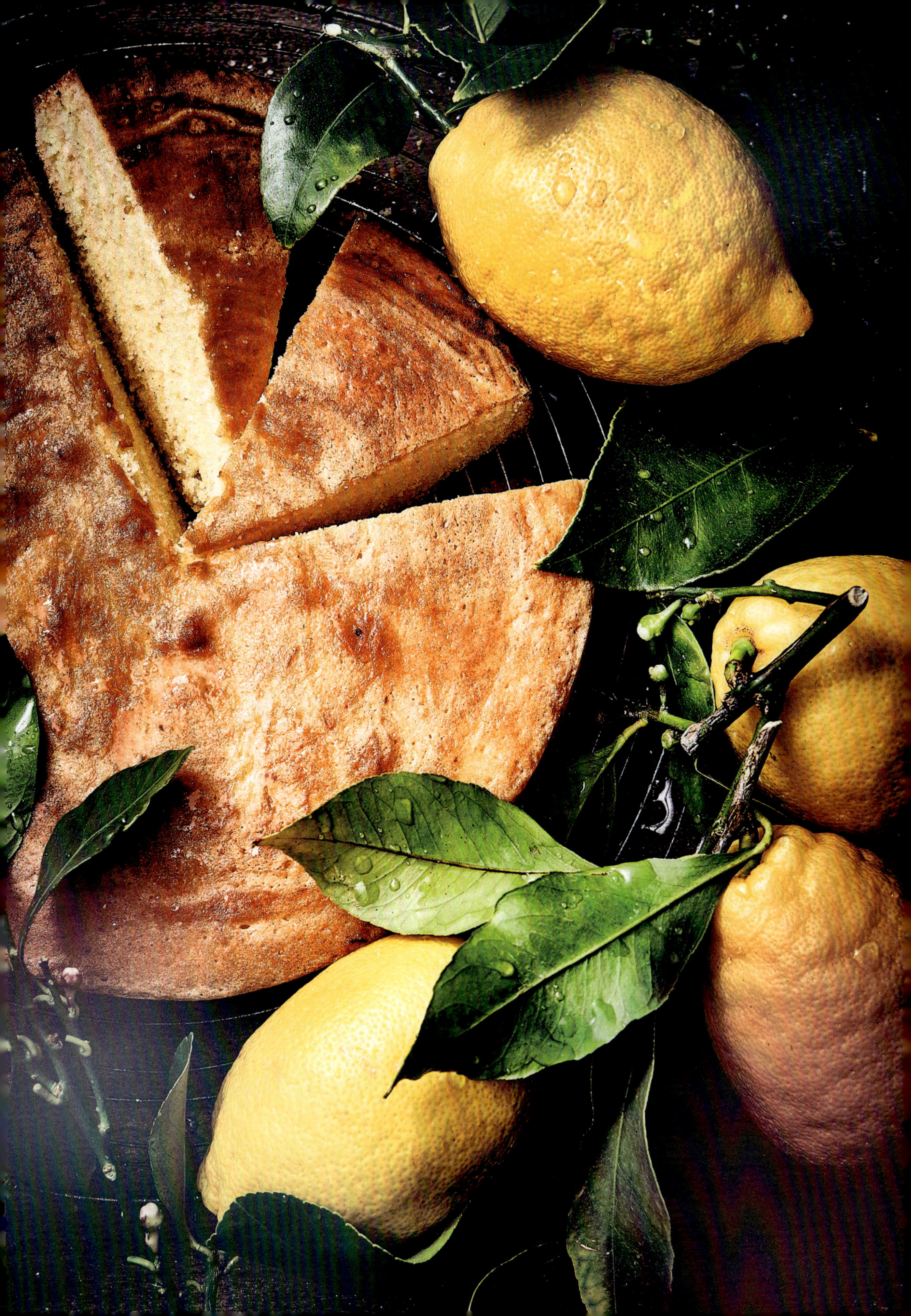

DESSERTS

NO LACTOSE TODAY
LACTOSEFREIER KÄSEKUCHEN

FÜR DIE FANS VON HERMAN'S HERMITS
ZUM SOUNDTRACK VON *No Milk Today*

Den Backofen auf 180 °C (Ober-/Unterhitze) vorheizen.

Für den Kuchenboden die Kekse in eine Schüssel geben und mit einem Stampfer zerstoßen. Das Mandelpüree und die Kokosflocken dazugeben und untermischen.

Etwas Küchenkrepp mit Olivenöl vollsaugen lassen und damit eine Springform (24 cm Durchmesser) einfetten. Die Backform mit der Keksmischung gleichmäßig auskleiden, den Kuchenboden mit der Gabel mehrmals einstechen, mit Backpapier und den getrockneten Bohnenkernen bedecken, 10 Minuten im Ofen blind backen und anschließend 5 Minuten in der Form abkühlen lassen.

In dieser Zeit in einer Backschüssel die Eier und den Rohrzucker mit dem Schneebesen schaumig aufschlagen. Den Tofu abtropfen lassen und unter die Eimasse rühren. Das Karamellaroma untermischen, alles in eine Küchenmaschine umfüllen und eine Minute auf hoher Drehzahl zu einer glatten Creme vermischen.

Die Creme gleichmäßig auf dem Kuchenboden verteilen und den Kuchen 25 Minuten im Ofen backen.

Den Käsekuchen anschließend 30 Minuten abkühlen lassen und 12 Stunden im Kühlschrank ruhen lassen. Vor dem Servieren mit Mandelblättchen bestreuen.

AUF DEM PLATTENTELLER SERVIERT

Der Titel **No Milk Today** *bezieht sich auf eine Zeit, da in England der Milchmann allmorgendlich frische Milch in Flaschen auslieferte, sofern leere Flaschen vor der Tür standen, die er im Austausch mitnahm. Im Song war die Liebe des Sängers jedoch scheinbar ausgezogen, das Haus war leer und daher wurde auch keine frische Milch mehr benötigt. Abgesehen von diesem Song, der ein absoluter Klassiker wurde, war der Erfolg der Band Herman's Hermits, die sogar mit den Beatles verglichen wurde, in Europa und in den USA jedoch nur von kurzer Dauer.*

Zubereitungszeit
15 MIN.

Ruhezeit
30 MIN.

Zeit im Kühlschrank
12 STD.

Backzeit
35 MIN.

Zutaten für
6 PERSONEN

150 g glutenfreie Kekse
3 EL weißes Mandelpüree
4 EL Kokosflocken
1 EL Olivenöl
2 Eier
40 g Rohrohrzucker
400 g Seidentofu
1 EL Karamellaroma
1 EL Mandelblättchen

getrocknete Bohnenkerne zum Blindbacken

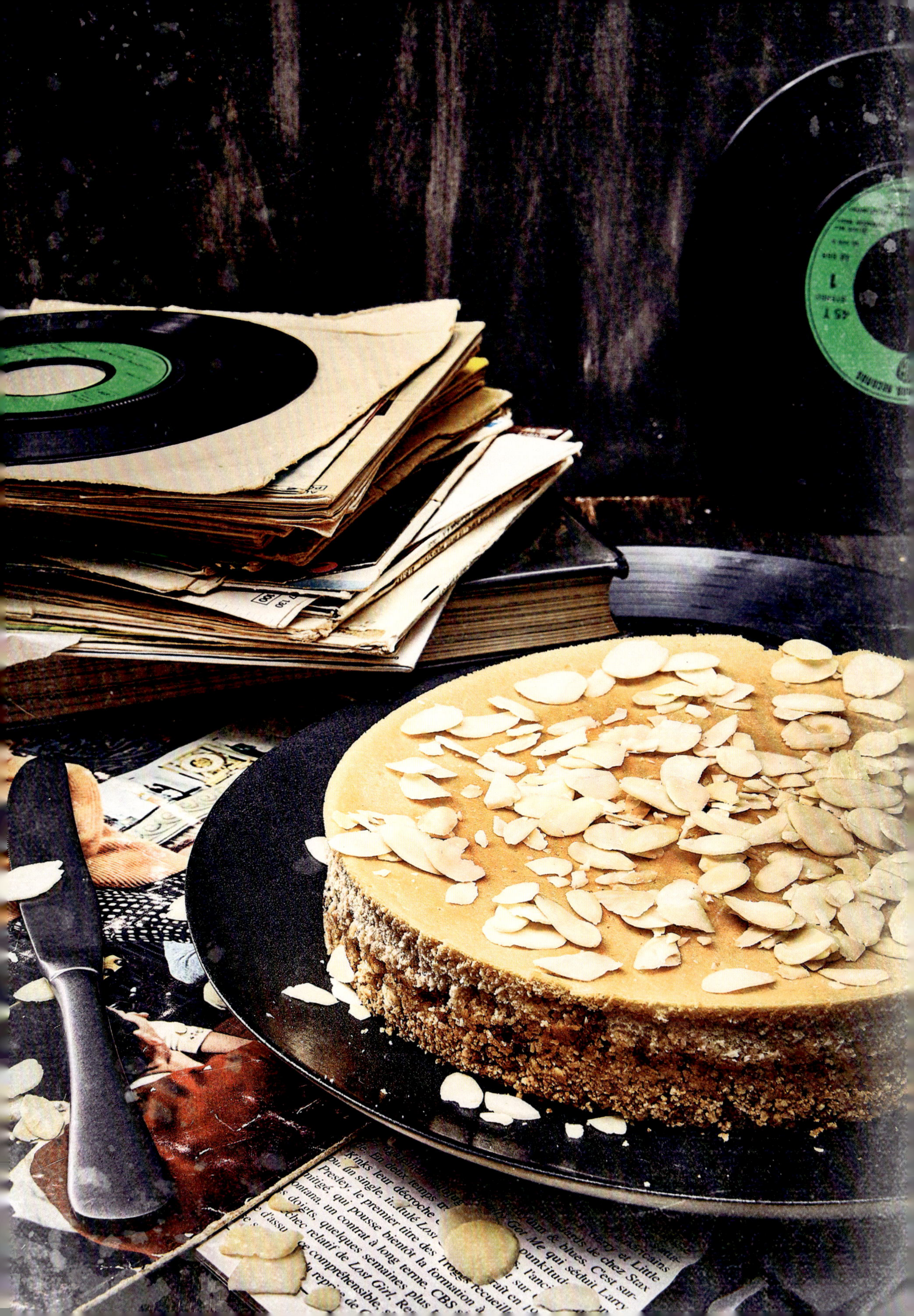

BROWN TART
TARTE MIT BRAUNEM RÜBENZUCKER

FÜR DIE FANS VON THE ROLLING STONES
ZUM SOUNDTRACK VON *Brown Sugar*

150 ml Milch und 60 Gramm Butter in eine kleine Schüssel geben und 20 Sekunden in der Mikrowelle erwärmen. Anschließend den Puderzucker und die Hefe unterrühren.

Das Mehl in eine Backschüssel geben. Ein Ei in der Mitte darüber aufschlagen, die Milchmischung dazugeben und alles zu einem Teig vermischen. Den Teig an einem warmen Ort (z. B. in dem auf 50 °C vorgewärmten Backofen) 90 Minuten gehen lassen.

Den Backofen auf 180 °C (Ober-/Unterhitze) vorheizen.

Für die Garnitur in einer kleinen Schüssel ein Ei mit 100 ml Milch verquirlen, die restlichen 25 g Butter in kleine Würfel schneiden und in eine zweite kleine Schüssel geben.

Den Teig in eine mit Backpapier ausgekleidete Springform (24 cm Durchmesser) füllen und mit einem Finger kleine Dellen hineindrücken. Den Kuchen mit der Milchmischung bepinseln, großzügig mit braunem Rübenzucker bestreuen und die kleinen Butterwürfel in den Dellen verteilen. Den Kuchen 30–40 Minuten im Ofen backen und anschließend lauwarm oder kalt genießen.

AUF DEM PLATTENTELLER SERVIERT

Brown Sugar *ist der kontrovers diskutierte Titelsong des Albums* **Sticky Fingers,** *für das Andy Warhol ein Cover mit einem sehr anstößigen Foto und einem echten Reißverschluss gestaltet hatte. Das Bild eines männlichen Unterkörpers in einer knallengen Jeans wurde in Spanien zensiert und durch ein Foto blutiger Finger, die aus einer Konservendose herausragen, ersetzt. Der Song handelt von Drogenmissbrauch und der Vergewaltigung von Sklaven, was dazu führte, dass er in einigen Ländern zensiert wurde.*

Zubereitungszeit
10 MIN.

Ruhezeit
1 STD. 30 MIN.

Backzeit
30–40 MIN.

Zutaten für
6 PERSONEN

250 ml Vollmilch
85 g Butter
30 g Puderzucker
1 Päckchen Trockenhefe
250 g Weizenmehl, Type 405
2 Eier
125 g brauner Rübenzucker

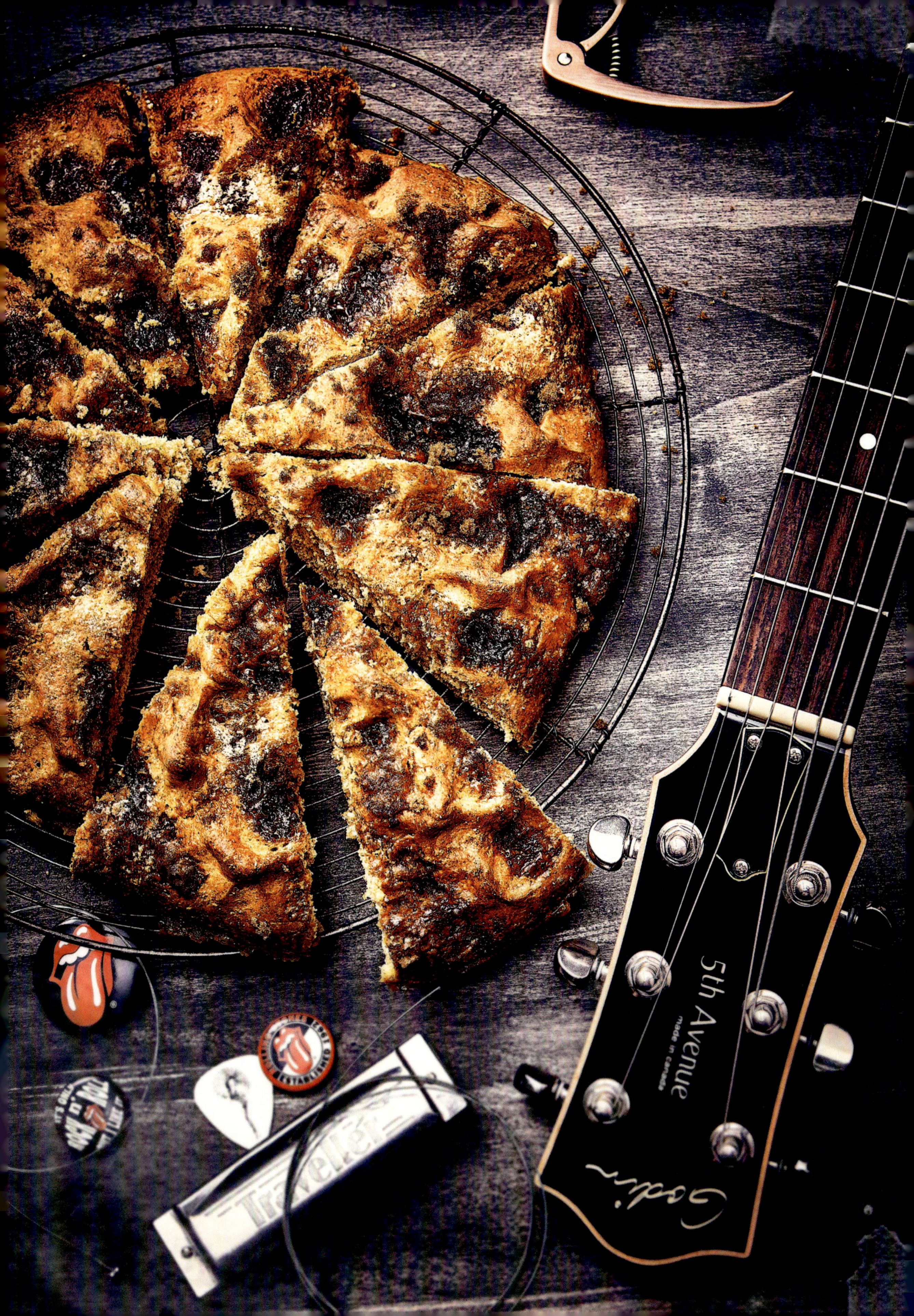
5th Avenue
made in Canada
Traveler

DESSERTS

Walk the Lime
AMERIKANISCHE LIMETTENTARTE

FÜR DIE FANS VON JOHNNY CASH
ZUM SOUNDTRACK VON *I Walk the Line*

Den Backofen auf 180 °C (Ober-/Unterhitze) vorheizen.

Die Spekulatius im Standmixer zerkleinern. Die Butter in der Mikrowelle zerlassen und mit einem Löffel unter die zerbröselten Kekse mischen. Eine Springform (24 cm Durchmesser) einfetten und die Keksmischung darin als Kuchenboden verteilen und fest drücken. Den Kuchenboden mit der Gabel mehrmals einstechen, mit Backpapier und den getrockneten Bohnenkernen bedecken, 10 Minuten im Ofen blind backen und danach etwas abkühlen lassen.

Die Eier beim Aufschlagen trennen. In eine Schüssel 4 Eigelbe geben, in einer zweiten Schüssel 2 Eiweiß beiseite stellen und in eine dritte Schüssel den Schalenabrieb von 2 Limetten und den Saft von 4 Limetten geben. Mit einem Schneebesen die Eigelbe mit der gezuckerten Kondensmilch und dem Limettensaft aufschlagen, diese Mischung gleichmäßig auf dem Kuchenboden verteilen und den Kuchen 15 Minuten im Ofen backen. Anschließend den Kuchen mindestens 2 Stunden im Kühlschrank ruhen lassen.

Das Eiweiß in der Küchenmaschine oder mit einem elektrischen Handrührgerät steif schlagen. Dabei die Geschwindigkeit langsam erhöhen und zunächst die Hälfte des Puderzuckers unterrühren und kurz vor Ende den restlichen Zucker untermischen. Der Eischnee sollte am Ende sehr steif sein.

Den Eischnee in einen Spritzbeutel füllen und damit weiße Linien über den Kuchen ziehen. Den Eischnee kurz mit einem Küchen-Flambierbrenner oder eine Minute unter dem Backofengrill bräunen.

AUF DEM PLATTENTELLER SERVIERT

Dank des Songs I Walk the Line *erhielt Johnny Cash einen Platz im Pantheon des Rock and Roll. Der Song ist seiner ersten Frau Vivian Liberto gewidmet, wobei sich Johnny Cash für die Melodie von einer Kassette mit bayrischer Gitarrenmusik hatte inspirieren lassen, die er in seiner Zeit als in Deutschland stationierter Staff Sergeant häufig gehört hatte.* I Walk the Line *ist vielleicht der wichtigste Song in Johnny Cashs Karriere, daher lehnte sich auch der 2005 erschienene biographische Film an diesem Titel an.*

Zubereitungszeit
45 MIN.

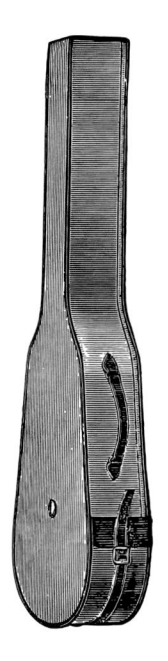

Backzeit
25 MIN.

Ruhezeit im Kühlschrank
2 STD.

Zutaten für
6 PERSONEN

200 g Spekulatiuskekse

70 g Butter plus etwas Butter zum Einfetten der Form

4 Eier

4 unbehandelte Limetten

300 g gezuckerte Kondensmilch

90 g Puderzucker

getrocknete Bohnenkerne zum Blindbacken

PAR CATHERINE NEDONCHELI

DESSERTS

DIE KIRSCHE
BISCUITTORTE MIT SCHOKO-KIRSCHCREMEFÜLLUNG

FÜR DIE FANS VON MATMATAH
ZUM SOUNDTRACK VON *La Cerise*

Zubereitungszeit
1 STD. 15 MIN.

Garzeit
20 MIN.

Ruhezeit im Kühlschrank
3 STD.

Zutaten für
8 PERSONEN

Für den Biskuitteig:
20 g Butter
3 Eier
100 g gemahlene Haselnüsse
100 g Zucker
30 g Weizenmehl, Type 405
3 Eiweiß
15 g Puderzucker

Für die Kirschcreme:
300 g Sauerkirschen
100 ml Kirschwasser (Schnaps)
4 Blatt Gelatine
250 ml Milch
1 Tonkabohne
6 Eigelbe
300 g dunkle Schokolade
(70 % Kakaoanteil), klein gehackt
600 g süße Sahne
(30 % Fettanteil)
3 EL ungesüßtes Kakaopulver

DIE KIRSCHE

Den Backofen auf 200 °C (Ober-/Unterhitze) vorheizen.

Die Butter in eine kleine Schale geben und in der Mikrowelle 20 Sekunden schmelzen. In einer Küchenmaschine (oder mit einem elektrischen Handrührgerät) die ganzen Eier, die gemahlenen Haselnüsse und den Zucker zu einer schaumigen Masse aufschlagen. Bei laufendem Motor nach und nach die geschmolzene Butter hinzugeben. Das Mehl darüber sieben und mit einem Teigschaber behutsam unterheben. In einer weiteren Schüssel das Eiweiß mit dem Puderzucker steif schlagen und den steifen Eischnee ebenfalls mit dem Teigschaber unter den restlichen Teig heben. Den Biskuitteig gleichmäßig auf einem mit Backpapier bedeckten Backblech verteilen und 8–10 Minuten im Ofen backen.

Die Kirschen waschen, halbieren, entsteinen und in einer kleinen Schüssel im Kirschwasser marinieren lassen. Die Kirschen während der Zubereitung des restlichen Kuchens ab und zu umrühren. Die Blattgelatine in einer mit kaltem Wasser gefüllten Schale 10 Minuten einweichen lassen.

Die Milch in einen kleinen Stieltopf gießen, die Tonkabohne darüber reiben und die Milch bis zum Siedepunkt erhitzen. Die Eigelbe in eine Backschüssel geben und die heiße Milch mit dem Schneebesen einrühren. Die Eiermilch zurück in den Topf gießen, sanft auf 83 °C erhitzen und dabei unablässig mit einem Holzlöffel rühren. Wer kein Kochthermometer zur Verfügung hat, sollte die Eiermilch solange erhitzen, bis sie den Holzlöffel überzieht und dann den Topf vom Herd nehmen. Die Gelatine aus dem Wasser nehmen, ausdrücken unter die Eiermilch rühren. Die klein gehackte Schokolade in eine Backschüssel geben, die Eiermasse darüber gießen und mit einem Schneebesen unterrühren.

Die Sahne steif schlagen. Die Kirschen abgießen und die Schlagsahne und die Kirschen mit dem Teigschaber behutsam unter die Schokoladencreme heben.

Mit einem hohen Kochring (26 cm Durchmesser) zwei Böden aus dem Biskuitteig ausstechen. Den Kochring über einen der Böden stellen, die Schoko-Kirschcreme darauf verteilen und mit dem zweiten Biskuitboden abdecken. Den Deckel mit dunklem Kakaopulver bestauben und die Torte für 3 Stunden in den Kühlschrank stellen. Danach den Kochring vorsichtig entfernen und die Torte mit ganzen Kirschen garniert servieren.

AUF DEM PLATTENTELLER SERVIERT

Der Song **La Cerise** *wurde 2006 von der Band Matmatah geschrieben und veröffentlicht. Doch wer verbirgt sich hinter Matmatah? Matmata (ohne h) ist ein Dorf in Tunesien, das man aus dem Kino oder dem Fernsehen kennt, denn dieses Dorf diente als Kulisse für den Film* **Star Wars, Episode IV** *und wurde von George Lucas kurzerhand in den Wüstenplaneten Tatooine verwandelt, der Heimat von Anakin Skywalker. Und auch dieses Dessert schmeckt einfach mörderisch gut.*

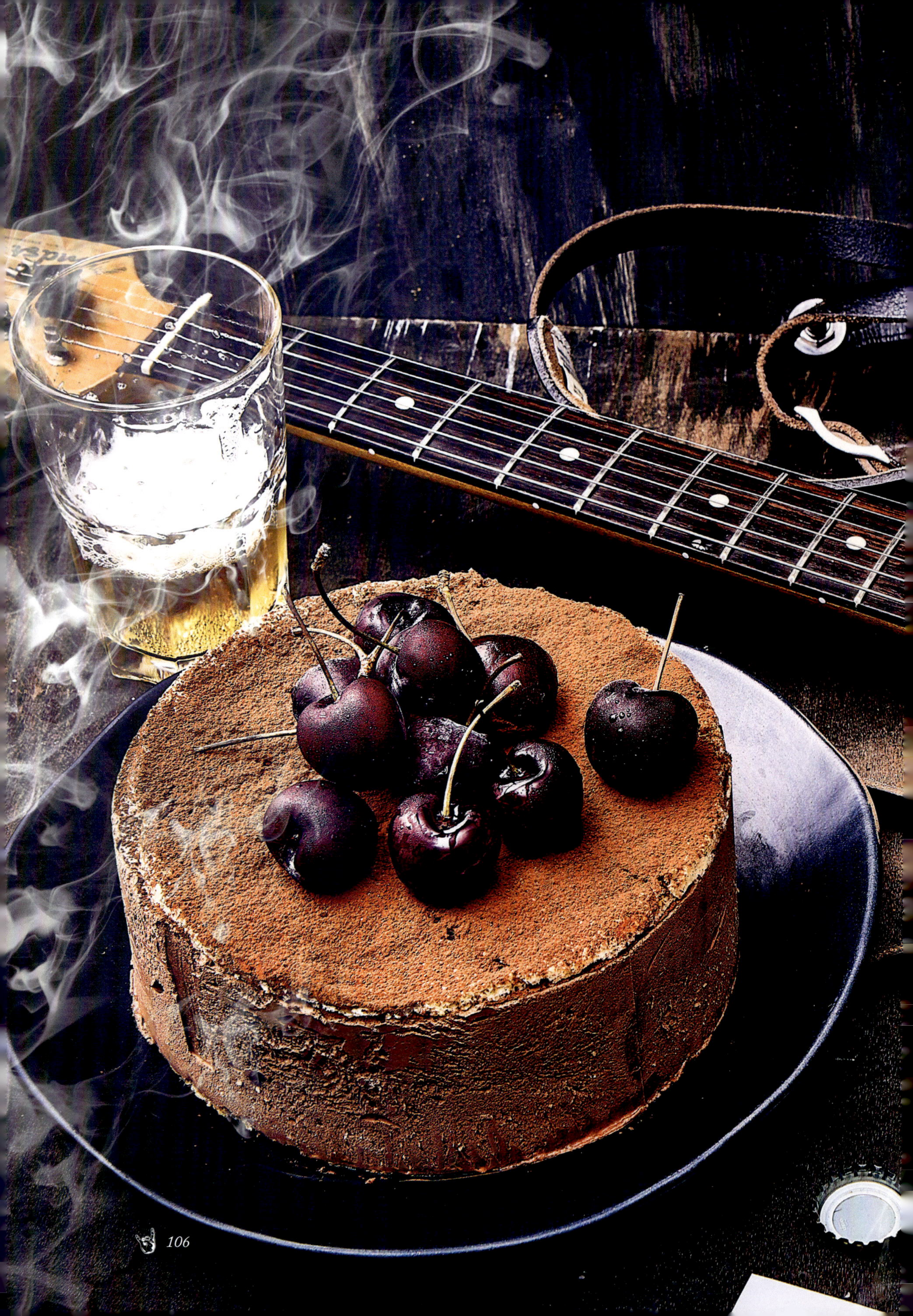

DIE KIRSCHE

DESSERTS

Sunday's Red Velvet
ROTE SAMTTORTE

FÜR DIE FANS VON THE VELVET UNDERGROUND
ZUM SOUNDTRACK VON *Sunday Morning*

Zubereitungszeit
1 STD.

Backzeit
50 MIN.

Ruhezeit
30 MIN.

Ruhezeit im Kühlschrank
30 MIN.

Zutaten für
4 PERSONEN

250 ml Milch

Saft von ½ Zitrone

250 g Weizenmehl, Type 405, plus etwas mehr Mehl zum Bestauben der Form

2 EL ungesüßtes Kakaopulver

1 EL Backpulver

½ TL rote Lebensmittelfarbe als Pulver

150 g Butter, gewürfelt plus etwas Butter zum Einfetten der Form

280 g Puderzucker

2 große Eier

Für die Cremefüllung und das Dekor:

400 g Frischkäse

1 TL Vanillezucker

3 EL Puderzucker

1 Banane (optional)

Für die Dickmilch die Milch in ein Glas füllen, den Zitronensaft unterrühren und die Milch 10 Minuten sauer werden lassen.

Den Backofen auf 160 °C (Ober-/Unterhitze) vorheizen.

Das Mehl, das Kakaopulver, das Backpulver und die Lebensmittelfarbe in einer Schüssel miteinander vermischen. In der Küchenmaschine (oder mit einem elektrischen Handrührgerät) die weiche Butter und den Puderzucker 5 Minuten auf höchster Stufe schaumig aufschlagen und dann nach und nach die Eier mit dem Schneebesen unterrühren. Die Hälfte der Mehlmischung unterrühren, danach die Hälfte der Dickmilch untermischen und diesen Vorgang mit der restlichen Mehlmischung und der restlichen Dickmilch wiederholen.

Eine Springform (20 cm Durchmesser) einfetten, mit Mehl bestauben und den Teig hineingeben. Den Kuchen 50 Minuten im Ofen backen. Am Ende der Zeit eine Backprobe machen und dafür den Kuchen in der Mitte mit einem Messer einstechen. Der Kuchen ist fertig gebacken, wenn kein Teig mehr an der Messerklinge haften bleibt. Den Kuchen in der Form abkühlen lassen und anschließend auf einen Teller stürzen.

Den Frischkäse mit dem Vanille- und Puderzucker zu einer glatten Creme verrühren. Den Kuchen waagerecht zweimal durchschneiden. Auf dem Kuchenboden eine Schicht Creme auftragen, diese mit einem Kuchendeckel abdecken, darauf eine weitere Schicht Creme geben und mit dem zweiten Kuchendeckel abschließen. Die Torte außen und oben mit der restlichen Creme bestreichen und bis zum Servieren mindestens 30 Minuten im Kühlschrank ruhen lassen.

Nach Geschmack die Torte unmittelbar vor dem Servieren mit Bananenscheiben dekorieren.

AUF DEM PLATTENTELLER SERVIERT

Das 1967 erschienene Album **The Velvet Underground & Nico** *hat dank der von Lou Reed gesungenen Texte viele Kritiker auf den Plan gerufen, denn es geht in den Songs um Sadomasochismus, Drogensucht und die Liebe zu einer Femme Fatale. Obwohl* **Sunday Morning***, der erste Song des Albums, von einer Paranoia handelt, wurde er durchweg positiv rezensiert. Auf dem von Andy Warhol gestalteten und signierten Cover ist eine schräg aufgerichtete Banane vor weißem Hintergrund zu sehen.*

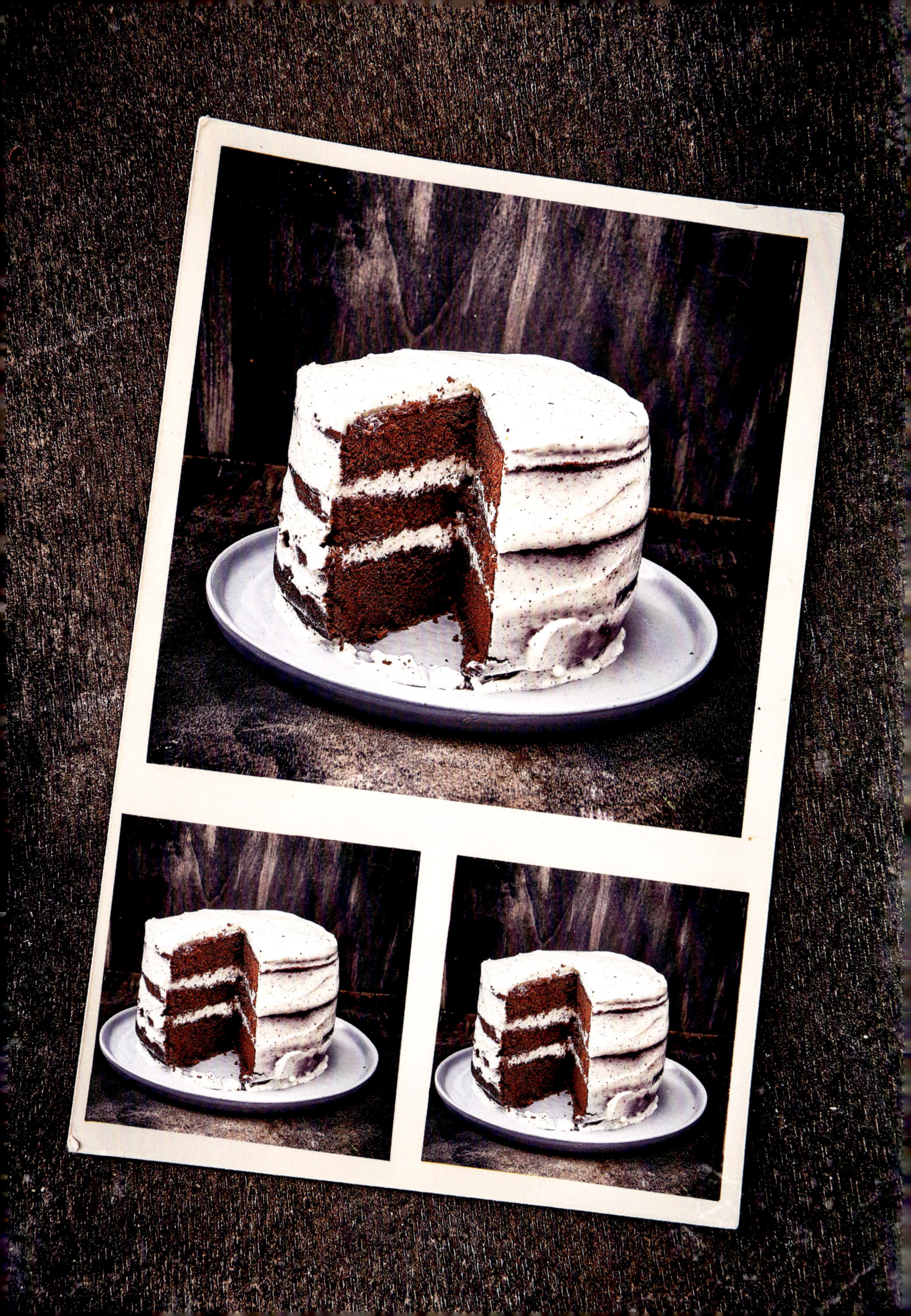

DESSERTS

Crow's Ice Cream
EIS MIT SCHWARZEM SESAM

FÜR DIE FANS VON CAPTAIN BEEFHEART
ZUM SOUNDTRACK VON *Ice Cream for Crow*

In einer Backschüssel die Eigelbe und den Zucker mit einem Schneebesen aufschlagen, bis sie blass und schaumig ist.

In einem kleinen Stieltopf die Milch und die Sahne bis knapp unter den Siedepunkt erhitzen und diese heiße Mischung über die Eimasse gießen und sofort unterrühren.

Die Creme zurück in den Topf gießen und sanft auf 83 °C erhitzen. Dabei unablässig mit einem Holzlöffel rühren. Wer kein Kochthermometer zur Verfügung hat, sollte die Eiermilch solange erhitzen, bis sie den Holzlöffel überzieht und dann den Topf vom Herd nehmen.

Die Sesampaste und das Kohlepulver unterrühren, die Creme 15 Minuten abkühlen lassen und 2 Stunden im Kühlschrank kalt stellen.

Anschließend die kalte Creme in einer Eismaschine 30 Minuten gefrieren lassen, das Eis in einen Kunststoffbehälter umfüllen und für mindestens 6 Stunden ins Gefrierfach stellen.

AUF DEM PLATTENTELLER SERVIERT

Raben gelten als sehr intelligente Tiere, die sich hervorragend an neue Situationen adaptieren können, was in gewisser Weise auch für Captain Beefheart galt. Don Van Vliets Fähigkeit zur Adaption glich manchmal einem Genie. Die Musiker nahmen Klaviersequenzen auf, obwohl sie das Instrument gar nicht spielen konnten. Der Schlagzeuger Drumbo schrieb häufig auch die Parts für die anderen Musiker, was den für die Band typischen roh und experimentell wirkenden Klang unterstrich.

Zubereitungszeit
15 MIN.

Zeit in der Eismaschine
30 MIN.

Garzeit
10 MIN.

Ruhezeit
15 MIN.

Ruhezeit im Kühlschrank
2 STD.

Zeit im Eisschrank
6 STD.

Zutaten für
6 PERSONEN

3 Eigelbe
100 g Puderzucker
200 ml Vollmilch
250 ml süße Sahne (30 % Fettanteil)
100 g schwarze Sesampaste
½ TL Aktivkohlepulver (optional)

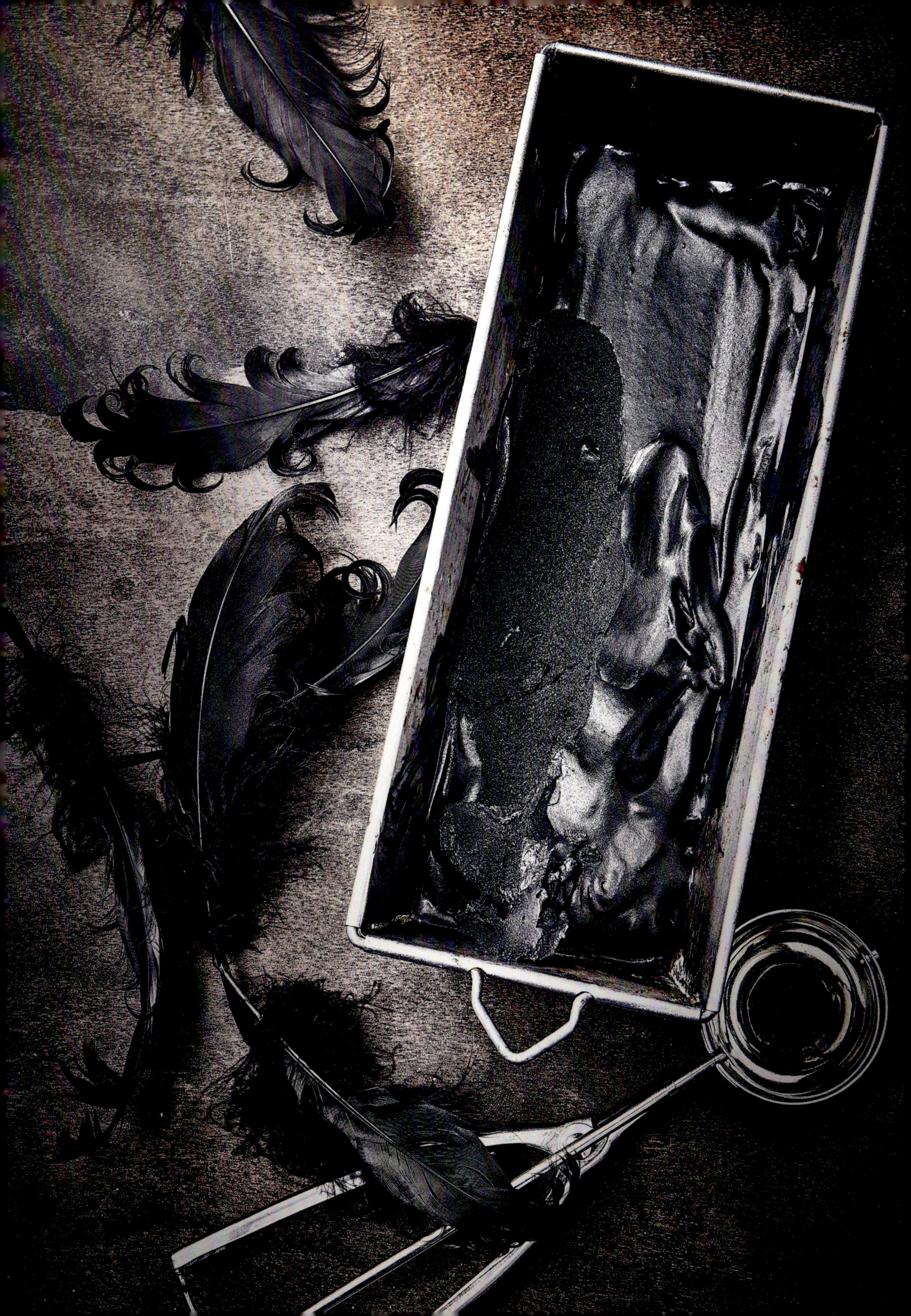

DESSERTS

ROSE ROSE JOSÉPHINE
ROSA ROSENMUFFINS

FÜR DIE FANS VON ALAIN BASHUNG
ZUM SOUNDTRACK VON *Osez Joséphine*

Den Backofen auf 180 °C (Ober-/Unterhitze) vorheizen.

Die Eier und den Zucker in einer Backschüssel mit einem Schneebesen blass und schaumig aufschlagen und dann das Mehl und das Backpulver unterrühren. Die Milch und die Butter in eine kleine Schale geben, in der Mikrowelle 20 Sekunden erwärmen und danach zu den restlichen Zutaten gießen und untermischen.

Ein Muffinblech mit rosafarbenen Papiermanschetten auskleiden, den fertigen Teig in die Form gießen und dabei darauf achten, die Formen nur zu zwei Dritteln zu füllen, da der Teig aufgeht. Die Muffins 10 Minuten im Ofen backen.

Derweil die sehr weiche Butter mit dem Puderzucker, dem Rosenwasser und etwas rosa Lebensmittelfarbe zu einer Buttercreme verrühren.

Die Creme in einen Spritzbeutel mit geriffelter Tülle füllen und die fertigen Muffins mit Rosenmustern verzieren. Die Muffins vor dem Servieren eine Stunde im Kühlschrank ruhen lassen.

AUF DEM PLATTENTELLER SERVIERT

Der zwischen den zwei Hauptstädten der Rockmusik – Brüssel und Memphis – aufgenommene Song markiert mit seinen legendären Gitarren-Riffs den Höhepunkt von Alain Bashungs Ruhm. Das Album verkaufte sich so gut, dass es die Platin-Auszeichnung erhielt. Bei der besungenen Joséphine handelt es sich um die Schauspielerin Joséphine Draï, die als Kind so schüchtern war, dass Bashung sie immer mit den Worten »Ah, si j'osais Joséphine!« (dt. wenn ich es wagte, Joséphine) ansprach. Also, wagt euch an die rosigen Muffins heran!

Zubereitungszeit
15 MIN.

Backzeit
10 MIN.

Ruhezeit im Kühlschrank
1 STD.

Zutaten für
4 PERSONEN

2 Eier
60 g Puderzucker
75 g Weizenmehl, Type 405
1 TL Backpulver
40 ml Milch
60 g weiche Butter, gewürfelt

Für die Rosencreme:
50 g sehr weiche Butter
100 g Puderzucker
30 ml Rosenwasser
1 Prise rosa Lebensmittelfarbe als Pulver

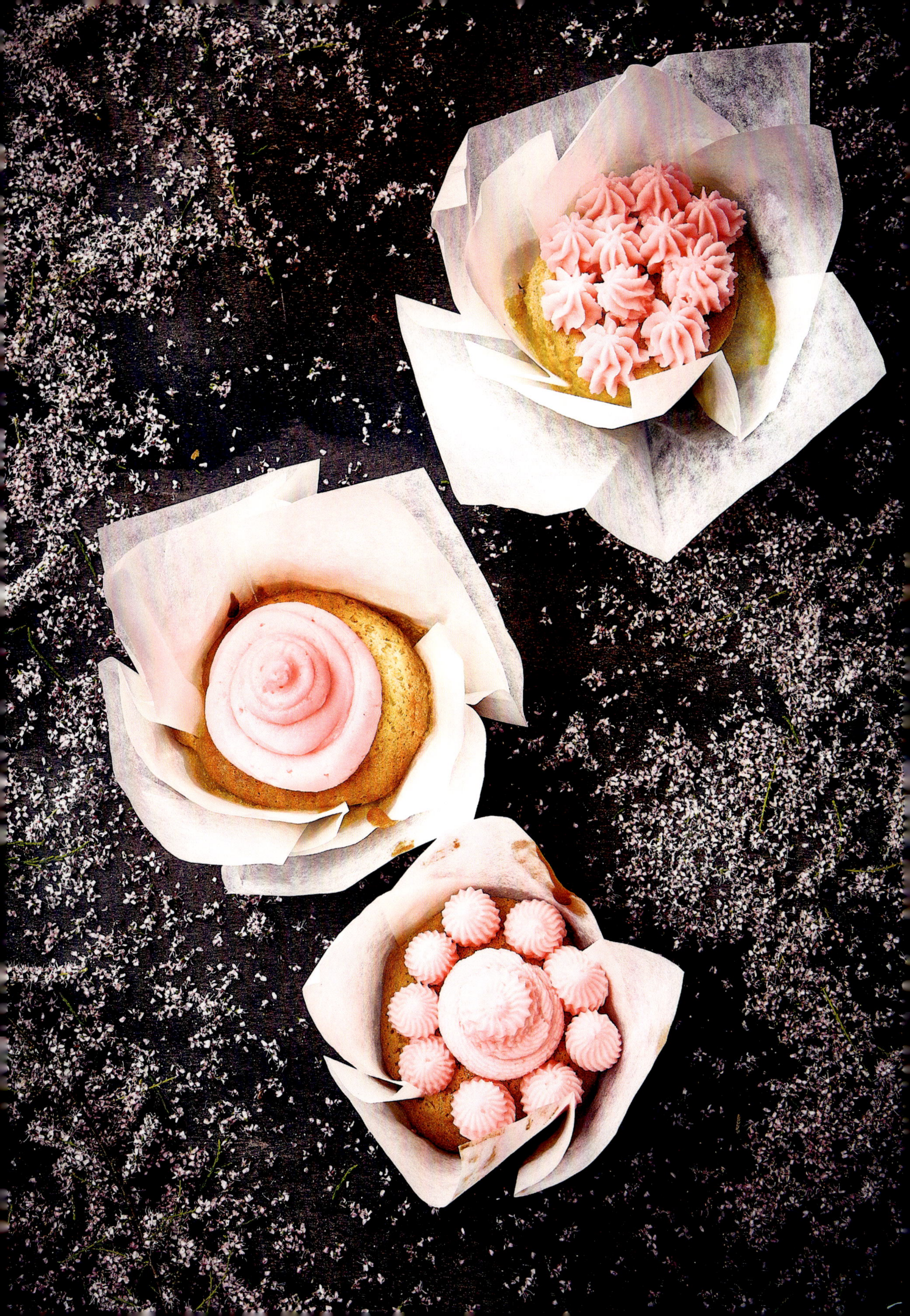

DESSERTS

Let It Apple

PSYCHEDELISCHE LIEBESÄPFEL

FÜR DIE FANS VON TAME IMPALA
ZUM SOUNDTRACK VON *Let It Happen*

Zubereitungszeit
10 MIN.

Garzeit
20 MIN.

Ruhezeit
30 MIN.

Zutaten für
4 PERSONEN

4 Äpfel
250 g Puderzucker
50 g Glukose
flüssige Lebensmittelfarbe (rot, blau, gelb)

Die Äpfel waschen, trocknen, auf Holzspieße stecken und während der Herstellung des Zuckersirups beiseite legen.

In einem Stieltopf den Zucker, 125 ml Wasser und die Glukose bei mittlerer Temperatur aufkochen und so lange weiter kochen, bis der Zuckersirup eine Temperatur von 150 °C erreicht hat (die Temperatur mit einem Kochthermometer überprüfen). Sobald die Temperatur erreicht ist, den Topf vom Herd nehmen, ein paar Tropfen rote, blaue und gelbe Lebensmittelfarbe hineingeben, ohne jedoch die Farben unterzurühren.

Die Äpfel in den Zuckersirup tauchen, ohne dabei die Farben zu sehr zu vermischen und die fertigen Liebesäpfel auf Backpapier trocknen lassen, bis der Zuckermantel hart und abgekühlt ist. Die Liebesäpfel möglichst rasch verzehren.

AUF DEM PLATTENTELLER SERVIERT

Let It Happen *katapultiert das Album* **Currents** *der australischen Psychedelic-Rockband zu einem der meistverkauften Alben des Jahres 2015 empor und macht die Band Tame Impala zur Nummer 1 in Australien. Der Videoclip zum Song ist eine psychedelische Bombe mit Referenzen an* **Requiem for a Dream** *und* **Sueurs froides.**

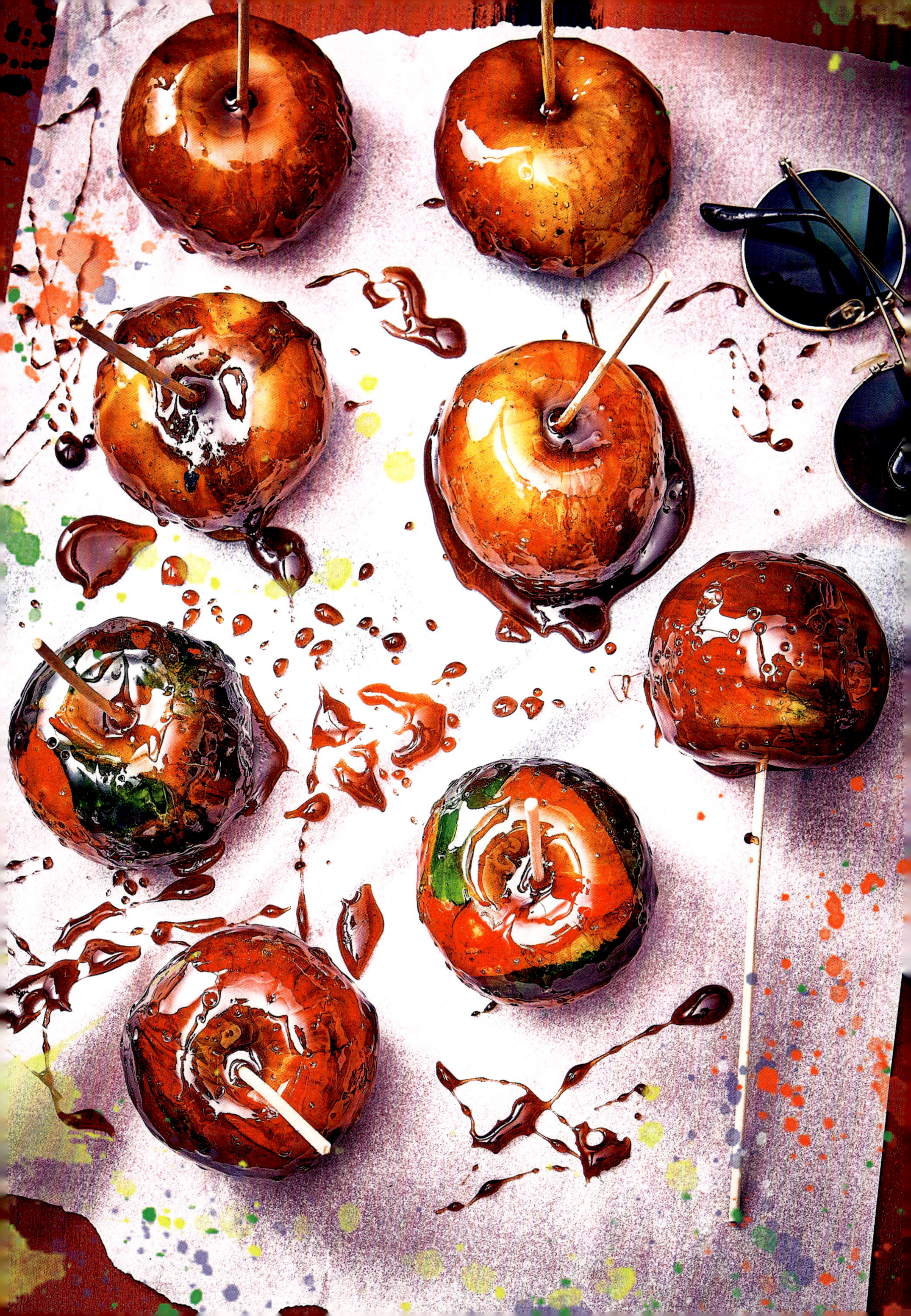

DESSERTS

STRAWBERRY PIE FOREVER
ERDBEERTARTE

FÜR DIE FANS VON THE BEATLES
ZUM SOUNDTRACK VON *Strawberry Fields Forever*

Den Backofen auf 180 °C (Ober-/Unterhitze) vorheizen.

In einer Backschüssel die weiche Butter und den Zucker mit einem Holzspachtel verrühren. Das Eigelb, das Salz und 50 ml Wasser unterrühren und danach das Mehl nach und nach untermischen. Den Teig kurz mit der Hand kneten und anschließend 15 Minuten im Kühlschrank ruhen lassen.

Den Teig ausrollen und eine eingefettete Tarteform (24 cm Durchmesser) damit auskleiden. Den Teig mehrfach mit einer Gabel einstechen, mit Backpapier und den getrockneten Bohnenkernen bedecken und 10 Minuten im Ofen blind backen. Den Tarteboden nach dem Backen 15 Minuten abkühlen lassen.

Für die Creme in einer Schüssel die Eier mit dem Schneebesen aufschlagen und sie dann in einem Stieltopf mit dem Erdbeersaft, dem Puderzucker und der Maismehlstärke bei mittlerer Temperatur erhitzen. Ab dem Siedepunkt die Creme 3 Minuten unablässig mit dem Schneebesen rühren und sie danach auf den Tarteboden gießen. Die Creme 10 Minuten abkühlen lassen.

Die Tarte mit den halbierten Erdbeeren belegen und mit den zerstoßenen Pistazien bestreuen. Vor dem Servieren die Erdbeertarte 30 Minuten im Kühlschrank ruhen lassen.

AUF DEM PLATTENTELLER SERVIERT

Strawberry Field *ist der Name eines von Wald umgebenen Gebäudes in Liverpool, in dem die Heilsarmee ein Waisenhaus eingerichtet hatte. Als Kind besuchte John Lennon dort alljährlich mit seiner Tante einen Wohltätigkeitsbasar und war so fasziniert von dem verwunschenen Gelände, dass er ihm 1966 diesen Song widmete.*

Zubereitungszeit
30 MIN.

Ruhezeit im Kühlschrank
45 MIN.

Ruhezeit
25 MIN.

Backzeit
15 MIN.

Zutaten für
6 PERSONEN

Für den Mürbeteig:
125 g weiche Butter
100 g Zucker
1 Eigelb
1 Prise Salz
250 g Weizenmehl, Type 405
getrocknete Bohnenkerne zum Blindbacken

Für die Erdbeercreme:
3 Eier
200 g Erdbeersaft
100 g Puderzucker
1 EL Maismehlstärke
300 g Erdbeeren, geputzt und halbiert
4 EL zerstoßene Pistazien

DESSERTS

Everybody Loves a Nut Cake
WALNUSSKUCHEN

FÜR DIE FANS VON JOHNNY CASH
ZUM SOUNDTRACK VON *Everybody Loves a Nut*

Zubereitungszeit
10 MIN.

Backzeit
30 MIN.

Zutaten für
6 PERSONEN

2 Eier
90 g Puderzucker
2 EL Honig
100 g Butter plus etwas Butter zum Einfetten der Backform
1 Naturjoghurt
130 g Walnusskerne
80 g Weizenmehl, Type 405
1 TL Backpulver

In einer Schüssel die Eier, den Zucker und den Honig mit einem Schneebesen schaumig aufschlagen.

In einer kleinen Schale die Butter 20 Sekunden in der Mikrowelle erhitzen. Die zerlassene Butter und den Joghurt mit dem Schneebesen unter die Eimasse rühren.

Den Backofen auf 190 °C (Ober-/Unterhitze) vorheizen.

Die Walnusskerne im Mörser grob zerstoßen und in einer Schüssel mit dem Mehl und dem Backpulver vermischen und schließlich mit der Eimasse zu einem homogenen Teig verrühren.

Eine kleine Kastenform (21 cm Länge) mit Butter auspinseln, den Teig hineingeben und den Kuchen 30 Minuten im Ofen backen.

AUF DEM PLATTENTELLER SERVIERT

Da Johnny Cash behauptete, jeder würde Walnüsse lieben, sollte man dieses Kuchenrezept unbedingt ausprobieren. Außerdem gefiel es Johnny Cash, sich schwarz zu kleiden. Vom ersten Konzert an trat er schwarz gekleidet auf, weil er die Farbe für seinen Glücksbringer hielt. Dafür erhielt er den legendären Spitznamen »The Man in Black« – der Mann in schwarz.

Snow Must Go On
RUMKUCHEN MIT KOKOSRASPELN

FÜR DIE FANS VON QUEEN
ZUM SOUNDTRACK VON *The Show Must Go On*

Den Backofen auf 180 °C (Ober-/Unterhitze) vorheizen.

Die Eier beim Aufschlagen trennen und das Eiweiß steif schlagen.

In einer Schüssel die Eigelbe und den Rohrzucker mit dem Schneebesen schaumig aufschlagen. In einer kleinen Schale die Butter 20 Sekunden in der Mikrowelle erhitzen und dann mit der Crème de Coco, dem Rum, dem Mehl und den Kokosraspeln unter die Eimasse rühren. Zum Schluss den Eischnee mit einem Teigschaber behutsam unter den Teig heben.

Eine Springform (26 cm Durchmesser) mit Butter auspinseln und mit Mehl bestauben. Den Teig in die Form geben und den Kuchen 30–40 Minuten im Ofen backen. Gegen Ende der Zeit eine Backprobe machen und dafür den Kuchen in der Mitte mit einem Messer einstechen. Der Kuchen ist fertig gebacken, wenn kein Teig mehr an der Messerklinge haften bleibt.

Für den Sirup den Zucker im Zitronensaft auflösen.

Den fertig gebackenen Kuchen mit dem Zitronensirup bepinseln und anschließend mit Kokosraspeln bestreuen.

AUF DEM PLATTENTELLER SERVIERT

The Show Must Go On *war die letzte Veröffentlichung der Rockband Queen vor dem Tod ihres Sängers Freddy Mercury. Von seiner Krankheit schon schwer gezeichnet, sang Mercury den Song in einem einzigen Take ein, der dank seiner einmaligen Gesangsleistung und dem berührenden Text zu seinem musikalischen Vermächtnis wurde.*

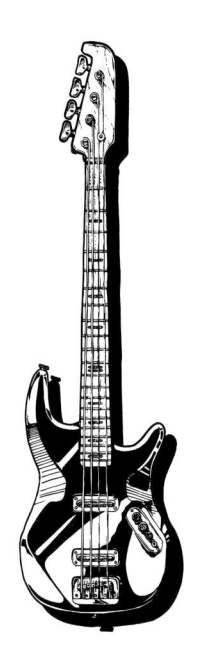

Zubereitungszeit
20 MIN.

Backzeit
30–40 MIN.

Zutaten für
8 PERSONEN

4 Eier
100 g Rohrohrzucker
100 g Butter plus etwas Butter zum Einfetten der Backform
250 ml Crème de Coco (Likör)
60 ml Rum
200 g Weizenmehl, Type 405, plus etwas mehr Mehl zum Bestauben der Form
150 g Kokosraspeln

Für den Sirup:
1 EL Puderzucker
Saft von 1 Zitrone
30 g Kokosraspeln

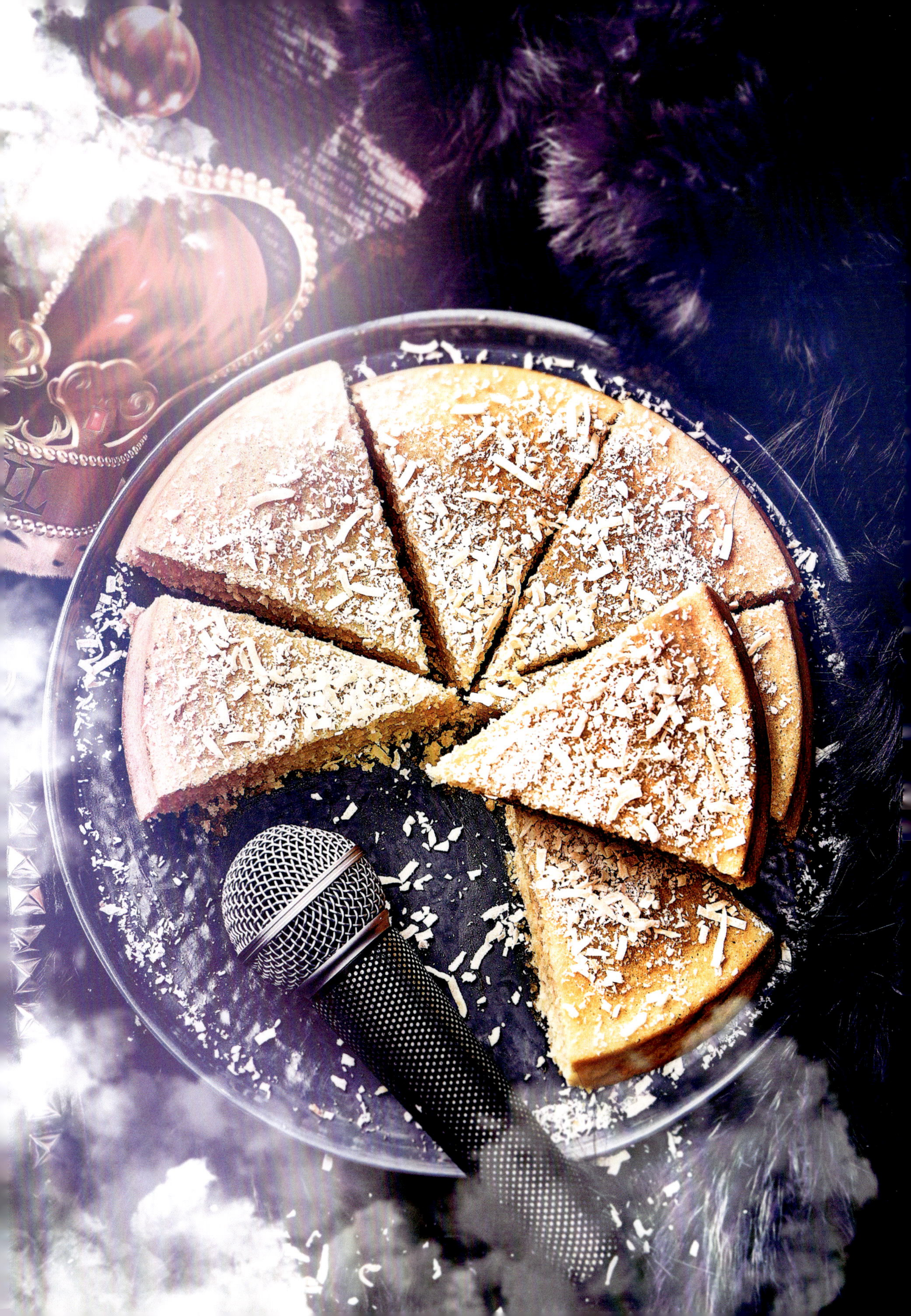

DESSERTS

OLD YELLOW CAKE

TEEKUCHEN MIT ANANAS UND KURKUMA

FÜR DIE FANS VON ARCTIC MONKEYS
ZUM SOUNDTRACK VON *Old Yellow Bricks*

Den Backofen auf 180 °C (Ober-/Unterhitze) vorheizen.

Die Ananasscheiben abtropfen lassen und im Standmixer 20 Sekunden pürieren.

Die Vanilleschote über einer Backschüssel auskratzen, die Eier und den Rohrzucker hinzugeben und alles kräftig mit dem Schneebesen aufschlagen.

In einer kleinen Schale die Butter 30 Sekunden in der Mikrowelle erhitzen und dann unter die Eimasse rühren. Das Mehl, das Backpulver und das Kurkumapulver unterrühren und zum Schluss das Ananaspüree unterheben.

Eine Kastenform mit Butter auspinseln, den Teig in die Form füllen und den Kuchen 35–40 Minuten im Ofen backen. Gegen Ende der Zeit eine Backprobe machen und dafür den Kuchen in der Mitte mit einem Messer einstechen. Der Kuchen ist fertig gebacken, wenn kein Teig mehr an der Messerklinge haften bleibt. Den Kuchen 30 Minuten bei Raumtemperatur abkühlen lassen und danach auf einen Kuchenrost stürzen.

Den fertigen Kuchen in die dünn ausgerollte gelbe Fondantmasse wickeln, sodass er wie ein gelber Ziegelstein (»yellow brick«) aussieht.

AUF DEM PLATTENTELLER SERVIERT

Im Song beziehen sich die alten gelben Ziegelsteine auf den gelben Weg, den Dorothy in dem Roman **Der Zauberer von Oz** *auf der Suche nach dem Zauberer entlanggeht, den sie bitten möchte, sie mit Zauberkraft wieder nach Hause zu bringen. Unterwegs stellt sie jedoch fest, dass Magie nicht alles ist und man sich Zeit für Freunde nehmen sollte, mit denen man zum Beispiel diesen Kuchen zusammen genießen kann.*

Zubereitungszeit
15 MIN.

Backzeit
35–40 MIN.

Ruhezeit
30 MIN.

Zutaten für
6 PERSONEN

400 g Ananasscheiben aus der Dose (Abtropfgewicht)

1 Vanilleschote

3 Eier

170 g Rohrohrzucker

150 g Butter plus etwas Butter zum Einfetten der Kuchenform

150 g Weizenmehl, Type 405

1 TL Backpulver

1 TL Kurkuma

300 g gelber Fondant

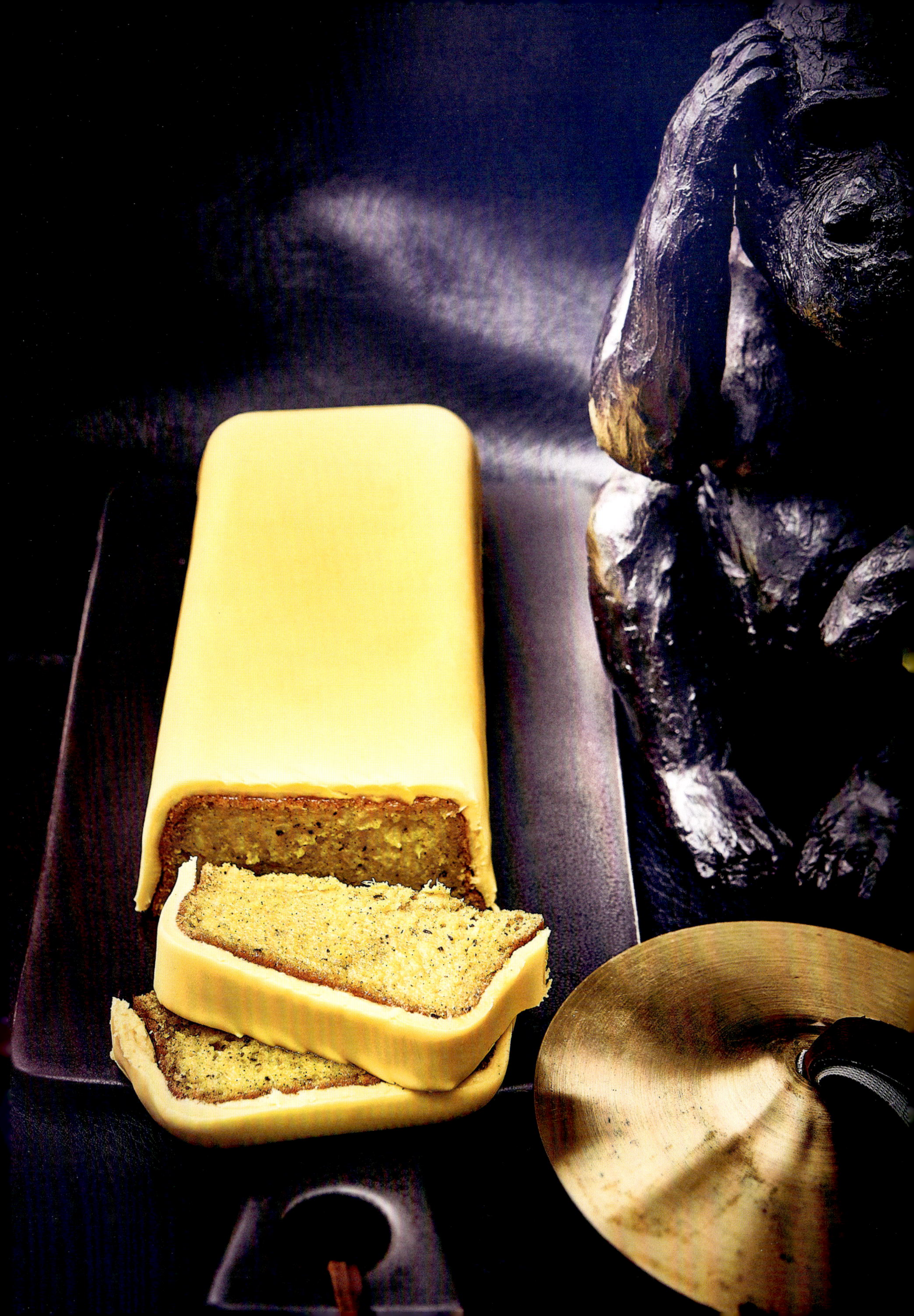

MENTHE À L'EAU

MINZE-SCHOKOPUDDING IM GLAS

FÜR DIE FANS VON EDDY MITCHELL
ZUM SOUNDTRACK VON *Couleur menthe à l'eau*

4 Blatt Gelatine für 10 Minuten in kaltem Wasser einweichen.

Den Minzesirup und 500 ml Wasser in einem kleinen Stieltopf erhitzen. Den Sirup vom Herd nehmen, sobald er heiß ist und dann die ausgedrückten Gelatineblätter unterrühren. Den grünen Sirup auf 6 Trinkgläser verteilen. Die Gläser, zum Beispiel mit Hilfe eines Eierkartons, für 2 Stunden schräg in den Kühlschrank stellen.

Die restlichen 3 Blatt Gelatine 10 Minuten in kaltem Wasser einweichen.

Die Schokolade in kleine Stücke brechen und mit der Sahne und dem Zucker in einer Kasserolle so lange erhitzen und dabei mit einem Holzlöffel umrühren, bis die Schokolade geschmolzen ist. Die Blattgelatine ausdrücken und unterrühren. Den Schokopudding 15 Minuten abkühlen lassen und dann damit die Gläser auffüllen.

Den Minze-Schokopudding vor dem Servieren erneut 2 Stunden kalt stellen.

AUF DEM PLATTENTELLER SERVIERT

Couleur menthe à l'eau ist sicherlich einer der größten Hits, die Eddy Mitchell gesungen hat. Der Künstler, der mit richtigem Namen Claude Moine hieß, nannte sich auf der Bühne jedoch Eddy als Hommage an den amerikanischen Sänger und Schauspieler Eddy Constantine und Mitchell, um amerikanischer zu klingen, dabei gilt er bis heute als einer der Pioniere des französischen Rock.

Zubereitungszeit
30 MIN.

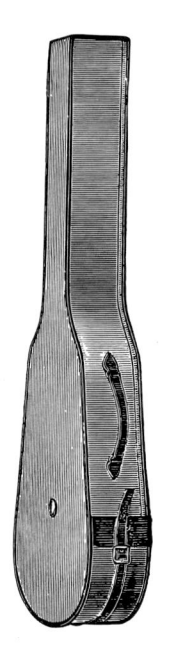

Garzeit
10 MIN.

Ruhezeit
25 MIN.

Ruhezeit im Kühlschrank
4 STD.

Zutaten für
6 PERSONEN

7 Blatt Gelatine
80 ml Minzesirup
100 g dunkle Schokolade
500 ml süße Sahne mit 30 % Fettanteil
20 g Puderzucker

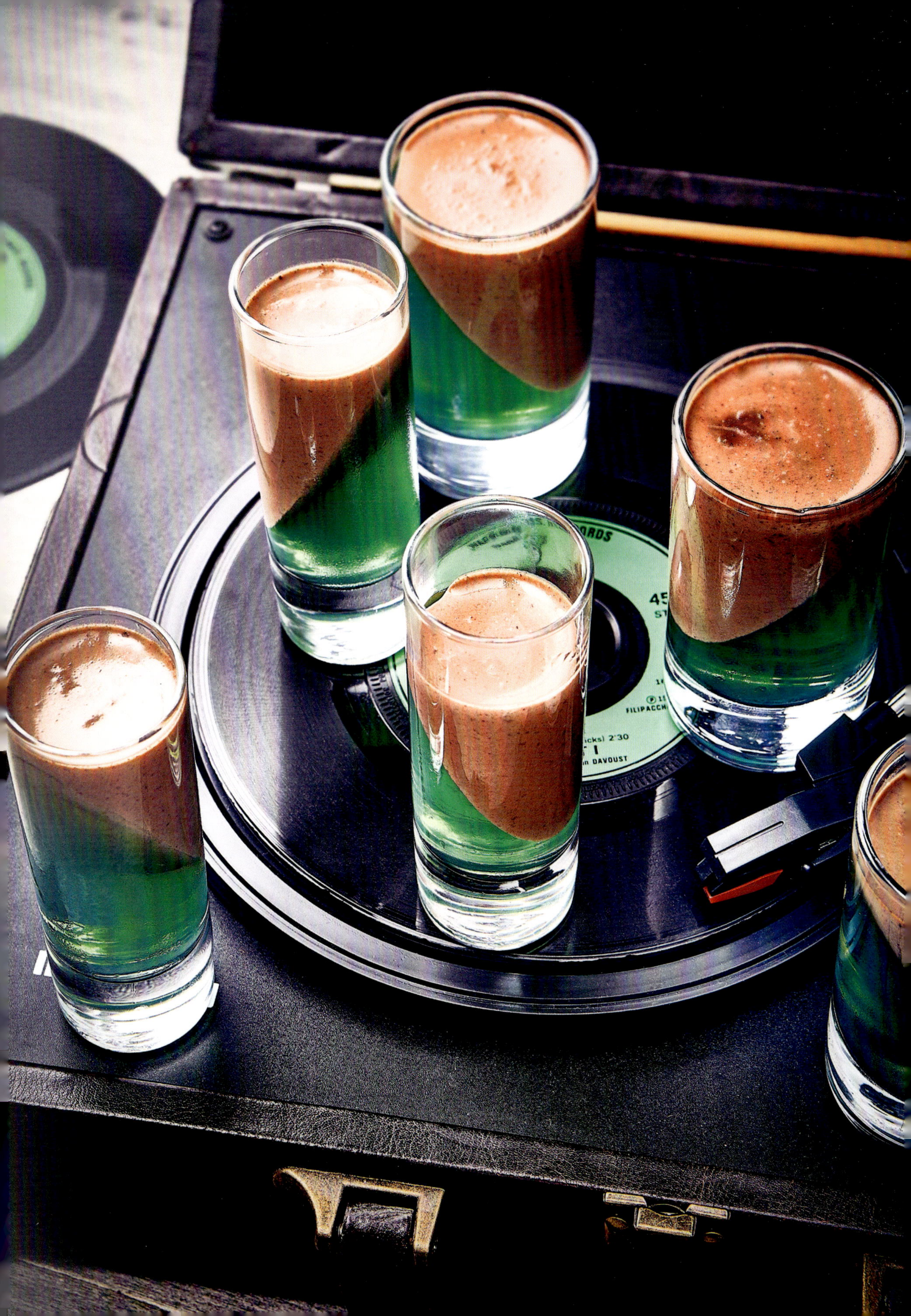
DAVOUST

DESSERTS

COFFEE AND MORE
KAFFEE, SPEKULATIUS-MADELEINE UND CRÈME BRÛLÉE

FÜR DIE FANS VON BLUR
ZUM SOUNDTRACK VON *Coffee and TV*

Zubereitungszeit
30 MIN.

Garzeit
1 STD.

Ruhezeit
15 MIN.

Ruhezeit im Kühlschrank
2 STD.

Zutaten für
8 PERSONEN
8 Tassen Kaffee

Für die Spekulatius-Madeleines:
50 ml Milch
80 g Butter
3 Eier
120 g brauner Zucker
200 g Weizenmehl, Type 405
1 TL Backpulver
3 EL Spekulatiusteig

Für die Crème brûlée:
5 Eigelbe
100 g Puderzucker
500 ml süße Sahne mit einem Fettanteil von 30 %
3 EL flüssiger Zichorienkaffee (Kaffeeersatz)
3 EL brauner Zucker

COFFEE AND MORE

Den Backofen auf 210 °C (Ober-/Unterhitze) vorheizen.

Für die Madeleines die Milch und die Butter in einer kleinen Kasserolle erwärmen, bis die Butter geschmolzen ist. In einer Backschüssel die Eier und den braunen Zucker mit dem Schneebesen schaumig aufschlagen. Das Mehl und das Backpulver mit dem Schneebesen unterrühren und danach die warme Milchmischung und den Spekulatiusteig untermischen. Den Teig in gefettete Madeleines-Backformen füllen und 10 Minuten im Ofen backen.

Wenn die Madeleines fertig gebacken sind, die Temperatur im Backofen auf 120 °C reduzieren.

Für die Crème brûlée in einer Backschüssel die Eigelbe und den Puderzucker mit dem Schneebesen aufschlagen, bis die Masse blass und schaumig ist. In einer Kasserolle die Sahne und den flüssigen Zichorienkaffee sanft erwärmen. Die Eimasse in die lauwarme Kaffeesahne einrühren und die fertige Mischung in 8 kleine Förmchen füllen. Die Förmchen in eine große Auflaufform stellen und kochendes Wasser in die Form füllen, bis die kleinen Förmchen zur Hälfte im Wasser stehen. Die Crème brûlée 45 Minuten im Wasserbad im Ofen backen, danach 15 Minuten abkühlen lassen und vor dem Servieren noch 2 Stunden im Kühlschrank fest werden lassen.

Vor dem Servieren die Crème brûlée mit braunem Zucker bestreuen und diesen unter dem Backofengrill oder mit einem Küchen-Flambierbrenner karamellisieren. Je eine Madeleine und eine Crème brûlée mit einer Tasse schwarzem Kaffee servieren.

AUF DEM PLATTENTELLER SERVIERT

Dieser fantastische melancholische Song wurde ausnahmsweise nicht von Damon Albarn, sondern von Graham Coxon, dem Gitarristen der Band Blur geschrieben, nachdem er seine Alkoholsucht besiegt hatte. Dabei war das Gitarrensolo eigentlich gar nicht vorgesehen! Coxon erklärte, er habe einfach improvisiert, um ein Loch zu füllen und die anderen seien davon so begeistert gewesen, dass man seine Einlage einfach für den Song übernommen habe.

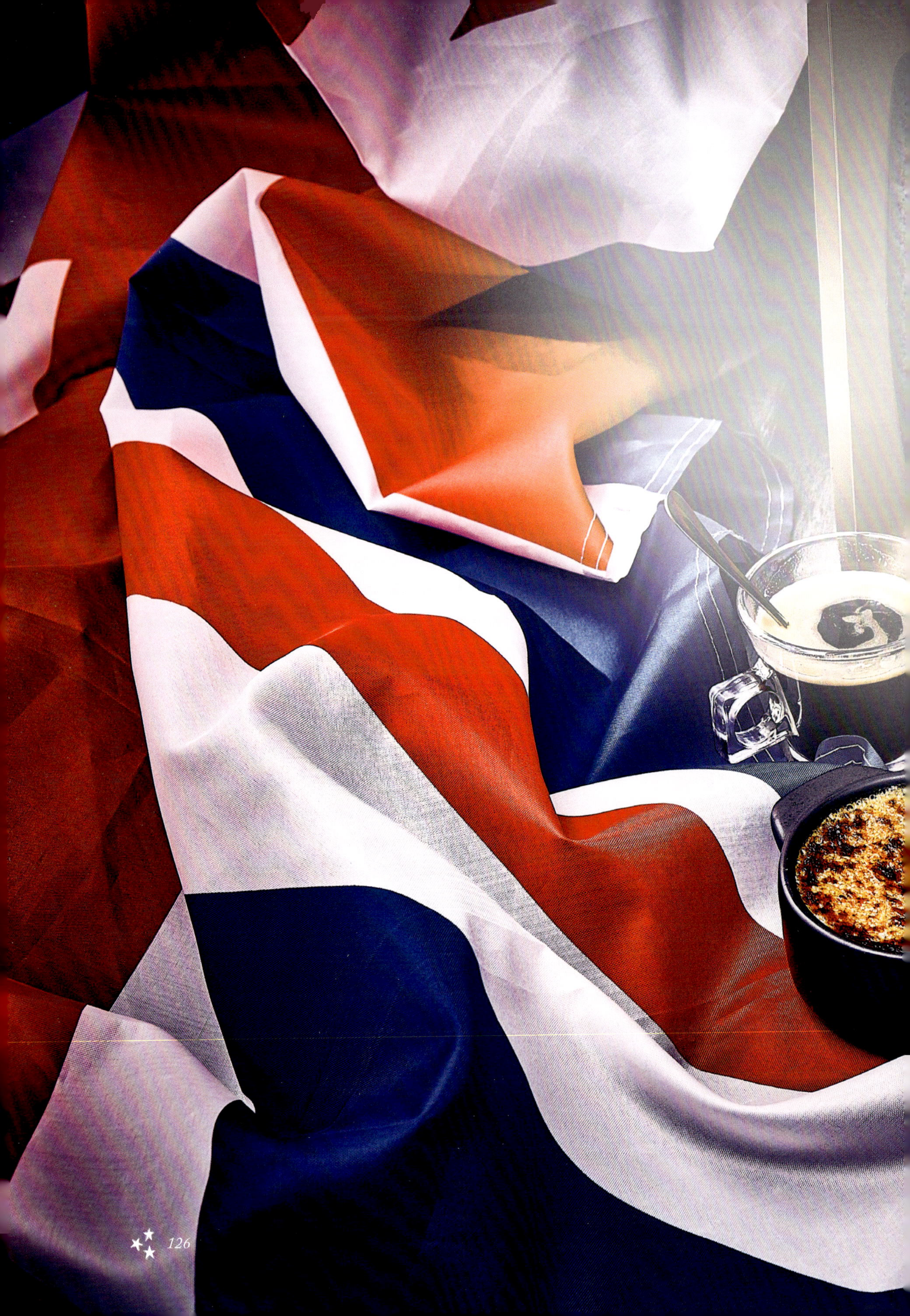

COFFEE AND MORE

A KINDER® MAGIC
SCHOKOTORTE MIT KINDERSCHOKOLADE®

FÜR DIE FANS VON QUEEN
ZUM SOUNDTRACK VON *A Kind of Magic*

Zubereitungszeit
30 MIN.

Backzeit
20 MIN.

Ruhezeit
15 MIN.

Ruhezeit im Kühlschrank
2 STD.

Zutaten für
6 PERSONEN

Für den Biskuitteig:

Butter zum Einfetten der Backform

100 g Weizenmehl, Type 405, plus etwas mehr Mehl zum Bestauben

25 g ungesüßtes Kakaopulver

½ Päckchen Backpulver

4 Eier

125 g Puderzucker

Für die Creme und die Dekoration:

250 g Mascarpone

200 ml süße Sahne mit 30 % Fettanteil

125 g Kinderschokolade®-Maxi-Riegel

4 Kinder-Bueno®-Schokoriegel

50 g Schokoraspeln

Den Backofen auf 180 °C (Ober-/Unterhitze) vorheizen und eine Springform (22 cm Durchmesser) mit Butter auspinseln und mit Mehl bestauben. Eine Edelstahlschüssel in den Kühlschrank stellen.

In einer Schüssel das Mehl mit dem Kakaopulver und dem Backpulver vermischen. Die Eier trennen und in einer weiteren Schüssel oder in einer Küchenmaschine die Eigelbe und den Zucker schaumig aufschlagen, bis die Masse ihr Volumen verdoppelt hat. Die Eiweiße steif schlagen. Die Mehlmischung behutsam mit einem Teigschaber unter die Eigelbmasse heben, danach mit dem Eiweiß ebenso verfahren, ohne dass der Teig zusammenfällt. Den Biskuitteig in der vorbereiteten Backform verteilen und 20 Minuten im Ofen backen. Den Kuchen anschließend zunächst 15 Minuten abkühlen lassen und dann waagerecht in der Mitte durchschneiden.

Den Mascarpone und die Sahne in der vorgekühlten Schüssel mit einem elektrischen Handrührgerät aufschlagen.

Die Kinderschokolade®-Riegel zerbrechen und in einer kleinen Schale bei mittlerer Temperatur 20 Sekunden in der Mikrowelle erhitzen. Die Schokolade umrühren und erneut kurz erhitzen, bis die Schokolade gleichmäßig geschmolzen ist. Die geschmolzene Schokolade mit einem Teigschaber unter die Mascarponesahne heben.

Die untere Biskuithälfte mit der Schokocreme bestreichen und die andere Biskuithälfte als Deckel obenauf setzen. Den gesamten Kuchen von außen mit der restlichen Schokocreme bestreichen. Die Bueno®-Riegel zerbrechen und auf der Torte verteilen. Die Torte mit den Schokoraspeln bestreut bis zum Servieren mindestens 2 Stunden im Kühlschrank aufbewahren.

AUF DEM PLATTENTELLER SERVIERT

Der von Roger Taylor geschriebene und von Freddie Mercury gesungene Song **A Kind of Magic** *wurde 1986 auf dem gleichnamigen Studioalbum veröffentlicht und ist, ergänzt durch die virtuosen Riffs von Brian May, auch im Film* **Highlander** *zu hören. Der Titel des Songs bezieht sich auf eine Filmszene, in der der niedergeschossene Held einfach wieder aufsteht und erklärt: »It's a kind of magic.« (dt. Es ist eine Art Magie).*

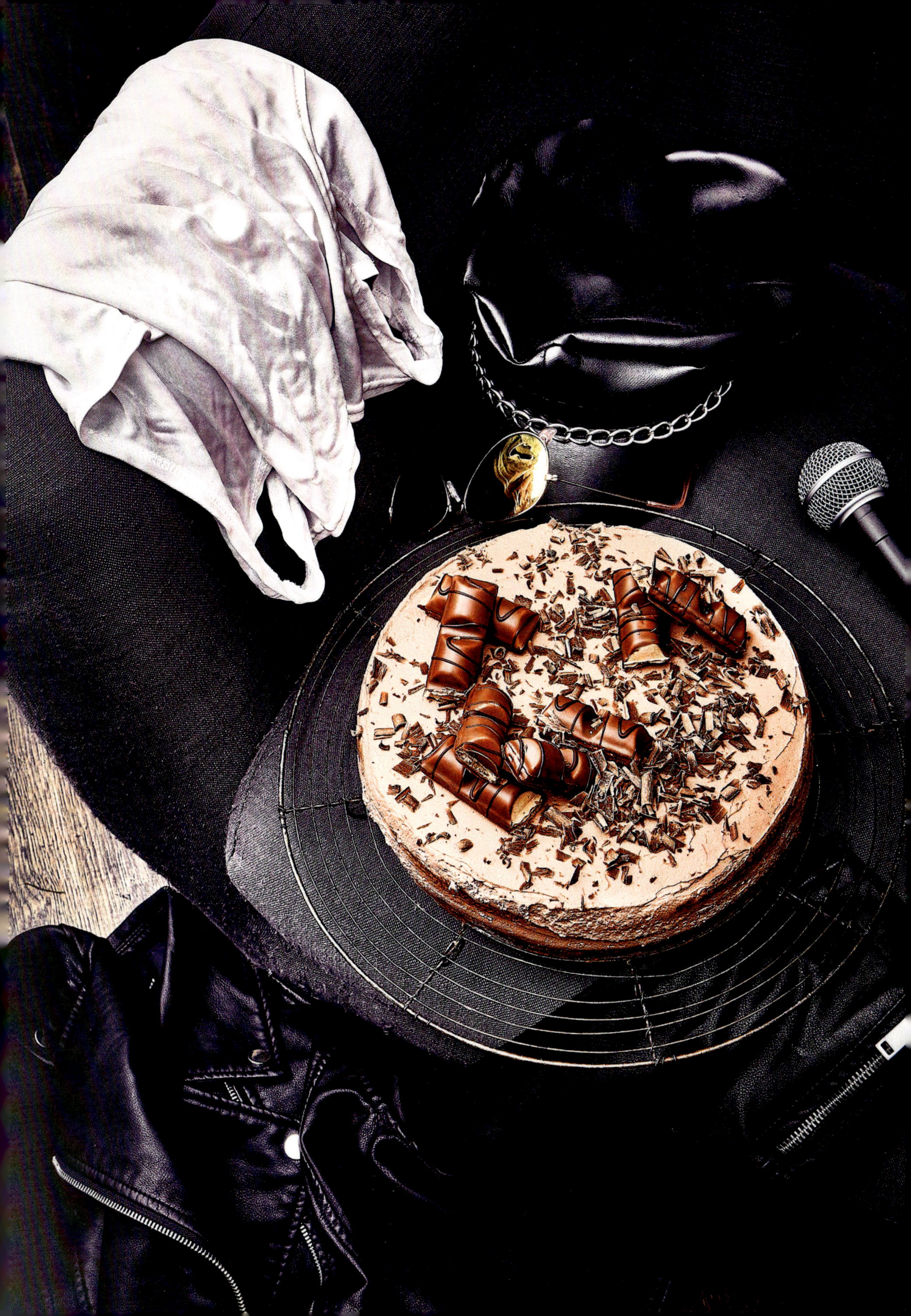

Like a rolling Scone
GEROLLTE SCONES MIT SCHOKOLADE

FÜR DIE FANS VON BOB DYLAN
ZUM SOUNDTRACK VON *Like a Rolling Stone*

Zubereitungszeit
20 MIN.

Backzeit
15 MIN.

Zutaten für
6 PERSONEN

250 g Weizenmehl, Type 405, plus etwas mehr Mehl zum Bestauben der Arbeitsfläche

1 Päckchen Backpulver

25 g Puderzucker

1 Prise Salz

40 g Butter, gewürfelt

120 ml Milch

3 EL Nussnougatcreme (Brotaufstrich)

Den Backofen auf 210 °C (Ober-/Unterhitze) vorheizen.

In einer Backschüssel das Mehl, das Backpulver, den Zucker und das Salz vermischen. Mit den Händen erst die Butterwürfel und dann die Milch zugeben und unterkneten.

Den Teig auf einer mit Mehl bestaubten Arbeitsfläche ausrollen, sodass ein 2 cm dickes Rechteck entsteht. Den Teig mit der Nussnougatcreme bestreichen und dann längs zu einer Wurst zusammenrollen.

Die Wurst in 2 cm dicke Scheiben schneiden und diese mit Abstand auf ein mit Backpapier ausgelegtes Backblech legen. Die gerollten Scones 15 Minuten im Ofen backen.

AUF DEM PLATTENTELLER SERVIERT

Viele Musikkritiker, darunter auch die Mitarbeiter der angesehenen Zeitschrift Rolling Stone *halten Bob Dylans Song* Like a Rolling Stone *für einen der einflussreichsten Rocksongs aller Zeiten. Als Bob Dylan 1965 beim Newport Folk Festival damit auftrat, wurde der Song trotz seiner sechsminütigen Spielzeit sofort als Geburtsstunde des Rock gefeiert. Als Bob Dylan 1966 in Manchester zum ersten Mal mit einer Elektrogitarre auftrat, wurde er aus dem Publikum als »Judas« beschimpft, worauf er seine Musiker anwies, umso lauter zu spielen. Ein Moment, der nicht nur Dylans Übergang vom Folk zum »elektrischen« Rock markierte, sondern ein wichtiger Teil der Dylan-Legende wurde.*

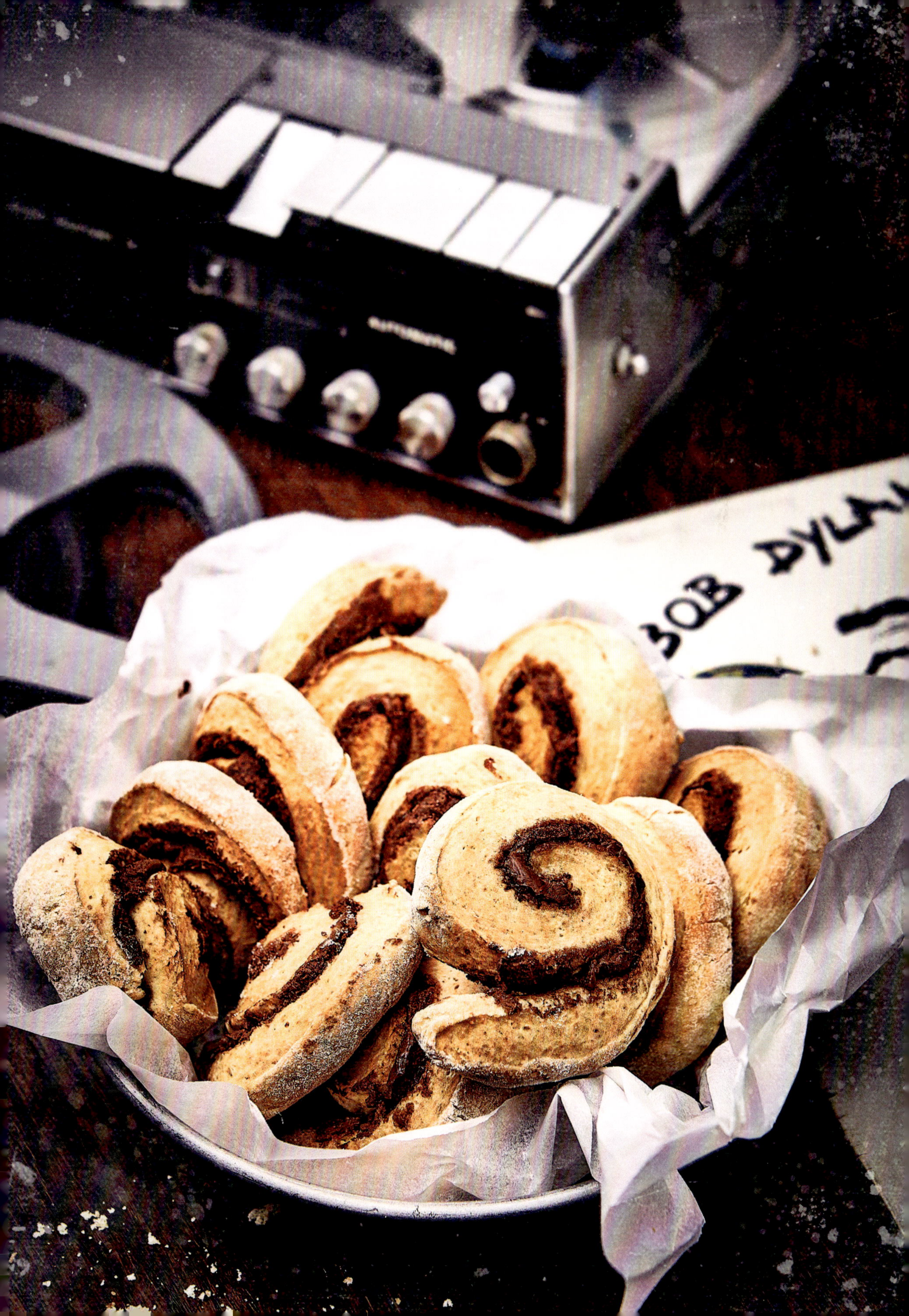
BOB DYLA

DESSERTS

Milk and Black Muffins

LAKTRITZMUFFINS MIT HEISSER WEISSER SCHOKOLADE

FÜR DIE FANS VON FOALS
ZUM SOUNDTRACK VON *Milk and Black Spiders*

Zubereitungszeit
10 MIN.

Backzeit
20 MIN.

Zutaten für
6 PERSONEN

<u>Für die Lakritzmuffins:</u>
2 Eier
40 g Puderzucker
75 g Weizenmehl, Type 405
1 TL Backpulver
½ TL Aktivkohle
40 ml Milch
60 g Butter
50 g Lakritzbonbons
2 Lakritzschnecken

<u>Für die heiße weiße Schokolade:</u>
1 Vanilleschote
1 l Milch
200 ml süße Sahne mit 30 % Fettanteil
250 g weiße Schokolade, in Stücke gebrochen

Den Backofen auf 180 °C (Ober-/Unterhitze) vorheizen.

In einer Backschüssel die Eier und den Puderzucker mit dem Schneebesen aufschlagen, bis die Masse blass und schaumig ist. Anschließend mit dem Schneebesen das Mehl, das Backpulver und die Kohle unterrühren.

Die Milch, die Butter und die Lakritzbonbons in einen kleinen Stieltopf geben und so lange sanft erwärmen, bis das Lakritz und die Butter geschmolzen sind. Diese Mischung mit dem Schneebesen unter die Mehlmischung rühren, bis ein Teig entsteht.

Eine Muffinbackform mit schwarzen Papiermanschetten auskleiden und diese zu je zwei Dritteln mit dem Teig füllen. Die Muffins 20 Minuten im Ofen backen.

Für die Dekoration die Lakritzschnecken auseinander ziehen, zerschneiden und die einzelnen Stränge so in die fertig gebackenen, noch weichen Muffins stecken, dass diese am Ende aussehen wie schwarze Spinnen.

Für die heiße Schokolade die Vanilleschote längs aufschneiden und auskratzen. Die Milch, die Sahne, die weiße Schokolade und das Vanillemark in einer Kasserolle 5 Minuten auf mittlerer Temperatur erhitzen und dabei mit einem Holzlöffel umrühren, bis die Schokolade geschmolzen ist. Die heiße Schokolade in Becher füllen und die Muffins dazu reichen.

AUF DEM PLATTENTELLER SERVIERT

Die Foals sind eine sehr überraschende und beliebte Rockgruppe. Während des Rockfestivals La Route du Rock im Jahr 2015 wurde der Bassist als Notfall ins Krankenhaus eingeliefert und konnte nicht mit auftreten. Da einer der Techniker der Band selbst Bass spielte und die Stücke auswendig kannte, sprang er kurzerhand ein und rettete damit den Auftritt, nur um nach dem Konzert wieder mitzuhelfen, das ganze Material zusammenzupacken. Für die Zuschauer und zweifellos auch für ihn ein denkwürdiges Erlebnis.

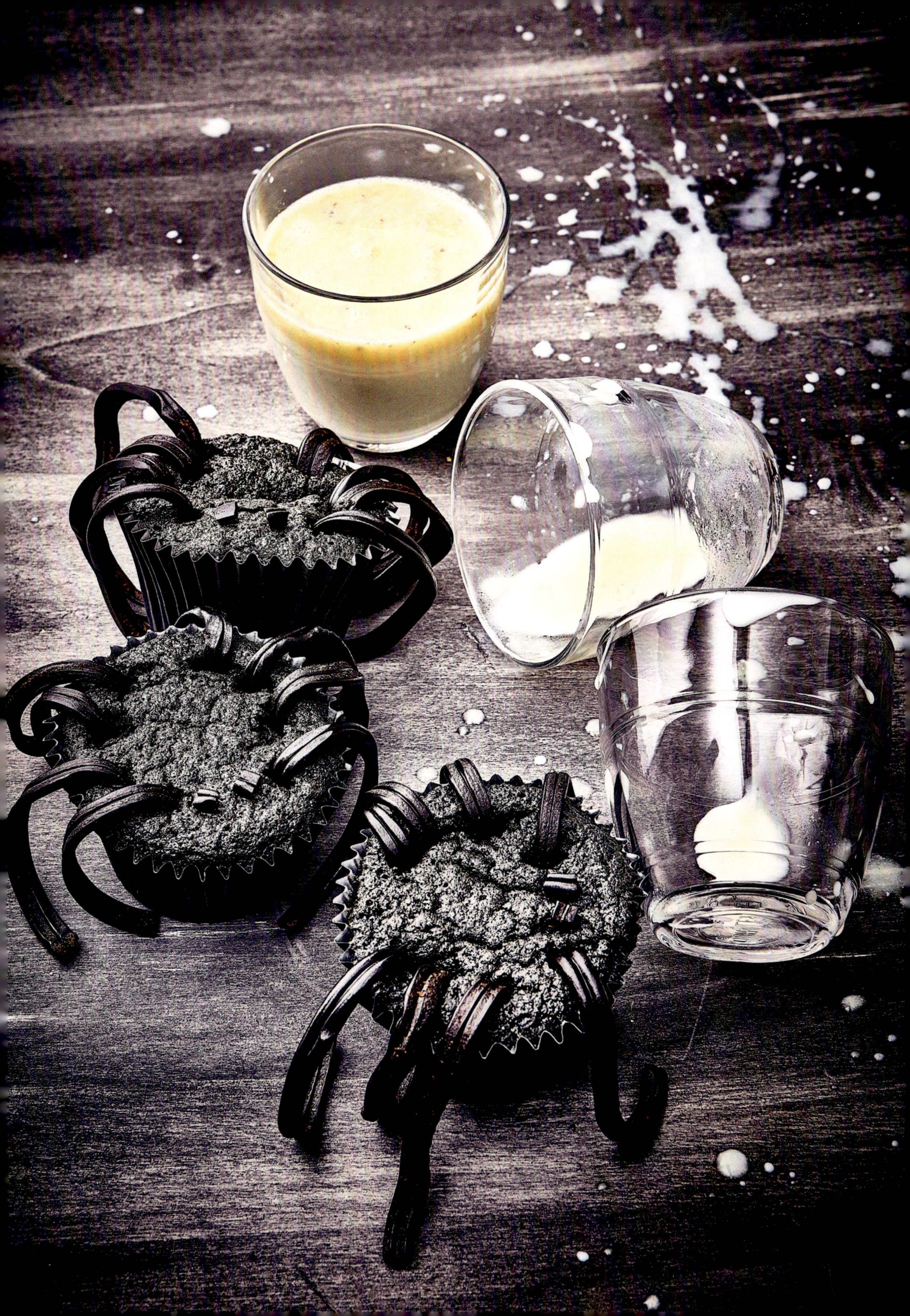

DESSERTS

Purple Fog
BROMBEERSCHAUM MIT WALDFRÜCHTEN UND KNISTERBRAUSE

FÜR DIE FANS VON JIMI HENDRIX ZUM SOUNDTRACK VON *Purple Haze*

In einer kleinen Kasserolle die Sahne, die Brombeeren und den Puderzucker 10 Minuten auf mittlerer Temperatur erhitzen und dabei unablässig mit einem Holzlöffel rühren. Die Früchte mit einem Stabmixer pürieren, die Brombeersahne durch ein Haarsieb abseihen und 30 Minuten abkühlen lassen. Die Brombeersahne in einen Siphon (Sahnebläser) füllen, eine Gaskapsel einsetzen und den Siphon für mindestens 2 Stunden waagerecht in den Kühlschrank legen.

Die Plätzchen grob zerstoßen und die übrigen Beeren waschen und putzen. In 6 tiefen Desserttellern die Beeren und die zerstoßenen Plätzchen anrichten und mit dem Siphon jeweils eine lila Sahneschaumhaube darüber sprühen. Mit etwas Knisterbrause bestreut sofort servieren.

AUF DEM PLATTENTELLER SERVIERT

In einem Interview hat Jimi Hendrix erzählt, dass ihn ein Traum zum Text von **Purple Haze** *inspiriert habe. Vielleicht handelt es sich aber auch um eine Hymne an halluzinogene Drogen. Hendrix lässt seine Fans mit der Deutung des Songs im Nebel stehen, aber so kann sich jeder seine eigene Meinung bilden. Auf jeden Fall gilt der knisternde Song* **Purple Haze** *als Wegbereiter des Hardrock.*

Zubereitungszeit
10 MIN.

Garzeit
10 MIN.

Ruhezeit
30 MIN.

Ruhezeit im Kühlschrank
2 STD.

Zutaten für
6 PERSONEN

250 ml süße Sahne mit 30 % Fettanteil
170 g frische Brombeeren
3 EL Puderzucker
300 g Mürbeteigplätzchen
100 g Walderdbeeren
100 g Blaubeeren
100 g Himbeeren
3 EL Knisterbrause

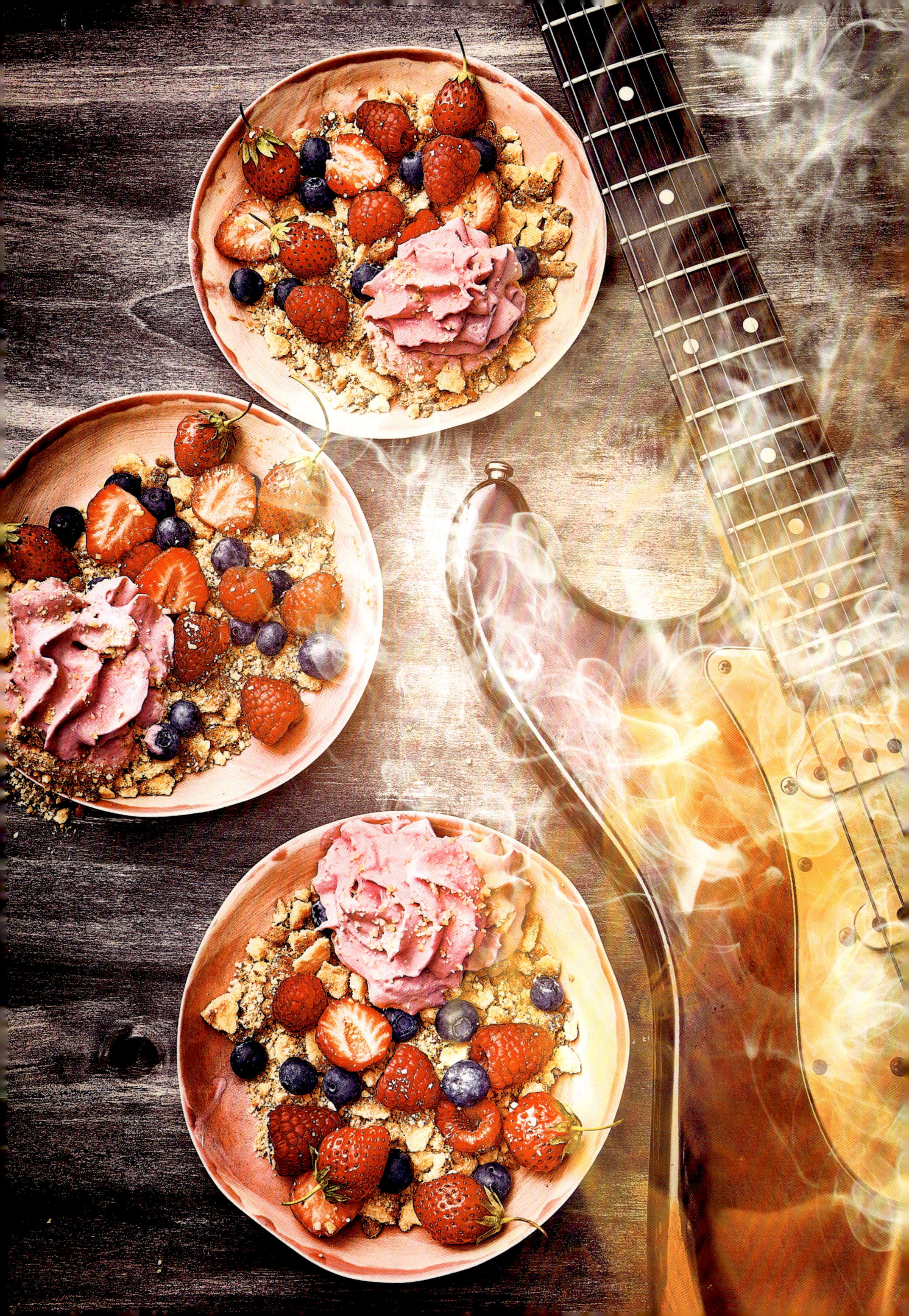

DESSERTS

LIFE IS MARS®?
SHORTBREAD MIT MARS®

FÜR DIE FANS VON DAVID BOWIE
ZUM SOUNDTRACK VON *Life on Mars?*

Die Butter in Würfel und die Schokoriegel in 1 cm dicke Scheiben schneiden.

Den Backofen auf 150 °C (Ober-/Unterhitze) vorheizen.

In einer Backschüssel das Mehl, den Zucker und die Butter mit den Händen zu einem glatten Teig verkneten.

Mit der Hand oder mit einem Ausstecher 8 cm große Teigscheiben formen, diese mit einer Gabel mehrfach einstechen, auf einem mit Backpapier bedecktem Backblech verteilen und mit den Mars®-Stücken garnieren.

Das Backblech mit dem Shortbread für 20 Minuten in den Kühlschrank stellen und danach das Shortbread 20–25 im Ofen backen, ohne dass es bräunt.

AUF DEM PLATTENTELLER SERVIERT

Inspiriert zu **Life on Mars?** *wurde David Bowie von Claude François und seinem Song* **Comme d'habitude.** *David Bowie hatte als Erster eine englische Adaptation vorgeschlagen, die jedoch abgelehnt wurde, sodass sich Paul Anka die Rechte daran sichern konnte und* **My Way** *daraus machte. Verärgert komponierte Bowie eine Parodie auf Frank Sinatras Aufnahme, die ihm letztlich zum Durchbruch verhalf und zu einem seiner bekanntesten Songs avancierte.*

Zubereitungszeit
10 MIN.

Ruhezeit im Kühlschrank
20 MIN.

Backzeit
20–25 MIN.

Zutaten für
6 PERSONEN

200 g Butter
3 Mars®-Schokoriegel
300 g Weizenmehl, Type 405
100 g Puderzucker

Scream like a baby
Side 1 Stereo
SCARY MONSTERS
DAVID BOWIE
BOWIE

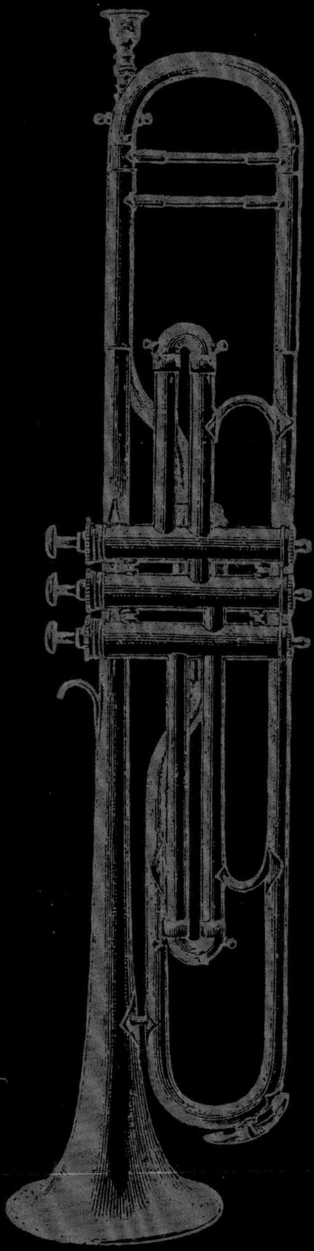

Cocktails

EXPLOSIVE TEQUILA

FEURIGER TEQUILA

FÜR DIE FANS VON THE CHAMPS
ZUM SOUNDTRACK VON *Tequila*

Die Eiswürfel und die restlichen Zutaten (Tabasco® nach Geschmack dosieren) in einen Shaker geben, 10 Sekunden schütteln und in ein vorgekühltes Schnappsglas abseihen und mit dem Limettenachtel servieren.

AUF DEM PLATTENTELLER SERVIERT

Der Hit **Tequila** *gehört zu den größten Erfolgen der Rockmusik der 1950er Jahre, dabei war er ursprünglich nur auf der B-Seite der Single* **Train to Nowhere** *veröffentlicht worden. Als sich ein DJ eines Abends vertat und aus Versehen die B-Seite auflegte, avancierte der Titel 1958 innerhalb von nur 5 Wochen in den USA zur Nummer 1 in den Charts und erhielt 1959 einen Grammy Award.*

Zubereitungszeit
2 MIN.

Zutaten für
1 PERSON
Eiswürfel
5 cl Tequila
3 cl Triple sec
1 Spritzer Limettensaft
3 Tropfen Tabasco®
⅛ einer unbehandelten Limette

AÏE
AÏE
AÏE

SUBMARINE SHOOTER
IZARRA® & TONIC

FÜR DIE FANS VON THE BEATLES
ZUM SOUNDTRACK VON *Yellow Submarine*

Built in glass: Tonic in einen Tumbler und den Kräuterlikör in einen Shooter gießen.

Den Shooter über den Tumbler halten, das kleine Glas vorsichtig in das größere setzen und sofort genießen.

AUF DEM PLATTENTELLER SERVIERT

Die Aufnahme des Songs **Yellow Submarine** *hätte für John Lennon durchaus fatal enden können. Als die Bandmitglieder der Beatles im Tonstudio versuchten, der ersten Aufnahme des Songs alle möglichen Effekte hinzuzufügen und Lennon darauf bestand, unter Wasser singen zu wollen, streifte der Tontechniker ein Kondom über das Mikrophon und hing es in eine Milchflasche. Erst viel später wurde er sich bewusst, dass der Sänger der Beatles dadurch einen Stromschlag hätte erleiden können.*

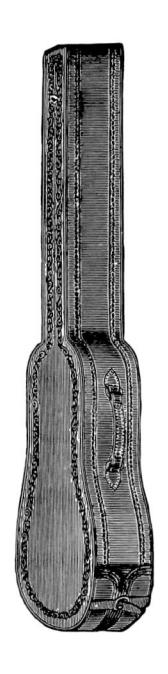

Zubereitungszeit
2 MIN.

Zutaten für
1 PERSON

4 cl Izarra® jaune
(Gelber Kräuterlikör
aus Frankreich)
15 cl Tonic Water

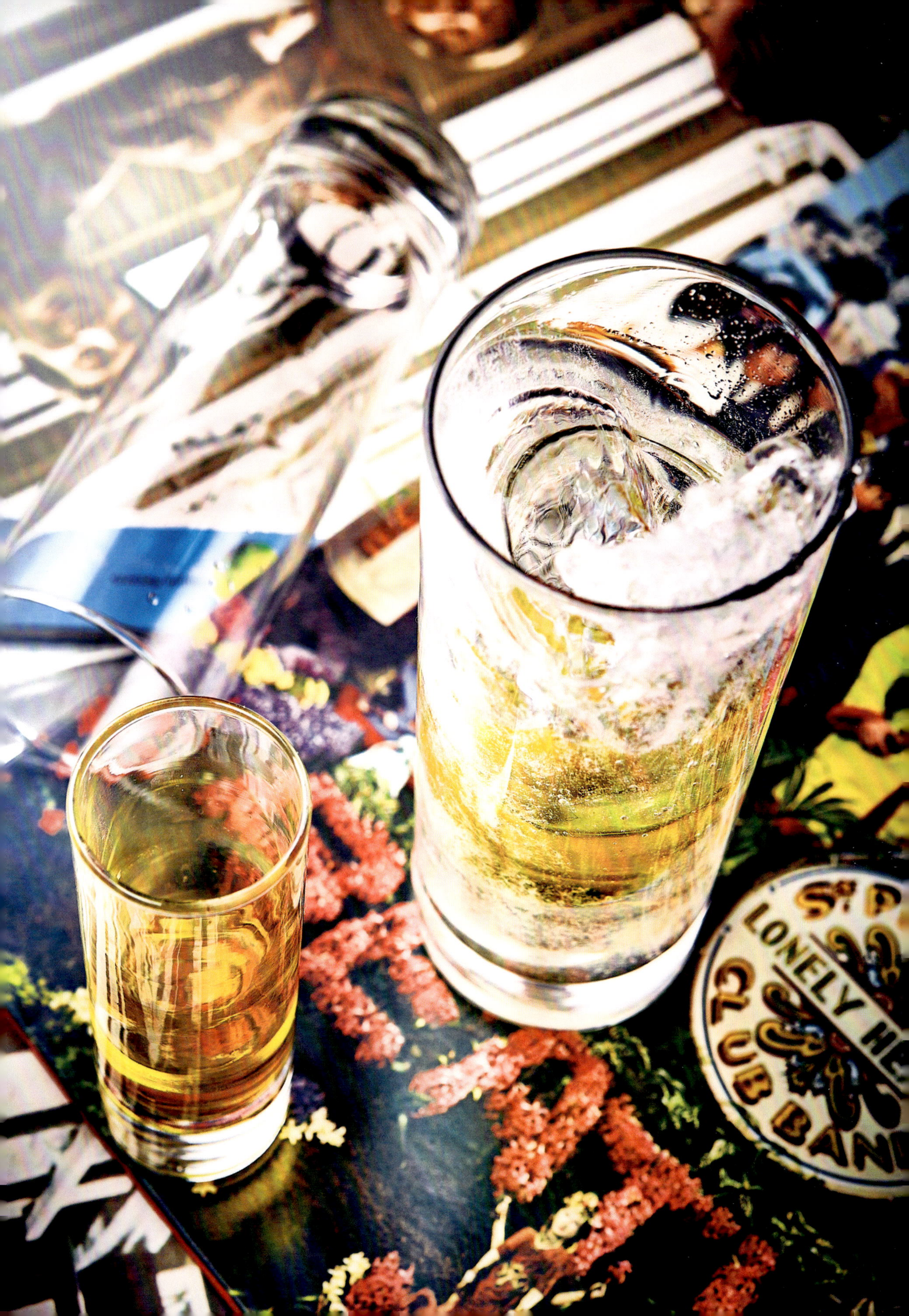
LONELY HE
CLUB BAN

MOJOTO
MOJITO MIT BASILIKUM

FÜR DIE FANS VON –M–
ZUM SOUNDTRACK VON *Mojo*

Das Basilikum waschen und trocken tupfen.

Den Zuckerrohrsirup, den Limettensaft und die Basilikumblätter in ein Becherglas geben und das Basilikum mit einem Stößel zerdrücken.

Built in glass: Den Rum und die Eiswürfel dazugeben, mit einem Cocktaillöffel verrühren, mit Mineralwasser aufgießen und mit einigen Basilikumblättern garniert servieren.

AUF DEM PLATTENTELLER SERVIERT

Matthieu Chedid, besser bekannt unter seinem Pseudonym - M - , veröffentlichte Mojo *auf seinem fünften Album* Îl. *Der Sohn des Sängers Louis Chedid ist ein Enkel der berühmten Autorin und Dichterin Andrée Chedid, die zwei Liedtexte für ihn schrieb. Außer Matthieu Chedid gewann nur Alain Bashung ähnlich viele Awards bei den »Victoires de la musique«.*

Zubereitungszeit
5 MIN.

Zutaten für
1 PERSON

8 Basilikumblätter und ein paar Blätter zum Dekorieren
2 cl Zuckerrohrsirup
3 cl Limettensaft
6 cl weißer Rum
4 Eiswürfel
15 cl Mineralwasser

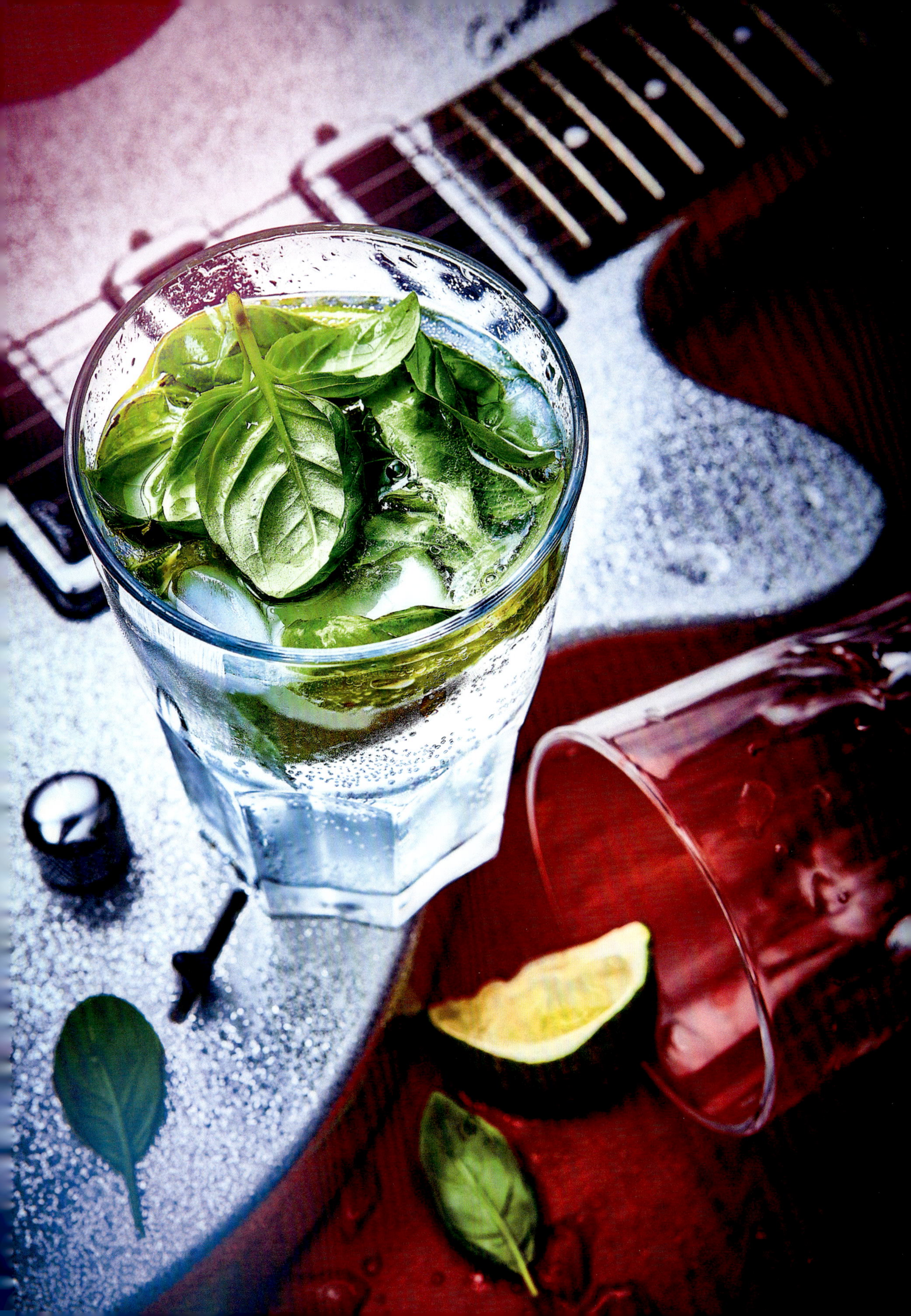

COCKTAILS

VENOM OF LOVE

LIEBESTRANK MIT INGWER UND HIMBEEREN

FÜR DIE FANS VON ALICE COOPER
ZUM SOUNDTRACK VON *Poison*

Den Ingwer schälen und mit einem Messer fein hacken.

Built in glass: Die Himbeeren und den Ingwer in eine Champagnerschale (oder ein dekoratives Fläschchen) geben. Den Limettensaft und den weißen Rum darüber gießen und das Glas mit Champagner auffüllen. Behutsam mit einem Cocktaillöffel umrühren und servieren.

AUF DEM PLATTENTELLER SERVIERT

In einigen Zeitungen war zu lesen, dass Alice Cooper statt diesen Cocktail zu trinken auf der Bühne auch schon mal lebendigen Hühnern das Blut aussaugte. Dieses falsche Gerücht entstand, als Cooper bei einem Konzert ein lebendiges Huhn ins Publikum warf und dieses arme Tier dabei zertrampelt wurde. Sein Freund Frank Zappa riet ihm daraufhin: »Egal, was vorgefallen ist, sag einfach Niemanden, dass du es nicht getan hast!«

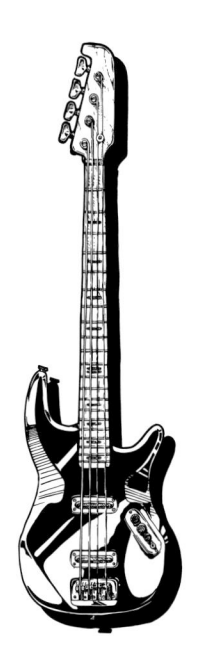

Zubereitungszeit
3 MIN.

Zutaten für
1 PERSON

½ cm frischer Ingwer
3 Himbeeren
2 cl Limettensaft
2 cl weißer Rum
10 cl Champagner

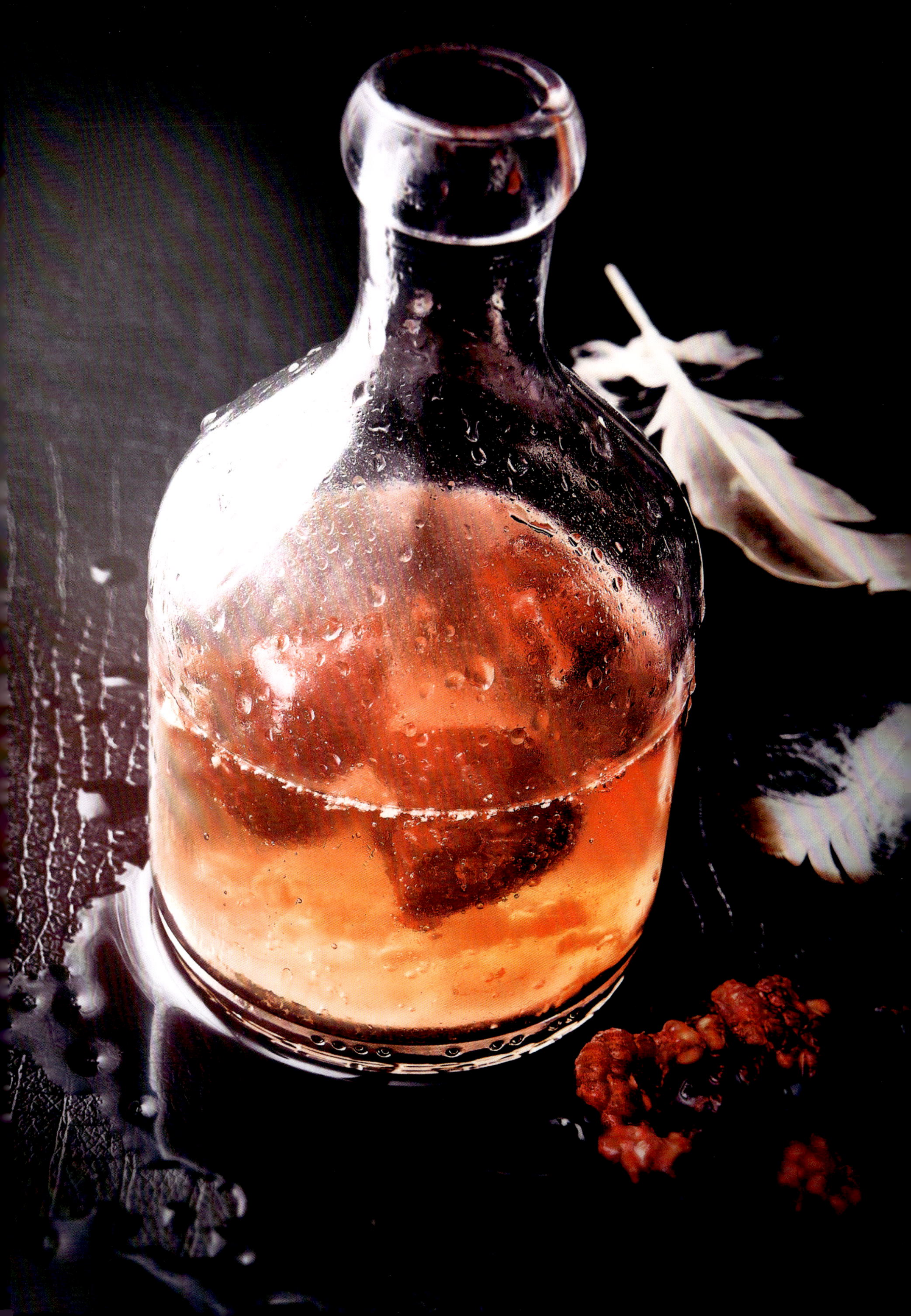

COCKTAILS

THE GIN KISS
CRANBERRY GIN

FÜR DIE FANS VON KISS
ZUM SOUNDTRACK VON *Cold Gin*

Die Eiswürfel zerstoßen und in einen Tumbler geben.

Built in glass: Den Gin und den Cranberrysaft über das Eis gießen und mit Mineralwasser auffüllen. Behutsam mit einem Cocktaillöffel umrühren.

AUF DEM PLATTENTELLER SERVIERT

Der 1974 von Gene Simmons interpretierte Song **Cold Gin** *ist einer der ersten großen Erfolge der Band Kiss und das, obwohl Simmons keinen Tropfen Alkohol trinkt. Stattdessen hat er bekannt, süchtig nach Sex zu sein und nach eigenen Angaben über 4000 Frauen erobert zu haben ... Prost!*

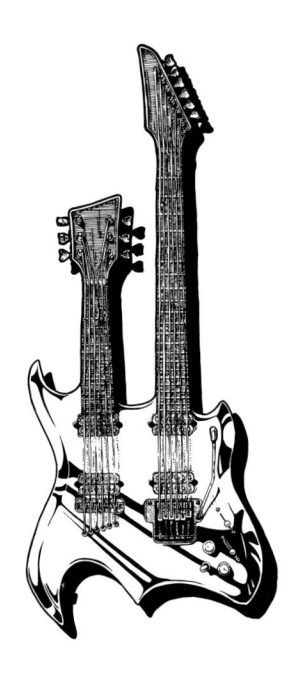

Zubereitungszeit
5 MIN.

Zutaten für
1 PERSON

5 Eiswürfel oder Crushed Ice
4 cl Gin
4 cl Cranberrysaft
8 cl Mineralwasser

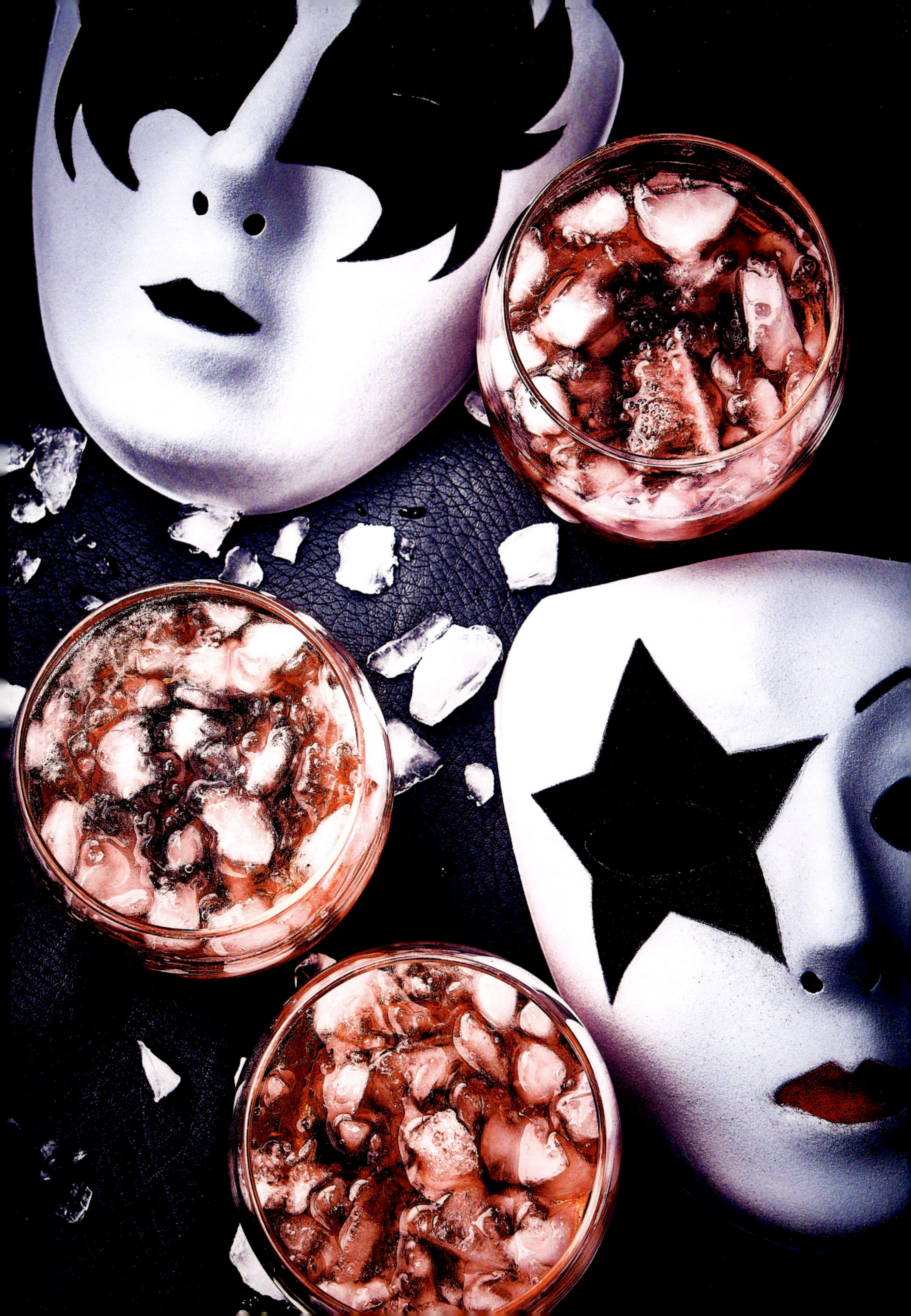

Whiskey My Old Friend

BOURBON MIT AMBERBIER

FÜR DIE FANS VON THE WHO
ZUM SOUNDTRACK VON *Whiskey Man*

Built in glass: Den Whisky in einen Tumbler gießen. Mit dem gut gekühlten Bier auffüllen und eine Zitronenscheibe ins Glas geben.

AUF DEM PLATTENTELLER SERVIERT

Dieser explosive Cocktail erinnert uns an eine Leidenschaft der Band The Who, vor allem an die des Schlagzeugers Keith Moon, der tatsächlich die Angewohnheit hatte, immer ein bisschen Sprengstoff dabei zu haben und damit diverse Hoteleinrichtungen und Toiletten zerstörte, was ihm Rechnungen von insgesamt über $ 500 000 einbrachte. Dazu kam, dass er Piranhas in den Badewannen aussetzte und Fernseher aus den Fenstern warf, und man deshalb lieber den Weg der Band nicht kreuzte, wenn man zum Beispiel ausging, um diesen Cocktail zu genießen.

Zubereitungszeit
1 MIN.

Zutaten für
1 PERSON

5 cl Bourbon
25 cl Amberbier
1 Scheibe einer unbehandelten Zitrone

REEL MOTORS
REC
STOP
PLAY
INPUT
IEC
NAB
PHONES
MIC CH I
MIC LO
MIC HI
RADIO

ZOMBIE
BLUTROTER COCKTAIL

FÜR DIE FANS VON THE CRANBERRIES
ZUM SOUNDTRACK VON *Zombie*

Zunächst einen Zuckerrand für das Glas herstellen und dafür den Knisterzucker und den Zuckerrohrsirup auf getrennte kleine Untertassen geben und den Rand eines Ballonglases zunächst im Sirup befeuchten und dann im Knisterzucker drehen.

Die Eiswürfel, den Genever, den Cranberrysirup und den Erdbeersaft 10 Sekunden im Shaker schütteln und dann ins Glas abseihen.

AUF DEM PLATTENTELLER SERVIERT

Von den 40 Millionen verkauften Alben ist No Need to Argue *mit der Singleauskopplung* Zombie – *dem Protestsong gegen den Nordirlandkonfilkt – sicherlich der größte der irischen Rockgruppe gewesen. Dabei ist Dolores O'Riordan nur durch Zufall zu den Cranberries gestoßen. Als der erste Sänger die Band verließ, empfahl er die Freundin einer Freundin als Ersatz. Dolores O'Riordan überzeugte die anderen Bandmitglieder beim ersten Vorsingen sofort und der Erfolg für die Band ließ nicht lange auf sich warten.*

Zubereitungszeit
5 MIN.

Zutaten für
1 PERSON

1 TL Knisterzucker
1 cl Zuckerrohrsirup
3 Eiswürfel
5 cl Genever
8 cl Cranberrysaft
12 cl Erdbeersaft

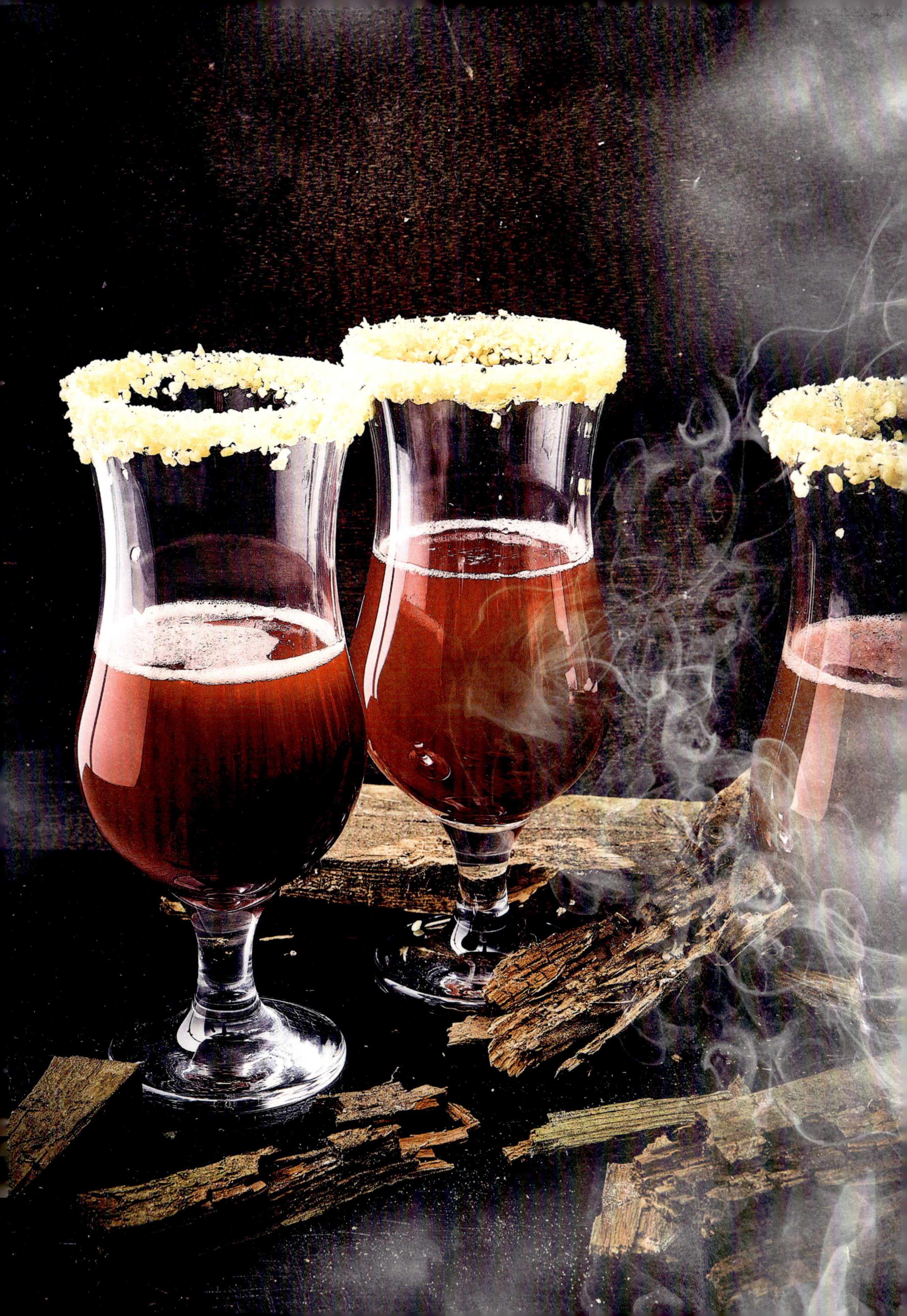

THE RAINBOW COCKTAIL
COCKTAIL IN REGENBOGENFARBEN

FÜR DIE FANS VON THE ROLLING STONES
ZUM SOUNDTRACK VON *She's a Rainbow*

In einem kleinen Glas den weißen Rum mit dem Curaçao vermischen.

Built in glass: Den Grenadinesirup in ein Longdrinkglas geben und das Glas mit Eiswürfeln auffüllen.

Den Orangensaft behutsam darüber gießen und anschließend die blaue Rummischung ebenfalls behutsam darüber gießen.

AUF DEM PLATTENTELLER SERVIERT

Dieser Cocktail in Regenbogenfarben wird eure Zungen färben, und wer denkt bei dem Wort »Zunge« nicht sofort an das berühmte Logo der Rolling Stones? Inspiriert wurde das Logo von Kali, einer im Hinduismus bedeutenden Göttin für Zerstörung, Tod und Erneuerung, die meist mit herausgestreckter Zunge dargestellt wird.

Zubereitungszeit
2 MIN.

Zutaten für
1 PERSON

3 cl weißer Rum
3 cl Curaçao bleu
3 cl Grenadinesirup
5–6 Eiswürfel
8 cl Orangensaft

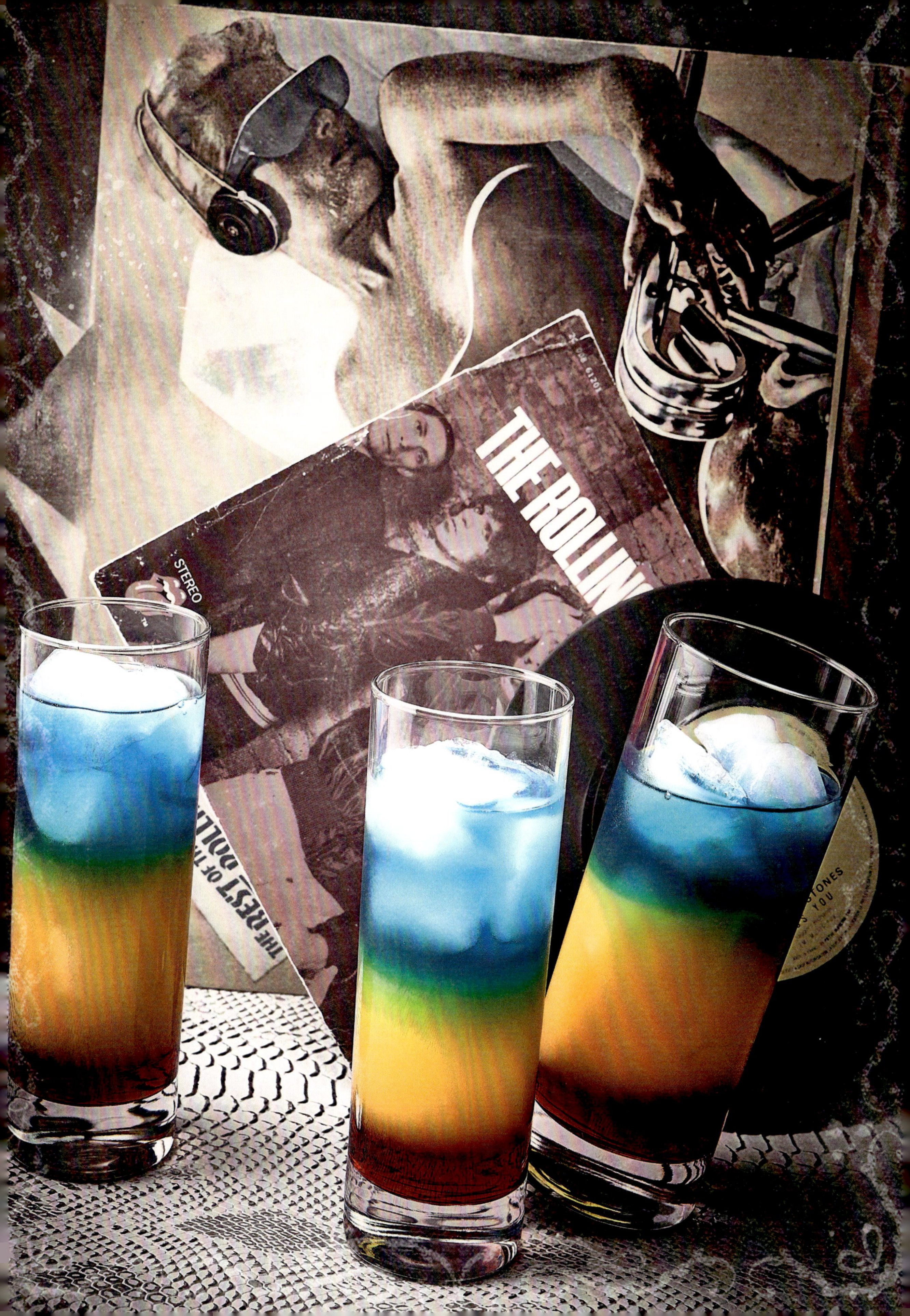
STEREO

COCKTAILS

Drink My Fire
FLAMBIERTER COCKTAIL

FÜR DIE FANS VON THE DOORS
ZUM SOUNDTRACK VON *Light My Fire*

Built in glass: Den Absinth in einen mikrowellenfesten Shooter gießen und 10 Sekunden in der Mikrowelle erwärmen.

Das Glas mit dem Bourbon bis zum Rand aufgießen, um das Flambieren zu erleichtern.

Den Cocktail mit einem Streichholz anzünden und kurz flambieren lassen. Je länger er brennt, desto weniger Alkohol enthält er anschließend. Aufgepasst beim Trinken: Könner trinken ihn in einem Zug durch einen befeuchteten Strohhalm. Alle anderen sollten vor dem Genuss die Flamme auspusten.

AUF DEM PLATTENTELLER SERVIERT

Gleich das Debütalbum der Doors enthält den Welthit **Light My Fire** *und es ist auch der letzte Song, den Jim Morrison vor seinem Tod im Jahr 1971 auf der Bühne sang. Nach der Hälfte des Songs schmiss er damals sein Mikro auf den Boden und beendete damit das Konzert der Doors – vielleicht ein Sinnbild für ihre unvollendete gemeinsame Zeit und für den Mythos mit dem die Band Rockgeschichte schrieb.*

Zubereitungszeit
5 MIN.

Flambieren
10 SEK.

Zutaten für
1 PERSON
1 cl Absinth
4 cl Bourbon

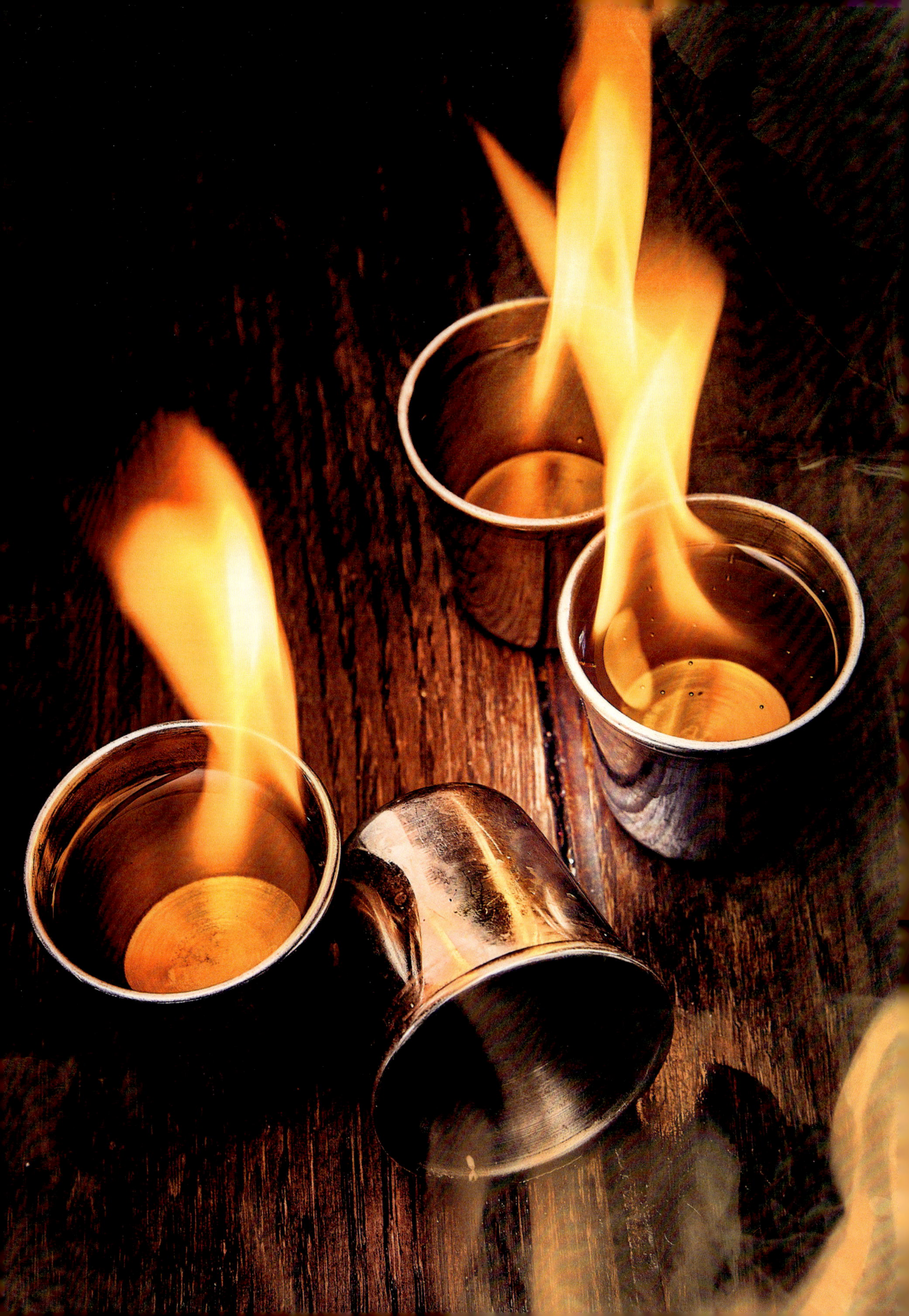

DARK SHOT
DUNKLER SHOOTER MIT COLA

FÜR DIE FANS VON OZZY OSBOURNE
ZUM SOUNDTRACK VON *Shot in the Dark*

Den Eiswürfel in ein Rührglas geben und mit dem schwarzen Wodka und dem Zitronensaft übergießen. Mit einem Cocktaillöffel umrühren.

Die Flüssigkeit durch ein Barsieb in einen Shooter abseihen und mit Cola auffüllen.

AUF DEM PLATTENTELLER SERVIERT

Der Text von Shot in the Dark *stammt aus der Feder von Ozzy Osbornes Bassisten Phil Soussan, der mit ihm das Album* The Ultimate Sin *einspielte. In dem ursprünglichen Text spielte Soussan auf den gleichnamigen Titel des zweiten Films der Pink-Panther-Reihe an, da er ein großer Fan von Inspektor Clouseau war. Ozzy Osborne veränderte den Text dahingehend, dass er deutlich düsterer wurde.*

Zubereitungszeit
2 MIN.

Zutaten für
1 PERSON

1 Eiswürfel
3 cl schwarzer Wodka
1 cl Zitronensaft
1 cl Cola

COCKTAILS

Sangria on the White Side

WEISSE SANGRIA

FÜR DIE FANS VON LOU REED
ZUM SOUNDTRACK VON *Walk on the Wild Side*

Die Orangen gründlich waschen. Eine Orange in Scheiben schneiden, die zweite Orange auspressen. Die Litchis schälen, die Kerne entfernen und das Fruchtfleisch vierteln.

Das Obst, die Orangenschalen und den Orangensaft in ein Bowlegefäß geben. Den Wein und den Triple Sec dazu gießen, den Zucker und die Zimtstange ebenfalls dazu geben, alles verrühren und die Sangria vor dem Servieren 6 Stunden im Kühlschrank ziehen lassen.

Unmittelbar vor dem Servieren das Mineralwasser dazu gießen.

AUF DEM PLATTENTELLER SERVIERT

Der 1972 veröffentlichte Hit Walk on the Wild Side *gilt als der größte kommerzielle Erfolg des Sängers Lou Reed, obwohl er die für die damaligen Verhältnisse düsteren und anstößigen Seiten der Transvestiten, Homosexuellen und Stricher behandelt. Übrigens ist der Song die am dritthäufigsten gepfiffene Melodie der Welt*

Zubereitungszeit
10 MIN.

Ruhezeit im Kühlschrank
6 STD.

Zutaten für
6 PERSONEN

2 unbehandelte Orangen
100 g Litchis
100 g weiße Himbeeren
100 g weiße Preiselbeeren
1 Flasche Weißwein
12 cl Triple Sec
2 TL Puderzucker
1 Zimtstange
250 ml Mineralwasser

VIOLET DRINK
VEILCHENCOCKTAIL

FÜR DIE FANS VON COLDPLAY
ZUM SOUNDTRACK VON *Violet Hill*

Fleur de Bière und Vermouth in ein Rührglas gießen und mit einem Cocktaillöffel umrühren.

Die Mischung in ein Martiniglas umfüllen. Den Veilchensirup behutsam am Glasrand entlang hineinlaufen lassen, damit er sich am Boden absetzt.

Einen Eiswürfel und die Veilchenblätter ins Glas geben und servieren.

AUF DEM PLATTENTELLER SERVIERT

Obwohl Violet Hill *im Jahr 2008 direkt auf den ersten Platz der Charts klettert, wird der Song* Viva la Vida *als erste Singleauskopplung des Albums* Viva la Vida or Death and All His Friends *gewählt. Als Coldplay den Titel* Violet Hill *vorab zum kostenlosen Herunterladen zur Verfügung stellen will, genehmigt ihnen das ihre Plattenfirma nur für eine Woche. Innerhalb weniger Tage wird der Song millionenfach heruntergeladen und legt kurzzeitig sogar den Server der Band lahm. Letztendlich schreiben beide Songs Geschichte.*

Zubereitungszeit
3 MIN.

Zutaten für
1 PERSON

4 cl Fleur de Bière
3 cl trockener Vermouth
1 cl Veilchensirup
1 Eiswürfel
5 essbare Veilchenblätter

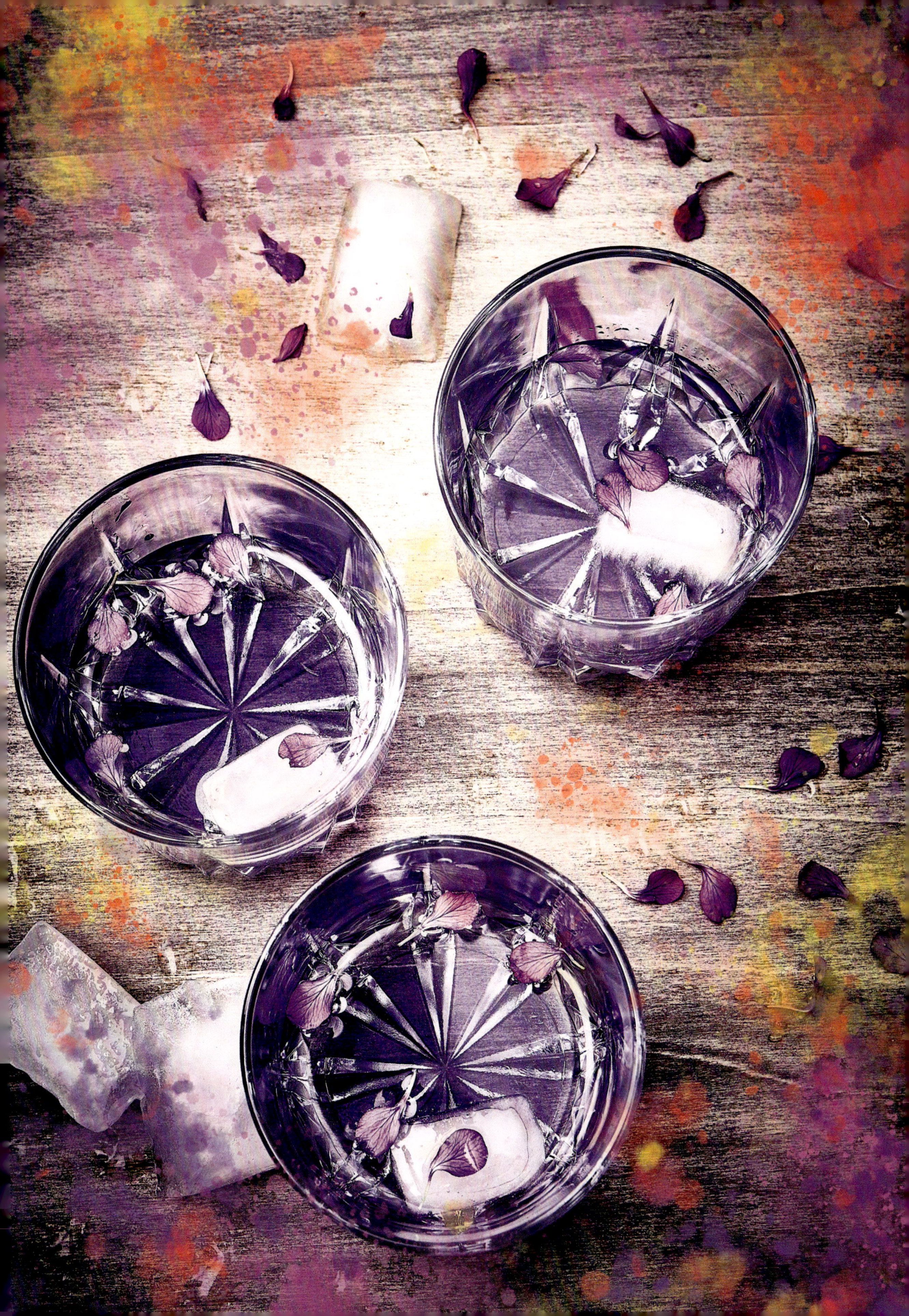

COCKTAILS

WHY DON'T YOU GET A DRINK?

KALIFORNISCHER APERITIF

FÜR DIE FANS VON THE OFFSPRING
ZUM SOUNDTRACK VON *Why Don't You Get a Job?*

Die Zutaten in einen Shaker geben und 10 Sekunden schütteln.

Anschließend den Aperitif in ein Weißweinglas abseihen.

AUF DEM PLATTENTELLER SERVIERT

Die Melodie des Songs wurde hörbar von dem Ob-La-Di, Ob-La-Da *der Beatles beeinflusst. Bemerkenswert ist hingegen das herausragende Talent Dexter Hollands, denn er ist zugleich Gitarrist, Sänger und Songschreiber der kalifornischen Punkband The Offspring, besitzt einen Masterabschluss in Molekularbiologie, eine Pilotenlizenz und eine eigene, in den USA sehr beliebte Saucenmarke namens »Gringo Bandito®«.*

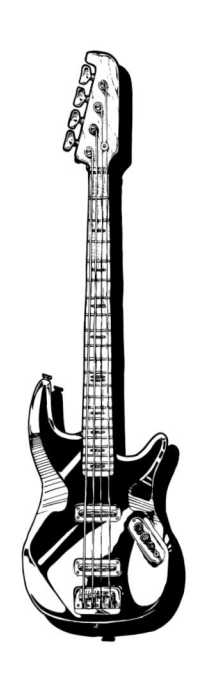

Zubereitungszeit
1 MIN.

Zutaten für
1 PERSON

9 cl Kalifornischer Roséwein
3 cl frisch gepresster Grapefruitsaft
3 Eiswürfel

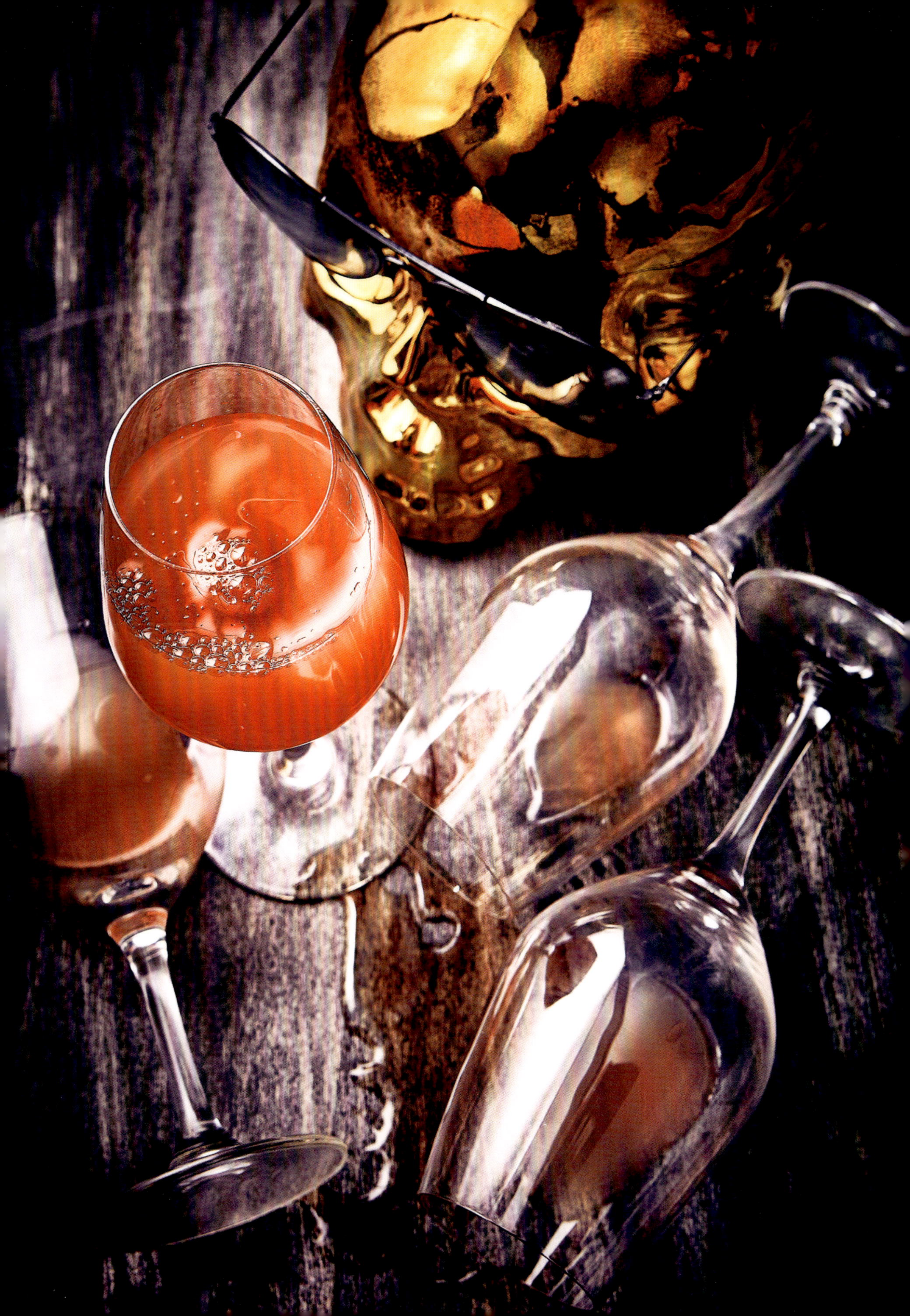

ROCK YOU LIKE A GINGER DRINK
INGWERCOCKTAIL

FÜR DIE FANS VON SCORPIONS
ZUM SOUNDTRACK VON *Rock You Like a Hurricane*

Den Absinth mit dem Limettensaft und den Eiswürfeln im Shaker 10 Sekunden schütteln.

Die Mischung über einem Tumbler abseihen und das Glas mit Ginger Beer auffüllen.

AUF DEM PLATTENTELLER SERVIERT

Rock You Like a Hurricane ist eine der einflussreichsten Hymnen der Rockmusik. Trotz seiner sexuellen Anspielungen im Video und den daraus konsultierenden kontroversen Diskussionen erzielte der Song den 31. Platz der größten Hits des Hardrock aller Zeiten und wurde in zahlreichen Filmen verwendet. Die Hardrockband Scorpions konnte sich damit trotz ihrer deutschen Herkunft in die Riege der erfolgreichsten Bands der Musikgeschichte einreihen.

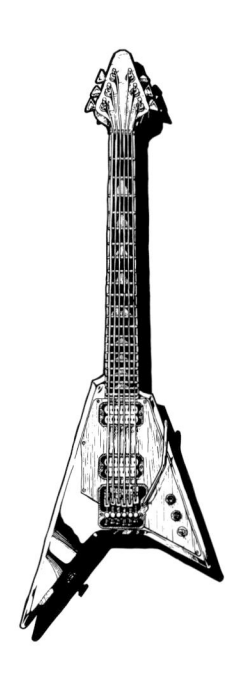

Zubereitungszeit
2 MIN.

Zutaten für
1 PERSON
4 cl Absinth
2 cl Limettensaft
3 Eiswürfel
10 cl Ginger Beer

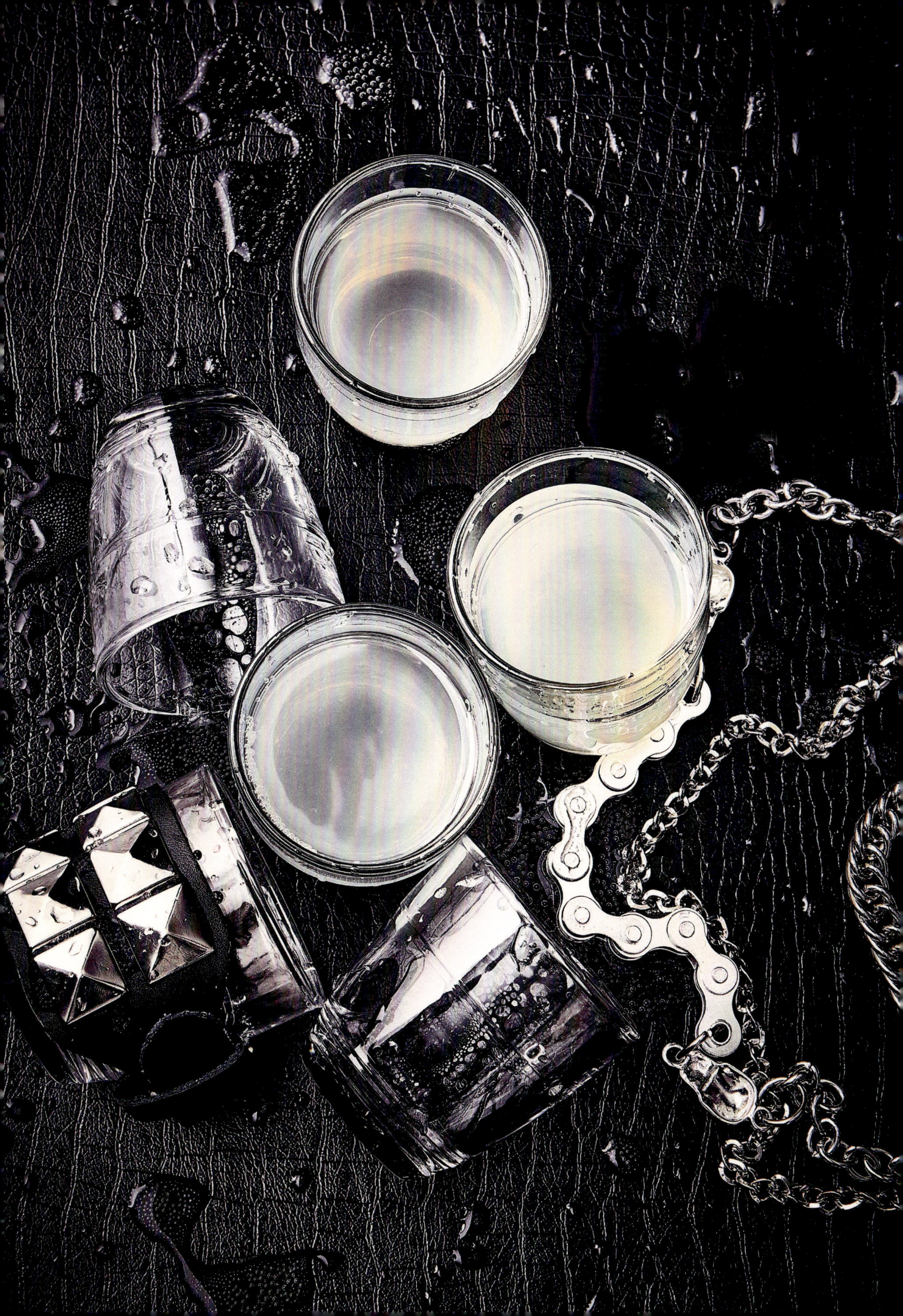

LITTLE BLACK SHOOTERS

CAFÉ-SHOOTER

FÜR DIE FANS VON THE BLACK KEYS
ZUM SOUNDTRACK VON *Little Black Submarines*

Den Whiskey in ein großes Glas füllen und die Kaffeebohnen darin 5 Stunden ziehen lassen.

Zum Servieren jeweils 4 cl parfümierten Whiskey in ein Shooterglas abseihen und je 2 cl Kaffeelikör dazugeben.

AUF DEM PLATTENTELLER SERVIERT

The Black Keys glänzen natürlich mit ihrer Musik, aber auch auf der Bühne und vor allem mit ihren Videoclips. Das Duo ist bekannt dafür, mit kleinem Budget und genialen Ideen immer wieder fantastische Clips zu produzieren. Der Schlagzeuger Patrick Carney hatte übrigens nie Schlagzeugunterricht, sondern hat das Instrument nur nebenher gelernt. Als er mit dem Sänger und Gitarristen Dan Auerbach das Bluesrock-Duo gründete, war seine Technik noch lange nicht so ausgereift wie heute.

Zubereitungszeit
2 MIN.

Ruhezeit
5 STD.

Zutaten für
5 PERSONEN

20 cl Whiskey
10 cl Kaffeelikör
1 TL geröstete Kaffeebohnen

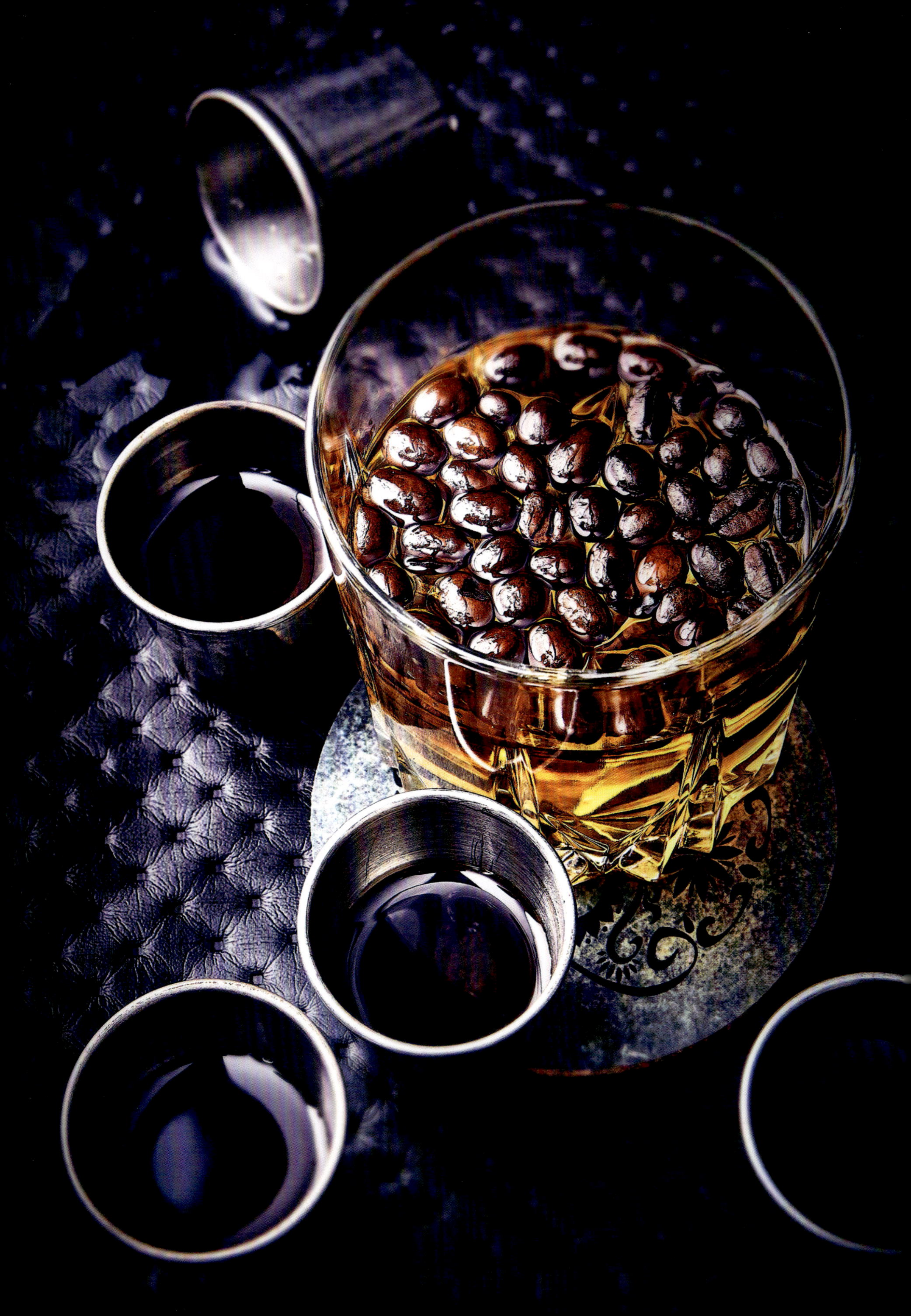

Any Shot You Like

BUNTE SHOOTER

FÜR DIE FANS VON PINK FLOYD
ZUM SOUNDTRACK VON *Any Colour You Like*

Den Cocktail im Shaker zubereiten.

Den Grenadinesirup in den Shaker gießen und die Eiswürfel behutsam darüber geben.

Einen Cocktaillöffel auf die Eiswürfel legen und den Orangensaft langsam darüber laufen lassen, sodass er sich nicht mit dem Sirup vermischt. Anschließend den Triple sec genauso vorsichtig darüber gießen.

Die restliche Zubereitung muss schnell gehen, denn der Curaçao sinkt sehr schnell nach unten. Den Curaçao in den Shaker gießen und den Cocktail mit Hilfe eines Barsiebs sofort in die bereitstehenden kleinen Gläser abseihen. Durch das schnelle Füllen der Gläser entstehen Shooter in unterschiedlichen Farben.

AUF DEM PLATTENTELLER SERVIERT

Any Colour You Like *ist ein reines Instrumentalstück auf dem Album* Dark Side of the Moon, *das sich über 50 Millionen Mal verkaufte und damit das dritt meistverkaufte Album der Welt wurde. Zudem hielt sich das Album des britischen Quartetts 942 Wochen (also 18 Jahre) in den amerikanischen Billboard-Charts – ein bis heute unübertroffener Erfolg in der Welt des Rock.*

Zubereitungszeit
5 MIN.

Zutaten für
8 PERSONEN

4 cl Grenadinesirup
8 Eiswürfel
20 cl frisch gepresster Orangensaft
10 cl Triple sec
6 cl Curaçao bleu

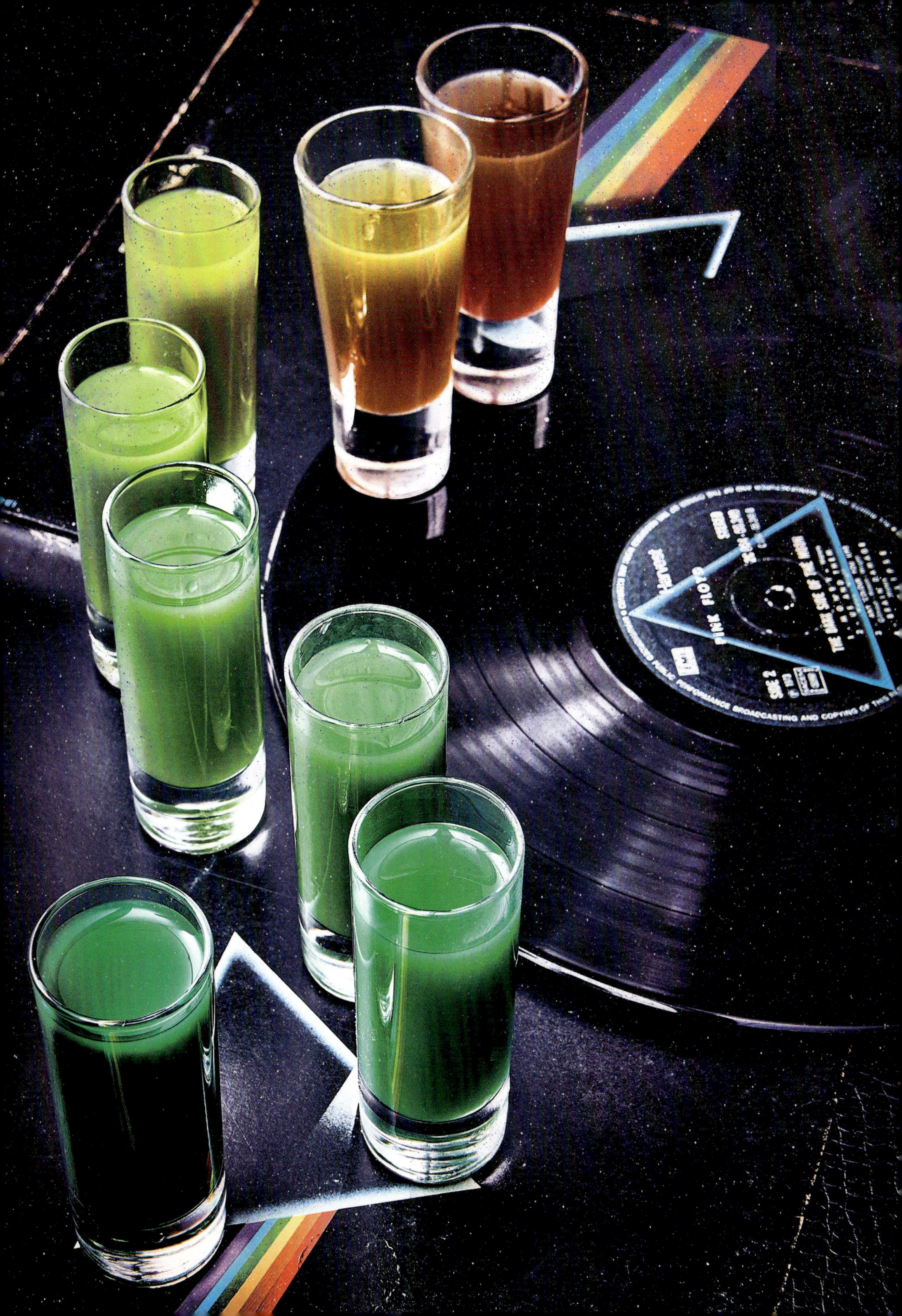
PINK FLOYD
THE DARK SIDE OF THE MOON
SIDE 2

COCKTAILS

A DRINK FOR THE DEAD

COCKTAIL DER VERGÄNGLICHKEIT

FÜR DIE FANS VON QUEENS OF THE STONE AGE
ZUM SOUNDTRACK VON *A Song for the Dead*

Die Zutaten in einen Shaker geben und 10 Sekunden schütteln.

Anschließend den Cocktail in einen Tumbler abseihen.

Zubereitungszeit
1 MIN.

Zutaten für
1 PERSON

10 cl Apfelsaft
4 cl Whiskey
2 cl Maronenlikör
3 Eiswürfel

AUF DEM PLATTENTELLER SERVIERT

A Song for the Dead *wurde 2002 auf dem Album* Songs for the Deaf *veröffentlicht. Und mit dem Tod kennt sich Josh Homme – der Leadsänger der Queens of the Stone Age – bereits aus, da es 2010 bei ihm während einer Operation am Knie zu einem minutenlangen Herzstillstand kam und er reanimiert werden musste. Danach war er monatelang ans Bett gefesselt, nur um mit neuen Songs auf die Bühne zurückzukommen.*

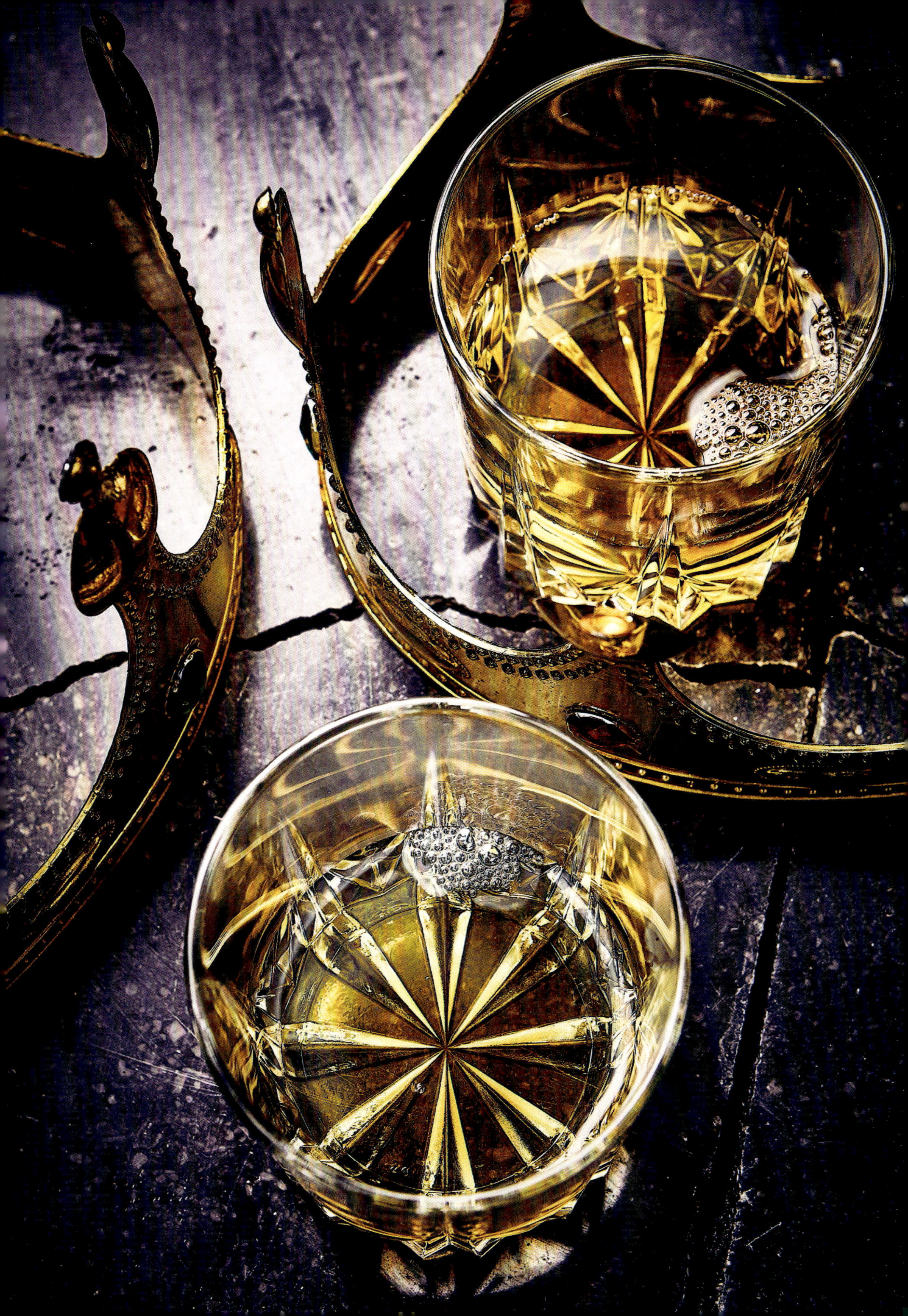

SHOT FOR MY QUEEN

ABSINTH-SHOOTER MIT HIMBEERLIKÖR

FÜR DIE FANS VON KASABIAN
ZUM SOUNDTRACK VON *Shoot the Runner*

Zubereitungszeit
2 MIN.

Zutaten für
1 PERSON
4 cl Absinth
1 kleiner Zuckerwürfel
1 cl Himbeerlikör

Den Absinth vor dem Mixen in den Kühlschrank stellen, damit er gut gekühlt ist.

Built in glass: Den Absinth in einen Shooter gießen. Einen Absinthlöffel auf das Glas legen und den Zucker darauf geben.

Den Himbeerlikör behutsam über den Zucker gießen, um ihn damit zu tränken und damit der Zucker langsam auseinander bricht und in den Absinth fällt.

AUF DEM PLATTENTELLER SERVIERT

Der Beweis, dass Tom Meighan und Sergio Pizzorno – die beiden Leadsänger der britischen Rockband Kasabian – dem Absith sehr zugetan sind, ist ihr Song La Fée verte *(dt. die grüne Fee), einer anderen Bezeichnung für diesen Alkohol, aber auch ihr Hit* Shoot the Runner *erwähnt die Wirkung des Absinth. Es ist nicht überliefert, ob Pizzorno Absinth getrunken hatte, bevor er auf das Dach ihres Tourbus kletterte, als dieser gerade über eine deutsche Autobahn fuhr. Als sich die Bandmitglieder der Kasabians um 4 Uhr morgens in einer Londoner Straße ein Fußballmatch mit den Bandmitgliedern von Oasis lieferten, hatten sie jedoch vorher nachweislich Absinth getrunken. Trinkt »die grüne Fee« also immer mit Bedacht!*

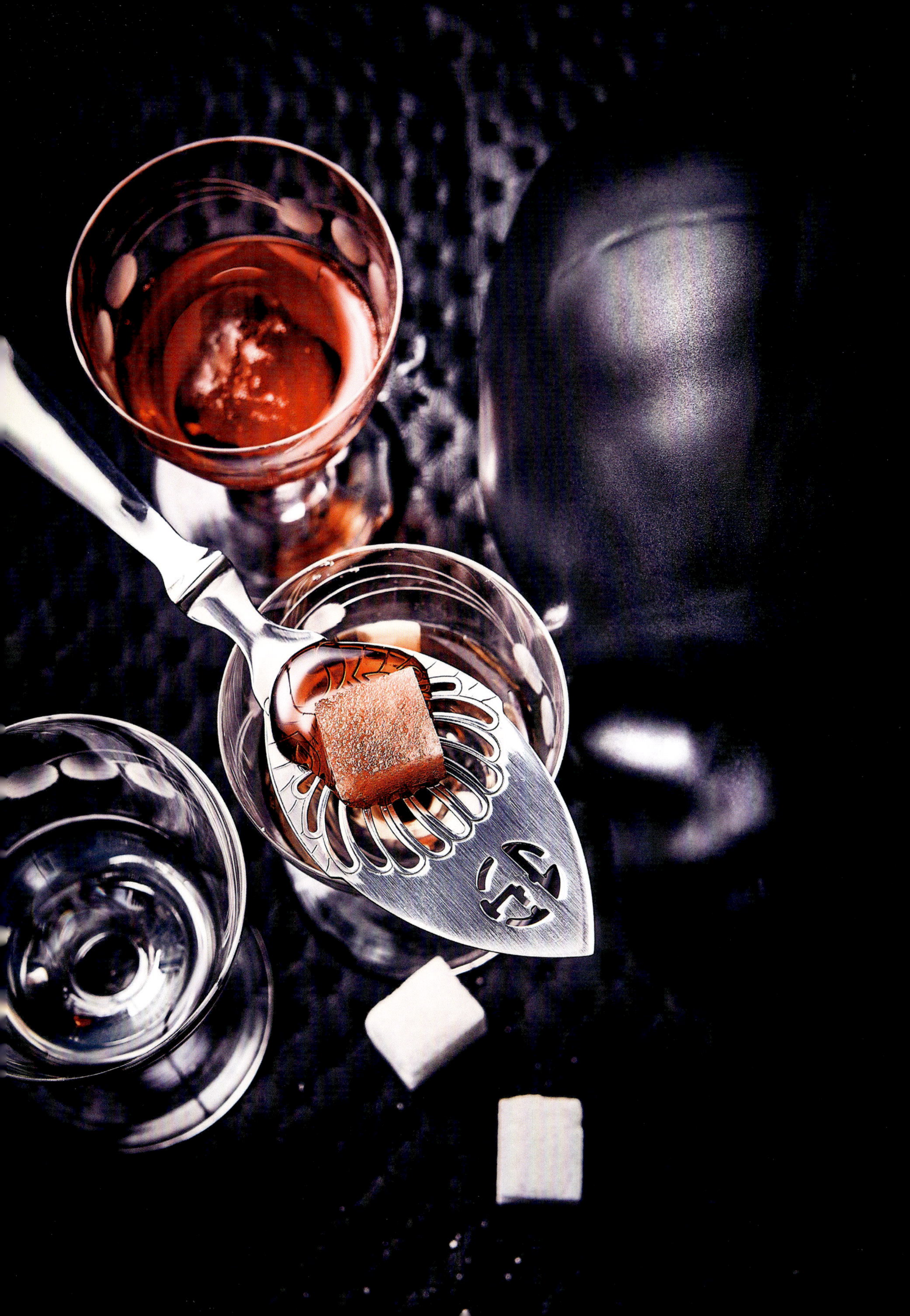

COCKTAILS

BLONdiE mARy

BLOODY MARY MIT GELBEN TOMATEN

FÜR DIE FANS VON BLONDIE
ZUM SOUNDTRACK VON *Heart of Glass*

Zubereitungszeit
5 MIN.

Zutaten für
1 PERSON

1 große gelbe Tomate
(oder 20 cl gelber Tomatensaft)
5 cl Wodka
1 cl Limettensaft
1 TL Worcestershiresauce
ein paar Tropfen Tabasco®
1 Faden weißer
Crema de Balsamico
1 Prise Selleriesalz
1 gelbe Kirschtomate
3 Eiswürfel

Die große Tomate vierteln.

Sämtliche Zutaten, bis auf die Kirschtomate und die Eiswürfel (die Menge des Tabasco® und des Selleriesalzes dem eigenen Geschmack anpassen) eine Minute in einem Blender mixen.

Den Cocktail durch ein Haarsieb abseihen.

Die Eiswürfel in einen Tumbler geben, den Cocktail darüber gießen, die Kirschtomate einschneiden und auf dem Glasrand garnieren.

AUF DEM PLATTENTELLER SERVIERT

Heart of Glass *reflektiert durchaus das Beziehungsgeflecht der Band Blondie. Debbie Harry und Christ Stein hatten den Song 1974 gemeinsam geschrieben, als sie noch miteinander liiert waren. Scheinbar jedoch nicht absolut davon überzeugt, ließen sie ihn zunächst vier Jahre in der Schublade liegen. Als der Song 1978 zum Welthit avancierte, kritisierten die Rockfans den neuen Discosound, während anderen der Discorhythmus der ehemaligen Punkband nicht flott genug war.*

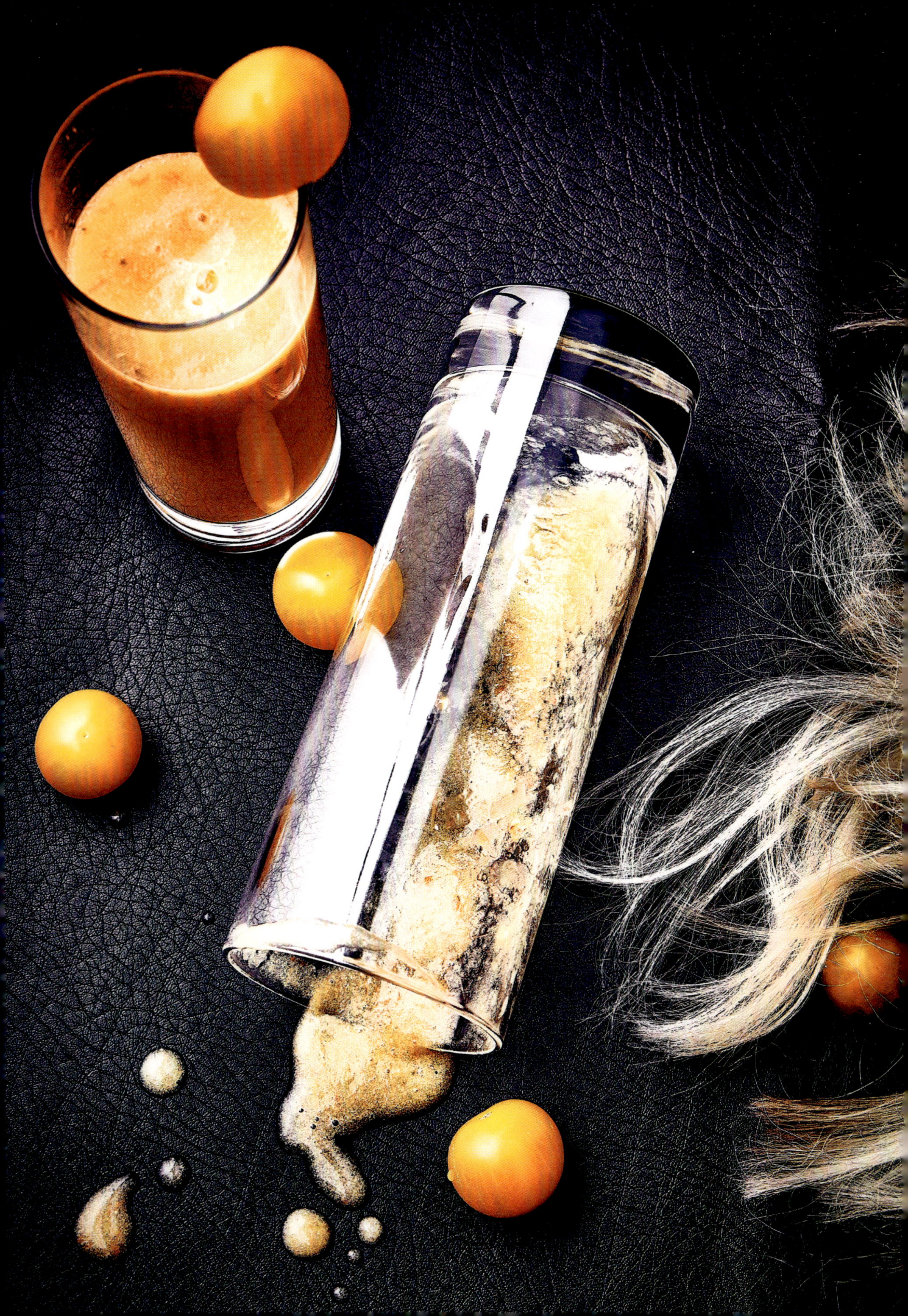

THE BLACK TEA

COCKTAIL MIT SCHWARZEM TEE

FÜR DIE FANS VON THE LAST SHADOW PUPPETS
ZUM SOUNDTRACK VON *Black Plant*

150 ml Wasser auf 90 °C erhitzen.

Das heiße Wasser in einen Becher gießen und den Tee darin 2–3 Minuten ziehen lassen. Den Teebeutel anschließend entfernen und den Tee 10 Minuten abkühlen lassen.

Die Eiswürfel, den Tee, den Cognac und das Vanillepulver in einem Shaker 10 Sekunden schütteln.

Den fertigen Cocktail in ein Teeglas abseihen.

AUF DEM PLATTENTELLER SERVIERT

Der Titel **Black Plant** *bezieht sich auf eine schöne und gefährliche junge Frau, vor der man sich in Acht nehmen muss. Die großartige Zusammenarbeit von Alex Turner und Miles Kane ist schon auf ihrem ersten Album* **The Age of the Understatement**, *das auch* **Black Plant** *beinhaltet, deutlich hörbar. Die Energie und die Alchemie der beiden Musiker, die zuvor schon mit anderen Bands auftraten, lässt uns vollständig in ihre Musik eintauchen, für die sie sich unter anderem von Scott Walker und seiner Adaptation des Songs* **La Chanson de Jacky** *von Jacques Brel aus dem Jahr 1967 inspirieren ließen.*

Zubereitungszeit
3 MIN.

Ruhezeit
12–13 MIN.

Zutaten für
1 PERSON

1 Beutel schwarzer Tee
3 Eiswürfel
4 cl Cognac
1 Prise Vanillepulver

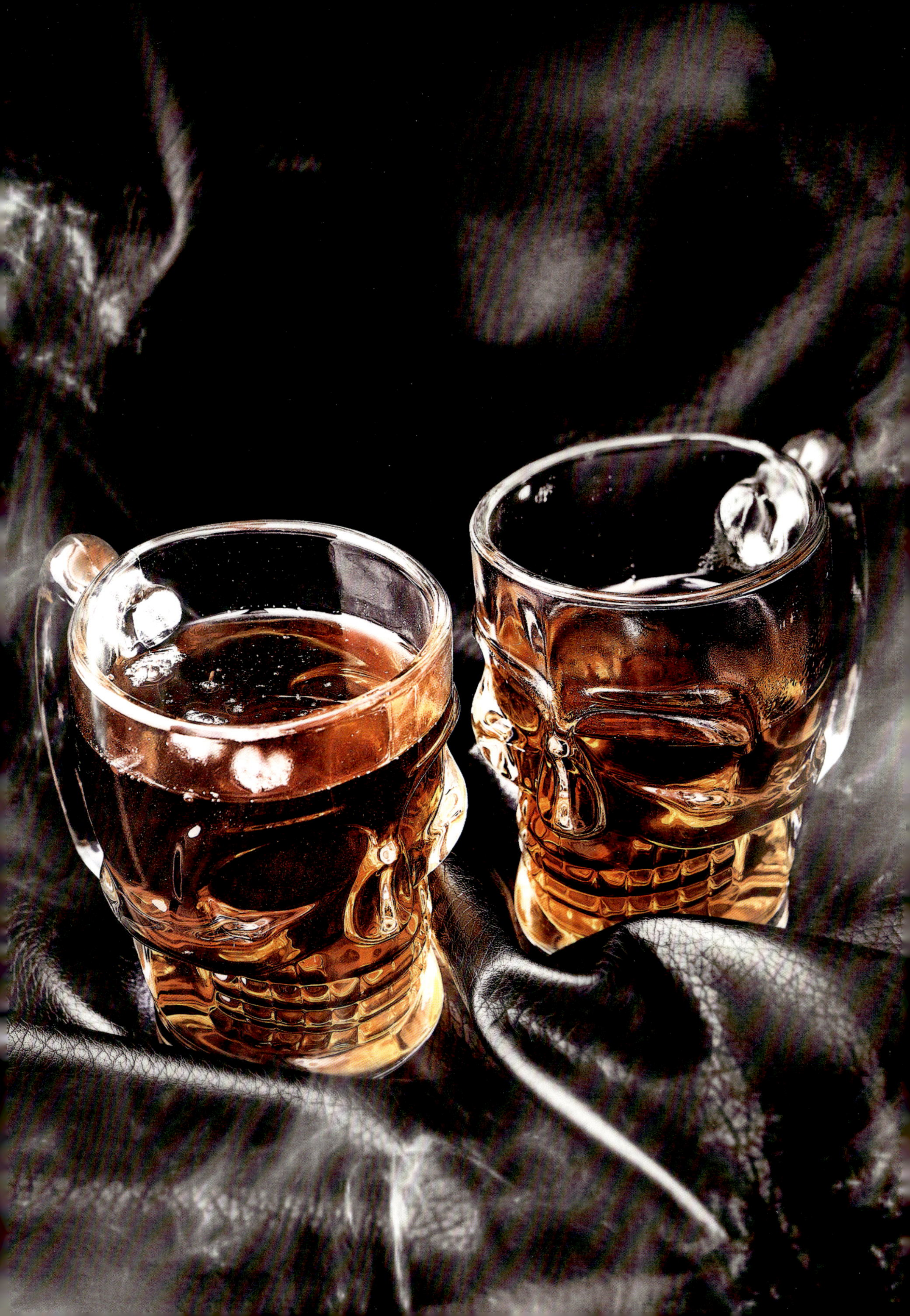

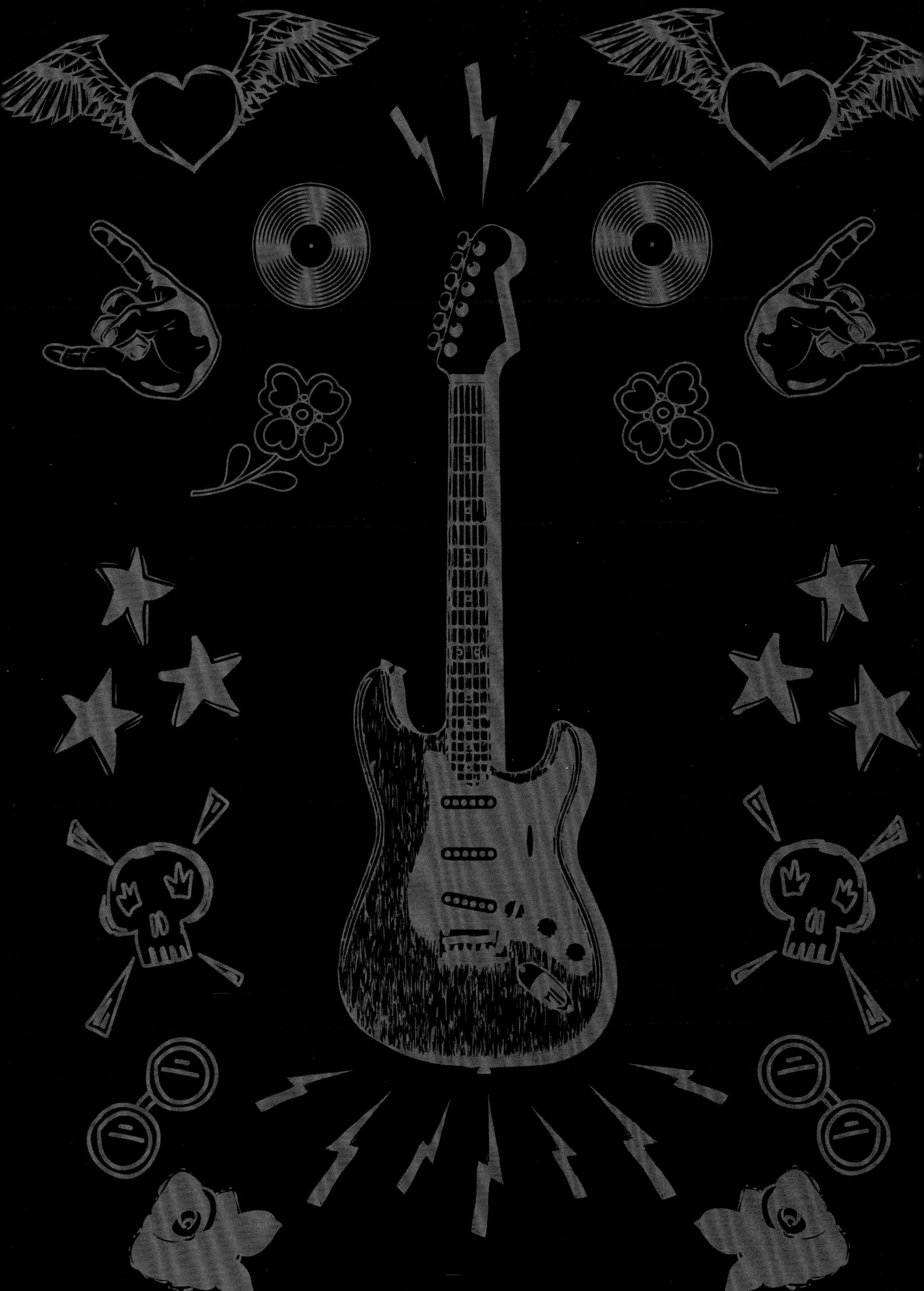

Who's who des Rock

Who's who des Rock

AC/DC

AC/DC ist eine australische Hardrockband, die 1973 in Sydney von Angus and Malcolm Young gegründet wurde. Sieben Jahre nach der Gründung starb der Sänger Bon Scott an einer Alkoholvergiftung und durch Ersticken an seinem Erbrochenem und wurde durch Brian Johnson ersetzt. Die 17 eingespielten Alben der Band verkauften sich weltweit über 200 Millionen Mal.

ALAIN BASHUNG

Der französische Autor, Komponist und Interpret Alain Bashung, der 16 Alben veröffentlichte, wurde am 1. Dezember 1947 geboren und starb am 14. März 2009. *Osez Joséphine* gilt bis heute als eines der besten Alben französischer Rockmusik. Neben Matthieu Chedid gilt er mit 13 Trophäen als der am häufigsten ausgezeichnete Sänger bei den »Victoires de la Musique«.

ALICE COOPER

Der am 4. Februar 1948 in den USA geborene Rockmusiker, Autor und Komponist Alice Cooper hat mit 27 Alben und fünfzig Jahren Bühnenpräsenz wahrhaftig Rockgeschichte geschrieben und darüber hinaus mit seiner unnachahmlichen, makabren und theatralischen Art den Stil des Shock-Rock geprägt.

ARCTIC MONKEYS

Als sich Alex Turner, Jamie Cook, Nick O'Malley und Matt Helders 2002 zur britischen Indie-Rockband Arctic Monkeys formierten, stürmten sie mit ihrem Debütalbum sofort die britischen Charts. Seitdem haben sie sechs Alben veröffentlicht und sieben Brit Awards eingeheimst.

BLONDIE

Die US-amerikanische Band wurde 1974 von Deborah Harry und Chris Stein gegründet und gehörte zu den Pionieren eines neuen Pop-Punk-Stils. Blondie brachten sechs Alben heraus, bevor sie sich 1982 trennten. 1997 formierte sich die Band neu, um weitere fünf Alben zu veröffentlichen und insgesamt über 40 Millionen Alben zu verkaufen.

BLUR

Die 1989 in England gegründete Rockband Blur setzt sich aus Damon Albarn, Graham Coxon, Alex James und Dave Rowntree zusammen. Obwohl sich die Band 2003 auflöste und erst 2015 wieder zusammenfand, hat sie insgesamt acht Alben rausgebracht und gehört zu den Wegbereitern des Britpop der 1990er Jahre.

BOB DYLAN

Der amerikanische Autor, Komponist und Sänger wurde am 24. Mai 1941 geboren und gilt weltweit als einer der wichtigsten Sänger des 20. Jahrhunderts. Seine 38 Alben haben mehrere Generationen von Musikern beeinflusst. 2016 erhielt er darüberhinaus als erster Musiker den Nobelpreis für Literatur.

BOOKER T & THE MG'S

Die 1962 gegründete US-amerikanische Band spielte als Studioband für viele Interpreten des Plattenlabels Stax Records, bei dem sie selbst unter Vertrag standen. Ihren größten eigenen Erfolg hatten sie mit dem Titel *Green Onions*, mit dem sie in den Popcharts auf Platz 3 aufstiegen.

BRUCE SPRINGSTEEN

Die 18 Alben des am 23. September 1949 geborenen, amerikanischen Sängers, Autors und Komponisten verkauften sich weltweit über 130 Millionen Mal. Allein in den USA wurden davon über 64 Millionen verkauft.

DEEP PURPLE

Die 1968 gegründete britische Rockband Deep Purple gilt als Mitbegründer des Hardrock. Auch 50 Jahre später und mit 20 Studioalben, die sich über 130 Millionen Mal verkauft haben, denken die fünf Musiker nicht ans Aufhören.

CAPTAIN BEEFHEART

Captain Beefheart, der am 15. Januar 1941 in Kalifornien als Don Glen Van Vliet geboren wurde, galt mit seinen 14 Studioalben und der Zusammenarbeit mit anderen Musikern als einer der wichtigsten Vertreter experimenteller Rock- und Bluesmusik, die sich durch ungewöhnliche Arrangements auszeichnete. Er starb am 17. Dezember 2010.

DIRE STRAITS

Die von 1977 bis 1995 aktive britische Rockband mit dem Sänger und Songwriter Mark Knopfler gilt mit sieben Alben und über 120 Millionen verkauften Tonträgern als eine der erfolgreichsten Gruppen der letzten Jahrzehnte.

COLDPLAY

Die britische Pop-Rock-Band Coldplay, bestehend aus Chris Martin, Jon Buckland, Guy Berryman und Will Champion, formierte sich 1998 und gilt mit über 60 Millionen verkauften Alben und 48 Auszeichnungen als eine der erfolgreichsten Bands der frühen 2000er Jahre.

EDDY MITCHELL

Der am 3. Juli 1942 geborene Sänger begann seine musikalische Karriere 1960 als Frontman der Rockband Les Chaussettes noires, um nur knapp zwei Jahre später eine Solokarriere als Rocksänger zu starten, in der er bis heute allein 38 Studioalben produziert hat. Bekannt wurde er darüberhinaus als Schauspieler mit Nebenrollen in Kinofilmen und als Moderator von über 190 Folgen der Fernsehreihe *La Dernière Séance*.

DAVID BOWIE

Die 26 Alben des am 8. Januar 1947 in London geborenen Musikers, Sängers und Produzenten verkauften sich über 140 Millionen Mal, damit gilt David Bowie bis heute als einer der erfolgreichsten und einflussreichsten Musiker der Rock- und Popmusik. Nach einer fast fünfzigjährigen Bühnenkarriere starb David Bowie am 10. Januar 2016 in New York City.

ELVIS PRESLEY

Der am 8. Januar 1935 geborene US-amerikanische Sänger, Musiker und Schauspieler, der den Rockabilly-Stil prägte, gilt als Ikone der Rock- und Popkultur des 20. Jahrhunderts. Als der »King of Rock'n'Roll« am 16. August 1977 in Memphis starb, hatte er für seine 41 Alben, die sich über 120 Millionen Mal (ohne Single-Auskopplungen mitzuzählen) verkauften, unzählige Auszeichnungen erhalten.

FOALS

Die britische Indie-Rockband Foals, die sich 2005 um den Frontman Yannis Philippakis formierte, hat bereits sechs Alben veröffentlicht, die allesamt von den Fans und den Musikkritikern gleichermaßen gefeiert wurden.

FOOLS GARDEN

Die deutsche, 1991 von Peter Freudenthaler und Volker Hinkel gegründete Pop- und Rockband hat trotz der mittlerweile 10 veröffentlichten Alben nie mehr an den berühmten, 1995 veröffentlichten Song *Lemon Tree* anknüpfen können.

FRANK ZAPPA

Der am 21. Dezember geborene US-amerikanische Autor, Komponist und Sänger Frank Zappa veröffentlichte zu Lebzeiten 62 Musikalben, darunter viele in Zusammenarbeit mit anderen Künstlern, die er mit seinem Stil und seinem Improvisationstalent prägte. Frank Zappa starb am 4. Dezember 1993 in Kalifornien.

GUNS N' ROSES

Die amerikanische Hard-Rockband formierte sich 1985 um ihren Frontman Axl Rose und gehörte Anfang der 1990er Jahren mit über 100 Millionen Tonträgern (45 Millionen davon in den USA) zu den erfolgreichsten Bands der Welt, und das, obwohl sie lediglich 5 Alben veröffentlichten.

HERMAN'S HERMITS

Die 1963 in Manchester gegründete britische Beatband surfte mit ihrer Musik auf der Welle der Beatlemania, veröffentlichte gut ein Dutzend Alben und landete mit ihrem Song *No Milk Today* ihren größten Hit.

IGGY POP

Der US-amerikanische Sänger und Komponist wurde am 21. April 1947 geboren und gilt dank der Alben, die er als Frontman mit den The Stooges veröffentlichte und seinen 20 Soloalben als einer der einflussreichsten Künstler der Rockgeschichte.

INDOCHINE

Die französische New-Wave-Rockband, die sich 1981 um Nicola Sirkis formierte, war von Beginn an sehr erfolgreich, brachte bislang 13 Studioalben heraus, verkaufte allein in Frankreich über 13 Millionen Tonträger und gehört damit zu den kommerziell erfolgreichsten Gruppen in Frankreich.

JIMI HENDRIX

Trotz seiner recht kurzen Karriere gilt der Gitarrist, Komponist und Sänger Jimi Hendrix (27. November 1942 – 18. September 1970) als einer der einflussreichsten Gitarristen des 20. Jahrhunderts mit der nachhaltigsten Wirkung auf die Entwicklung der Rockmusik seiner Generation und das mit nur 4 veröffentlichten Alben in nur 4 Jahren Bühnenkarriere.

JOHNNY CASH

Der am 26. Februar 1932 geborene Johnny Cash gilt als eine der Ikonen der US-amerikanischen Country- und Rockmusik des 20. Jahrhunderts. Nach über 50 Jahren Bühnenkarriere, 90 Millionen verkauften Tonträgern und 55 veröffentlichten Studioalben starb er am 12. September 2003 in Nashville.

JOHNNY HALLYDAY

Der am 15. Juni 1943 geborene französische Sänger und Komponist hat mit seiner französisch gesungenen Rockmusik, 110 Millionen verkauften Alben, über 3200 Konzerten und 51 produzierten Studioalben wie kein anderer die Rockszene Frankreichs geprägt. Bis zu seinem Tod am 5. Dezember 2017 hatte er 57 Jahre lang auf der Bühne gestanden.

KASABIAN

Die von Tom Meighan und Sergio Pizzorno 1997 gegründete Indie-Rockband aus England hat bis jetzt sechs Alben veröffentlicht, in England schon viele Auszeichnungen eingeheimst und wird häufig mit Oasis verglichen, einer weiteren britischen Rockband.

MATMATAH

Seit ihrer Formation im Jahr 1995 veröffentlichte die französische Rockband fünf Studioalben, verkaufte 1,3 Millionen Tonträger und heimste drei goldene Schallplatten und eine Doppel-Platin Schallplatte ein. 2008 trennten sich die Bandmitglieder, um sich 2016 erneut zu formieren.

KISS

Die 1973 in den USA von dem Gitarristen Paul Stanley und dem Bassisten Gene Simmons gegründete Rockband zählt mit über 150 Millionen verkauften Tonträgern (davon 60 Millionen in den USA) zu den erfolgreichsten Rockmusik-Gruppen aller Zeiten und ist darüber hinaus für ihre extravaganten Kostüme und ihre geschminkten Gesichter berühmt.

METALLICA

Die 1981 von James Hetfield und Lars Ulrich gegründete US-amerikanische Metalband gehört mit zehn Studioalben und über 200 Millionen verkauften Tonträgern zu den einflussreichsten und kommerziell erfolgreichsten Metalbands der Welt.

LED ZEPPELIN

Die britische Rockband wurde 1968 von Jimmy Page, Robert Plant, John Paul Jones und John Bonham gegründet und gilt mit ihren weltweit über 300 Millionen verkauften Alben als einer der Pioniere des Heavy Metal.

MUSE

Die britische Rockband Muse wurde 1994 von Matthew Bellamy, Dominic Howard und Christopher Wolstenholme gegründet und hat für ihre bislang acht veröffentlichten Alben zahlreiche Auszeichnungen gewonnen. Ihre Musikvideos wurden im Internet bereits 1,5 Milliarden Mal angeschaut.

LOU REED

Der amerikanische Sänger, Autor und Komponist wurde am 2. März 1942 geboren. Seine Karriere begann als Mitglied der Band The Velvet Underground, bevor er eine Solokarriere startete, 31 Studioalben produzierte und damit mehrere Generationen von Rockmusikern beeinflusste. Lou Reed starb am 27. Oktober 2013.

NEIL YOUNG

Der kanadische Sänger und Gitarrist Neil Young wurde am 12. November 1945 geboren und hat seit Beginn seiner Karriere als Solist und in Zusammenarbeit mit verschiedenen Gruppen 41 Alben veröffentlicht. Die Zeitschrift *Rolling Stone* reihte ihn in die Riege der 20 besten Gitarristen aller Zeiten ein.

-M-

Der am 21. Dezember 1971 geborene Matthieu Chedid ist zugleich Autor, Komponist, Sänger und Gitarrist. Kein anderer französischer Musiker erhielt mehr Auszeichnungen bei den Victoires de la musique (13 Auszeichnungen und damit Gleichstand mit Alain Bashung). Bislang hat er sechs Studioalben produziert und mit zahlreichen anderen Musikern zusammengearbeitet.

NIRVANA

Die US-amerikanische Rockband formierte sich 1987 um Kurt Cobain und Krist Novoselic und veröffentlichte bis zum Selbstmord von Kurt Cobain im Jahr 1994 lediglich drei Alben. Dank des über 30 Millionen Mal verkauften Albums *Nevermind*, das 1991 erschien und 1992 an die Spitze der US-Charts rückte, wurde die Band 2014 in die »Rock and Roll Hall of Fame« aufgenommen.

OASIS

Die britische Rockband, die 1991 in Manchester gegründet wurde, feierte ihre größten Erfolge in den späten 1990er Jahren und zu Beginn des neuen Jahrtausends. Nach sieben Studioalben und mehr als 70 Millionen verkauften Tonträgern löste sich die Band aufgrund der Streitigkeiten zwischen den Brüdern Liam und Noel Gallagher im Jahr 2009 auf.

OZZY OSBOURNE

Der am 3. Dezember 1948 geborene britische Rocksänger gilt mit den 22 Studioalben, die er als Solist und als Leadsänger der Band Black Sabbath aufnahm, als einer der Pioniere des Heavy Metal.

PINK FLOYD

Die 1965 von Syd Barrett gegründete britische Rockband hat maßgeblich die Stilrichtungen des Psychedelic Rock und des Progressive Rock geprägt und weltweit über 300 Millionen Tonträger verkauft. Von den produzierten 16 Studioalben bleibt der phänomenale Erfolg des Konzeptalbums *The Dark Side of the Moon* absolut unerreicht.

PIXIES

Die 1986 gegründete US-amerikanische Rockband trennte sich 1993, fand jedoch 2003 wieder zusammen und produzierte 2019 ihr siebtes Album *Beneath the Eyrie*. Die Pixies gelten als wegweisend für den Grunge-Rock und haben mit ihrem Stil viele Künstler beeinflusst, darunter sogar Nirvana.

QUEEN

Die 1970 von Freddie Mercury, Brian May, Roger Taylor und John Deacon gegründete britische Rockband blieb bis zum Tod Freddie Mercurys im Jahr 1991 in ihrer Besetzung unverändert und gilt bis heute weltweit als eine der größten Rockbands aller Zeiten. Queen verkaufte über 300 Millionen Tonträger und zählt darüber hinaus zu den Pionieren des Videoclips.

QUEENS OF THE STONE AGE

Bandleader Josh Homme, der die Hardrockband 1996 gründete, blieb das einzige ständige Bandmitglied, während sich die restliche Besetzung immer wieder änderte. Bis heute hat Queens of the Stone Age sieben Studioalben veröffentlicht.

RED HOT CHILI PEPPERS

Die 1983 von Anthony Kiedis und Michael Balzary gegründete Funk- und Alternative-Rockband hat bis heute für ihre elf veröffentlichten Studioalben über 33 Music Awards erhalten, darunter auch Grammy- und MTV-Awards.

SCORPIONS

Die deutsche Hardrockband wurde 1972 gegründet und hat von ihren 18 produzierten Studioalben weltweit über 100 Millionen Exemplare verkauft. Im Jahr 2010 kündigte die Band ihren Rückzug von der Bühne an, nur um diese Entscheidung 2012 wieder zu revidieren.

SEX PISTOLS

Die 1975 gegründete Punkrockband gilt als Pionier des Punk. Auch wenn sie nur ein einziges Studioalbum veröffentlicht haben, konnte die Gruppe 1977 mit dem kontrovers diskutierten Titel *God Save the Queen* einen riesigen Erfolg feiern.

SUPERTRAMP

Die Progressive-Rockband Supertramp wurde 1969 von Roger Hodgson und Rick Davies gegründet. Seitdem sind elf Alben erschienen, die sich weltweit über 60 Millionen Mal verkauften.

SYSTEM OF A DOWN

1994 formierten sich Serj Tankian, Daron Malakian, Shavo Odadjian und John Dolmayan zur armenisch-US-amerikanischen Metalband System of a Down. Dank der millionenfach verkauften fünf Studioalben erreichte die Band mehrfach die vorderen Plätze der Billboard 200 Verkaufscharts der US-amerikanischen Zeitschrift *Billboard*, was ihre Popularität weiter vergrößerte.

TAME IMPALA

Das australische Psychedelic-Rock-Projekt wurde 2007 unter der Leitung von Kevin Parker gegründet, der die Songs schreibt und singt und im Studio auch noch alle Instrumente selbst spielt. 2020 erschien das vierte Album, das wie seine Vorgänger von der Presse begeistert gefeiert wurde.

TÉLÉPHONE

Die französische Rockband wurde 1976 gegründet und blieb zehn Jahre zusammen. In dieser Zeit hat sie fünf Studioalben veröffentlicht, sechs Millionen Tonträger verkauft und fast 500 Konzerte gegeben. Nach der Trennung im Jahr 1986, fanden die Bandmitglieder zwischen 2015 und 2017 erneut für einige Tourneen zusammen.

THE ANIMALS

Die wegen ihres wilden Auftretens Animals (dt. Tiere) genannte britische Blues-Rockband formierte sich 1962 um den Sänger Eric Burdon und brachte trotz Trennungen und wechselnder Besetzungen 12 Studioalben auf den Markt. Den sensationellen Erfolg ihres 1964 veröffentlichten Hits *The House of the Rising Sun* konnte die Band allerdings nicht wiederholen.

THE BEATLES

Die von 1960 bis 1970 existierende und von John Lennon, Paul McCartney, George Harrison und Ringo Starr gegründete britische Rockband avancierte mit ihren 12 Alben und mehr als einer Milliarde verkauften Tonträgern zur erfolgreichsten Band der Musikgeschichte!

THE BLACK KEYS

The Black Keys sind ein 2001 von Dan Auerbach und Patrick Carney gegründetes US-amerikanisches Bluesrock-Duo, das inzwischen neun Studioalben produziert und mehrere Millionen Tonträger verkauft hat.

THE CHAMPS

Die 1957 gegründete, US-amerikanische Rock'n'Roll-Band feierte mit dem Titel *Tequila*, der sich mehr als sechs Millionen Mal verkaufte, ihren größten Erfolg.

THE CLASH

1976 gegründet, galt The Clash als eine der einflussreichsten britischen Punkbands, die bis zu ihrer Trennung im Jahr 1986 sechs Alben veröffentlichte. Ihr drittes Album *London Calling* gilt als eines der besten Alben in der Geschichte des Rock.

THE CRANBERRIES

Die irische Rockband formierte sich 1989 und schaffte es trotz einer Trennung im Jahr 2003, einer Wiedervereinigung im Jahr 2009 und einer endgültigen Auflösung im Jahr 2019 (nach dem Tod der Sängerin Dolores O'Riordan im Jahr 2018) acht Studioalben zu produzieren und mehr als 40 Millionen Tonträger zu verkaufen.

THE CURE

Die von Robert Smith 1976 gegründete britische Rockband feierte in den 1980er Jahren ihre größten Erfolge. Der Bandleader, Sänger und Komponist Robert Smith ist das einzige dauerhafte Mitglied der Band, die insgesamt 13 Alben herausgebracht hat.

THE DOORS

Die 1965 gegründete US-amerikanische Rockband löste sich bereits 1973, zwei Jahre nach dem Tod ihres charismatischen Sängers Jim Morrison, wieder auf. Trotz dieser kurzen Zeit brachten The Doors neun Alben heraus, verkauften weltweit über 100 Millionen Tonträger und gelten als eine der einflussreichsten Bands in der Geschichte des Rock.

THE ROLLING STONES

Die seit 1962 existierende britische Rockband hat bis heute 23 Alben veröffentlicht und weltweit über 400 Millionen Tonträger verkauft. Als Gründungsmitglieder einer der langlebigsten und erfolgreichsten Band aller Zeiten denken Mick Jagger und Keith Richards noch lange nicht ans Aufhören.

THE LAST SHADOW PUPPETS

Das als Nebenprodukt von Alex Turner (Arctic Monkeys) und Miles Kane (The Rascals) gegründete britische Rockduo existiert seit 2007, veröffentlichte bislang zwar lediglich zwei Alben, tritt aber immer wieder gemeinsam auf.

THE VELVET UNDERGROUND

Die 1965 in New York City gegründete experimentelle Rockband produzierte mit ihrem Sänger Lou Reed zwar lediglich fünf Studioalben, wurde aber aufgrund ihres großen Einfluss auf die Punk- und New Wave-Musik von der Zeitschrift *Rolling Stone* zu den 20 einflussreichsten Gruppen aller Zeiten gerechnet.

THE OFFSPRING

Die 1984 gegründete US-amerikanische Punk-Rockband hat bis heute neun Studioalben veröffentlicht, über 40 Millionen Tonträger verkauft, jede Menge Auszeichnungen gewonnen und weltweit über 1000 Konzerte gegeben.

THE WHITE STRIPES

Das von Jack White und Meg White 1997 gegründete US-amerikanische Rockduo veröffentlichte bis zu ihrer Trennung im Jahr 2011 sechs Alben. Einige ihrer Songs wie z. B. *Seven Nation Army*, schrieben Rockgeschichte.

THE POGUES

The Pogues formierten sich 1982 als keltische Folk-Punk-Band und feierte vor allem in den 1980er Jahren große Erfolge, bevor sich die Bandmitglieder 1996 trennten. Nach einer Wiedervereinigung im Jahr 2001 löste sich die Band 2014 endgültig auf. Insgesamt veröffentlichten The Pogues sieben Alben.

THE WHO

Auch die 1964 gegründete britische Rockband The Who zählt mit ihren elf Alben und über 100 Millionen verkauften Tonträgern zu den einflussreichsten Rockbands aller Zeiten.

THE POLICE

The Police war eine 1977 gegründete britische Rockband, die mit ihrem Leadsänger Sting fünf Studioalben produzierte, die sich über 50 Millionen Mal verkauften. 2008 wurde die Band, die zahlreiche wichtige Auszeichnungen bekommen hatte, endgültig aufgelöst. 1993 erschien ein Compilation-Album mit den Songs der 12 B-Seiten.

THIN LIZZY

Die Geschichte der irischen Hardrockband Thin Lizzy ist eng mit ihrem Gründer, Komponisten und Sänger Philip Lynott verbunden. Nach seinem Tod im Jahr 1986 formierte sich die Gruppe immer wieder neu, um insgesamt 12 Studioalben zu produzieren.

U2

Die irische Rockband, die sich 1976 aus Bono, The Edge, Adam Clayton und Larry Mullen Jr. formierte, wirkt auch heute noch in der gleichen Besetzung und nach 200 Millionen verkauften Tonträgern und 14 Studioalben genauso motiviert und experimentierfreudig wie eh und je.

ZZ TOP

Der US-amerikanischen Blues-Rockband, die sich 1969 um den Gitarristen und Sänger Billy Gibbons und den Bassisten und Sänger Dusty Hill formierte, gelang der internationale Durchbruch 1980 ausgerechnet in Deutschland. Das Trio mit den berühmten Bartträgern verkaufte seine 15 Studioalben bislang über 70 Millionen Mal und denkt nicht ans Aufhören.

WEEZER

Die vor allem für ihre Videoclips und für ihre Soundtracks für Computerspiele bekannte US-amerikanische Alternative-Rockband formierte sich 1992, produzierte 14 Studioalben und verkaufte fast 20 Millionen Tonträger.

Rockregister FÜR DIE FANS VON ...

FOLK & SOUL

BOB DYLAN
Like a Rolling Stone • **Like a Rolling Scone** / Gerollte Scones mit Schokolade — 130
When the Ship Comes In • **When the »Chips« Come In** / Verschiedene Gemüsechips — 16

BOOKER T & THE MG'S
Green Onions • **Green Onion Soup** / Frühlingszwiebelsuppe — 24

BRUCE SPRINGSTEEN
Born in the U.S.A. • **Burger in the USA** / Amerikanische Cheeseburger — 82

JOHNNY CASH
Everybody Loves a Nut • **Everybody Loves a Nut Cake** / Walnusskuchen — 117
I Walk the Line • **Walk the Lime** / Amerikanische Limettentarte — 102

NEIL YOUNG
T-Bone • **American T-Bone** / Gegrilltes T-Bone Steak mit Barbecuesauce — 58

THE ANIMALS
House of the Rising Sun • **Blackened Fish** / Geschwärzter Fisch aus New Orleans — 78

HARD ROCK

AC/DC
Back in Black • **Rice in Black** / Schwarzes Risotto mit gebratenen Baby-Tintenfischen — 54

ALICE COOPER
Poison • **Venom of Love** / Liebestrank mit Ingwer und Himbeeren — 146

DEEP PURPLE
Smoke on the Water • **Smoked Chicken on the Water** / Geräuchertes Hähnchenfilet — 66

GUNS N' ROSES
Welcome to the Jungle • **Tacos from the Jungle** / Fischtacos aus Los Angeles — 32

LED ZEPPELIN
The Lemon Song • **The Lemon Fish** / Schellfisch mit Zitrone en papillote — 73

METALLICA
Master of Puppets • **Munster of Pumpkins** / Kürbisgratin mit Münsterkäse — 70

OZZY OSBOURNE
Shot in the Dark • **Dark Shot** / Dunkler Shooter mit Cola — 158

SCORPIONS
Rock You Like a Hurricane • **Rock You Like a Ginger Drink** / Ingwercocktail — 164

SYSTEM OF A DOWN
Chop Suey! • **Chop Suey** / Chop Suey mit Hähnchenfleisch und sautiertem Gemüse — 56

THIN LIZZY
Whiskey in the Jar • **Whiskey in the Pan** / Garnelenspieße in Whisky flambiert — 44

POP ROCK

BLUR
Coffee and TV • **Coffee and More** / Kaffee, Spekulatius-Madeleine und Crème brûlée — 124

COLDPLAY
Violet Hill • **Violet Drink** / Veilchencocktail — 160

DIRE STRAITS
Sultans of Swing • **Sultans of Wings** / Würzige Chickenwings mit kreolischem Reis — 88

FOOLS GARDEN
Lemon Tree • **Lemon Cake** / Zitronenkuchen — 96

HERMAN'S HERMITS
No Milk Today • **No Lactose Today** / Lactosefreier Käsekuchen — 98

OASIS
Champagne Supernova • **Champagne Superoyster** / Pochierte Austern mit Champagnersauce — 22

SUPERTRAMP
Breakfast in America • **Breakfast Made in America** / Amerikanisches Frühstück — 60

THE BEATLES
Octopus's Garden • **Octopus Salad** / Oktopussalat — 30
Strawberry Fields Forever • **Strawberry Pie Forever** / Erdbeertarte — 116
Yellow Submarine • **Submarine Shooter** / Izarra® & Tonic — 142

THE CURE
Boys Don't Cry • **Eaters Don't Cry** / Nigiri Sushi mit Wasabi — 42

THE POLICE
Wrapped Around Your Finger • **Police Wraps** / Wraps gefüllt mit Hähnchenfleisch — 26

THE ROLLING STONES
Brown Sugar • **Brown Tart** / Tarte mit braunem Rübenzucker — 100
She's a Rainbow • **The Rainbow Cocktail** / Cocktail in Regenbogenfarben — 154

U2
Sunday Bloody Sunday • **Sunday, Bangers and Mash** / Traditionelle irische Bratwürste — 80

PUNK ROCK

BLONDIE
Heart of Glass • **Blondie Mary** / Bloody Mary mit gelben Tomaten — 174

IGGY POP
China Girl • **China Plate** / Schnelle Frühlingsröllchen aus dem Backofen — 36

SEX PISTOLS
God Save the Queen • **God Save the Cornish Pasty** / Gefüllte Teigtasche aus Cornwell — 92

THE CLASH
London Calling • **London Frying** / Londoner Fish & Chips — 68

THE POGUES
Sally MacLennane • **Irish Stew** / In Bier geschmortes Lammfleisch als Eintopf — 74

ALTERNATIVE ROCK

ARCTIC MONKEYS
Old Yellow Bricks • **Old Yellow Cake** / Teekuchen mit Ananas und Kurkuma — 120

FOALS
Milk and Black Spiders • **Milk and Black Muffins** / Laktritzmuffins mit weißer Schokolade — 132
Spanish Sahara • **Spanish Desert** / Andalusisches Hähnchenfilet mit Couscous — 90

KASABIAN
Shoot the Runner • **Shot for my Queen** / Absinth-Shooter mit Himbeerlikör — 172

MUSE
Stockholm Syndrome • **Stockholm Gravlax** / Gravlax mit Roter Bete — 46

NIRVANA
Big Cheese • **Fromage Rock & Fort** / Käsewindbeutel mit Roquefort — 12

PIXIES
Where Is My Mind? • **Where Is My Mint?** / Gurken-Minze-Smoothie im Glas — 29

QUEENS OF THE STONE AGE
A Song for the Dead • **A Drink for the Dead** / Cocktail der Vergänglichkeit — 170

RED HOT CHILI PEPPERS
Dani California • **Californian Tacos** / Fischtacos mit Chili — 64

THE CRANBERRIES
Zombie • **Zombie** / Blutroter Cocktail — 152

THE BLACK KEYS
Little Black Submarines • **Little Black Shooters** / Café-Shooter — 166

THE LAST SHADOWS PUPPETS
Black Plant • **The Black Tea** / Cocktail mit schwarzem Tee — 176

THE OFFSPRING
Why Don't You Get a Job? • **Why Don't You Get a Drink?** / Kalifornischer Aperitif — 162

THE WHITE STRIPES
Ball and Biscuit • **Cheese Ball & Biscuit** / Frischkäsebällchen und Biskuits mit Rosmarin — 34

WEEZER
Pork and Beans • **Meat and Beans** / Bohneneintopf, wie ich ihn liebe — 76

ROCK FRANÇAIS

ALAIN BASHUNG
Osez Joséphine • **Rose Rose Josephine** / Rosa Rosenmuffins — 112

INDOCHINE
L'Aventurier • **Phô Aventurier** / Vietnamesische Suppe — 52

-M-
Mojo • **Mojoto** / Mojito mit Basilikum — 144

MATMATAH
La Cerise • **Die Kirsche** / Biscuittorte mit Schoko-Kirschcremefüllung — 104

TÉLÉPHONE
New York avec toi • **Pulled Pork Bagel New York Style** / New Yorker Bagel mit Pulled Pork — 86

GLAM ROCK

DAVID BOWIE
Life on Mars? • **Life is Mars®?** / Shortbread mit Mars® — 136

KISS
Cold Gin • **The Gin Kiss** / Cranberry Gin — 148

QUEEN
A Kind of Magic • **A Kinder® Magic** / Schokotorte mit Kinderschokolade® — 128
I Want to Break Free • **I Want to Break Freeze** / Gaspacho Travesti — 8
The Show Must Go On • **Snow Must Go On** / Rumkuchen mit Kokosraspeln — 118

ROCK'N'ROLL

EDDY MITCHELL
Couleur menthe à l'eau • **Menthe à l'eau** / Minze-Schokopudding im Glas — 122

ELVIS PRESLEY
Hound Dog • **Hot Dog** / Original Amerikanische Hot Dogs — 20
Love Me Tender • **Love Me, Crispy Tenders** / Krosse Hähnchenstreifen — 72

JOHNNY HALLYDAY
Noir c'est noir • **Café Noir** / Blutwurst Cappucino — 48

THE CHAMPS
Tequila • **Explosive Tequila** / Feuriger Tequila — 140

ZZ TOP
TV Dinners • **Easy Dinners** / Die perfekte TV-Mahlzeit — 38

Psychedelic Rock

CAPTAIN BEEFHEART
Ice Cream For Crow • **Crow's Ice Cream** / Eis mit schwarzem Sesam — 110
Tropical Hot Dog Night • **Tropical Hot Dog** / Exotisch würzige Hot Dogs — 14

FRANK ZAPPA
Peaches En Regalia • **Pfirsiche En Regalia** / Pfirsiche mit Ziegenkäse und Rosmarin — 28
Soup'n Old Clothes • **Old Soup** / Suppe von alten Gemüsesorten — 10

JIMI HENDRIX
Purple Haze • **Purple Fog** / Brombeerschaum mit Waldfrüchten und Knisterbrause — 134

LOU REED
Walk on the Wild Side • **Sangria on the White Side** / Weiße Sangria — 159

PINK FLOYD
Any Colour You Like • **Any Shot You Like** / Bunte Shooter — 168

TAME IMPALA
Let It Happen • **Let It Apple** / Psychedelische Liebesäpfel — 114

THE DOORS
Light My Fire • **Drink My Fire** / Flambierter Cocktail — 156

THE VELVET UNDERGROUND
Sunday Morning • **Sunday's Red Velvet** / Rote Samttorte — 108

THE WHO
Whiskey Man • **Whiskey My Old Friend** / Bourbon mit Amberbier — 150

Danksagung

Mein ganz besonderer Dank gilt
der Frau, die mich durch das Leben begleitet,
Clem für das tolle Foto auf der ersten Seite,
meinem Verlag für das erneut fantastische Vertrauen,
allen, die mir nahe sind und mich ermutigen
und all jenen, die vom Himmel aus über mich wachen.

Impressum

Verantwortlich: Sonya Mayer
Übersetzung aus dem Französischen: Franziska Weyer
Umschlaggestaltung: Regina Degenkolbe unter Verwendung einer Illustration von Shutterstock/Scrudje
Satz: Akademischer Verlagsservice Gunnar Musan
Korrektorat: Miriam Sender Gorriz
Herstellung: Anna Katavic

Text und Rezepte: Liguori Lecompte
Bildnachweis: Alle Fotos in diesem Buch stammen von Valery Guedes.
Redaktionsleitung: Didier Férat
Redaktion: Diane Monserat
Grafikdesign: Elodie Chaillous
Repro: Point 11

★ ★ ★ ★ ★

Sind Sie mit diesem Titel zufrieden? Dann würden wir uns über Ihre Weiterempfehlung freuen.
Erzählen Sie es im Freundeskreis, berichten Sie Ihrem Buchhändler, oder bewerten Sie bei Ihrem nächsten Onlinekauf. Und wenn Sie Kritik, Korrekturen oder Aktualisierungen haben, freuen wir uns über Ihre Nachricht an Christian Verlag, Postfach 40 02 09, D-80702 München oder per E-Mail an lektorat@verlagshaus.de

Unser komplettes Programm finden Sie unter: www.christian-verlag.de

Alle Angaben dieses Werkes wurden vom Autor sorgfältig recherchiert und auf den neuesten Stand gebracht sowie vom Verlag geprüft. Für die Richtigkeit der Angaben kann jedoch keine Haftung übernommen werden, weshalb die Nutzung auf eigene Gefahr erfolgt. Sollte dieses Werk Links auf Webseiten Dritter enthalten, so machen wir uns die Inhalte nicht zu eigen und übernehmen für die Inhalte keine Haftung.

In diesem Buch wird aus Gründen der besseren Lesbarkeit das generische Maskulinum verwendet. Weibliche und anderweitige Geschlechteridentitäten werden dabei ausdrücklich mitgemeint, soweit es für die Aussage erforderlich ist.

Die Deutsche Nationalbibliothek verzeichnet diese Publikation in der Deutschen Nationalbibliografie; detaillierte bibliografische Daten sind im Internet über http://dnb.d-nb.de abrufbar.

Copyright © 2020 für die deutschsprachige Ausgabe:
Christian Verlag GmbH, Infanteriestraße 11 a, 80797 München

Die französische Originalausgabe mit dem Titel *Cuisine Rock. 80 Recettes Inspirées de Plus Grands Groupes du Monde* erschien erstmals 2019 bei Éditions Solar, einem Imprint von Édi8.

Copyright Text © Liguori Lecomte
Copyright Fotografie © Valery Guedes
Für die französische Originalausgabe
© 2019, Éditions Solar, Édi8, Paris

Alle deutschsprachigen Rechte vorbehalten.

Printed in Slovakia by Neografia

ISBN 978-3-95961-485-6